U0504549

新清华文丛

有高樓雜稿

刘石　著

2019年·北京

图书在版编目(CIP)数据

有高楼杂稿/刘石著.—北京:商务印书馆,2003(2019.7重印)
(新清华文丛)
ISBN 978-7-100-03636-8

Ⅰ.有… Ⅱ.刘… Ⅲ.社会科学—文集 Ⅳ.C53

中国版本图书馆CIP数据核字(2002)第080992号

新清华文丛
有高楼杂稿
刘石 著

商务印书馆出版
(北京王府井大街36号 邮政编码100710)
商务印书馆发行
北京艺辉伊航图文有限公司印刷
ISBN 978-7-100-03636-8

2003年4月第1版　　开本850×1168 1/32
2019年7月北京第2次印刷　　印张12¾

定价:35.00元

目　录

苏轼与佛教三辨

苏轼与佛教的关系历来为苏学研究者所关注。但在以往的研究中偶尔可见不确、笼统甚至错误的结论。本文拟就三个问题加以辨析:一、苏轼接触佛教的时间;二、苏轼受佛教、道家影响的差异;三、苏轼对于佛教的真正认识与根本态度。

苏轼接触佛教的时间辨

苏轼开始接触佛教的时间,既是苏轼与佛教研究中的一个问题,又是研究苏轼与佛教其他问题的前提。

嘉祐六年(1061)12月,苏轼《和子由渑池怀旧》中有这样四句:

> 人生到处知何似?应似飞鸿踏雪泥。泥上偶然留指爪,鸿飞哪复计东西。(《苏轼诗集》,中华书局,1982年。下引苏诗均据此本。为省眼目,概略卷数)

查慎行与冯应榴均引禅宗天衣义怀禅师语"雁过长空,影沉寒水。雁无遗踪之意,水无留影之心"作注(分别见《苏诗补注》卷三,台湾商务印书馆影印文渊阁《四库全书》本,1986年;《苏文忠公诗合注》卷三,踵息斋藏版),被王文诰讥斥为"注家指东画西"的"傅会"之举,理由是"公后与王彭遇,始闻释氏之说"(《苏文忠公诗编注集成》卷三,清光绪14年浙江书局刊本)。

这看起来似乎有道理。因为考苏轼《王大年哀词》:“嘉祐末,予从事岐下。……予始未知佛法,君(王大年,即王彭——引者)为言大略,皆推见至隐以自证耳,使人不疑。予之喜佛书,盖自君发之。”(《苏轼文集》,中华书局,1986 年。下引苏文均据此本。为省眼目,亦略卷数)据王文诰《苏诗总案》卷四,“嘉祐末”当指嘉祐八年(1063)。苏轼生于景祐三年(1036),就是说,他在 28 岁时,方始接触佛教。

根据苏文考索苏轼学佛时间,真可谓内证确凿,无可置疑。但问题并不如此简单。在苏轼其他诗文中,有与此完全相悖的证据。

苏轼晚年作《子由生日,以檀香观音像及新合印香银篆盘为寿》诗,中有如下二句:“君少与我师皇坟,旁资老聃释迦文。”显然是指他与苏辙同窗共读的少儿时代。从有关记载看,他们的同窗共读有这样几次:

一、庆历四、五年(1044、1045)从天庆观道士张易简学。

苏轼《众妙堂记》云:“眉山道士张易简教小学常百人,予幼时亦与焉。”苏辙《龙川略志》第一亦载:“予幼居乡间,从子瞻读书天庆观。”(中华书局,1982 年)

二、庆历八年(1048)以父亲苏洵为师。

宋人孙汝听《苏颍滨年表》,庆历八年:“父洵以家艰闭户读书,因以学行授二子。”(《藕香零拾》本)苏辙在《亡兄子瞻端明墓志铭》中亦谓其老兄“少与辙皆师先君”(《栾城集·栾城后集》卷 22,上海古籍出版社,1987 年)。

三、同年就读于城西刘巨(微之)之门。

苏辙《送家安国赴成都教授三绝》其一云:“城西社下老刘君,春服舞雩今几人。白发兄弟惊我在,喜君游宦亦天伦。”自注:“微之先

生门人，唯仆与子瞻兄、复礼与退翁兄皆仕耳。”(《栾城集》卷15)

那么，苏轼接触佛教始于其中哪一次？实际上，他们诗文用词的准确已给出了明确的提示。读书天庆观时，苏轼八、九岁，苏辙五、六岁，尚属幼年，亦即所谓“幼居乡闾”、“幼时亦与”，方始启蒙，未必有暇旁及杂书。他们开始阅读佛典，接触佛教，应该是庆历八年苏轼“与辙皆师先君”的少年时代，这正与“君少与我师皇坟，旁资老耽释迦文”相合。

当时苏轼13岁。

就是说，苏轼至多十来岁已经开始接触佛教。

下面为这一结论提供几条旁证。

苏轼在《中和胜相院记》中追述：“吾昔者始游成都，见文雅大师惟度，器宇落落可爱，浑厚人也。……与之游甚熟。”考诸苏轼行年，事在至和二年(1055)，当时他年仅20岁。有理由认为，如果真如王文诰所言，苏轼在此后八年的28岁才“始闻释氏之说”，作为佛门大师的惟度未必至于与这样一个道外人“游甚熟”的。再说即便他在此前尚未接触佛教，但既已与惟度这样的高僧“游甚熟”，也就必然会“闻释氏之说”，同样可证王文诰说为不可信。

苏轼父母笃信佛教，与僧人交往甚勤。这不仅有苏洵《彭州圆觉禅院记》(《嘉祐集》卷15，《四库全书》本)等文可证，苏轼本人的文章更多有所载。《真相院释迦舍利塔铭叙》云：

> 昔予先君文安主簿赠中大夫讳洵，先夫人武昌太君程氏，皆性仁行廉，崇信三宝。捐馆之日，追述遗意，舍所爱作佛事，虽力有所止，而志则无尽。

并在《与大觉禅师琏公》中说到舍禅月罗汉，《四菩萨阁记》中说到舍吴道子画，《阿弥陀佛颂叙》中说到舍母亲遗物，以荐父母冥福。

这些显然反映出苏轼父母对佛教的信仰。他们的这种信仰必然会表现在对少年子女的教育上。所以苏轼在被教以三坟五典的同时旁涉老耽释迦,是很合情理的。

因此我认为,苏轼自谓"晚闻道",与"子由亦云学道三十余年,今始初闻道"(《答李昭玘书》)一样,不过是自谦的说法而已。

在对苏轼接触佛教的时间进行辨析之后,不妨反过来看看上文提到的那首《和子由渑池怀旧》。在佛经中,"空中鸟迹"是习用的意象之一,常比喻空无虚幻或缥缈难久。如果从诗中构成的意境来看,则《华严经》卷35《宝玉如来性起品》第32之三:

> 譬如鸟飞虚空,经百千年,所游行处不可度量,未游行处亦不可量。(《大正新修大藏经》本,下引佛经均据此本)

和《五灯会元》卷15《德山慧远禅师》中的一首小颂:

> 雪霁长空,迥野飞鸿。段云片片,向西向东。(中华书局,1984年。下引此书均据此本)

与之更为迹近。我们应该考虑到,苏轼是再次路经渑池,见到当年的老僧业已圆寂,僧舍壁上的题字亦已烂坏,由此产生"岁月去飘忽"的感慨,因而作诗的。所以借用佛家这一常用比喻,经过点化加工,表达这种感慨,便是合乎情理之事。

看来,查慎行与冯应榴以佛典注此诗不错,只是具体出处尚可商量罢了。

苏轼受佛教与道家思想影响差异辨

道家与道教不同。道教是一种宗教,而道家是关于宇宙人生、社会治政和处事修养的政治与哲学派别。苏轼对待道家与道教的态度也不同。他对于道教并不以为然,对于老庄所代表的道家思想却非常景仰。在苏轼思想成分中,道家与佛教共同占据很大比重。

也许因为过分专注于这一点,不少人往往将苏轼思想中的佛道影响共同作为儒家思想的对立物笼统论之,忽视了佛教与道家这两种思想影响的差异。

认识这种差异对于厘清苏轼思想的复杂性是极为重要的。而要认识佛教与道家影响苏轼的差异,就有必要首先考察作为两种思想体系,佛教与道家的联系及区别何在。

众所公认,佛学西来经历了一个中国化的过程。在这一过程中,它与儒家的融合更多带有政治色彩,在哲学意义上与老庄为代表的道家更为密切。魏晋时期大乘般若"空"学传入,与老庄"无"论一拍即合。唐代兴起的禅宗更纯然是融化老庄之后的中国产物。名士读佛与僧人论道均屡见不鲜,佛老相通,难分彼此。但是,这决不意味着二者完全泯灭了各自的特色合为一体。马端临《文献通考》卷225《经籍考·神仙家》的剖析非常精辟:

> 仁义礼法者,圣贤之说也,老氏以为不足为而主于清静;清静无为者,老氏之说也,佛氏以为不足为而主于寂灭。盖清静者求以超出乎仁义礼法,而寂灭者又求以超出乎清静无为者也。(商务印书馆,1936年)

如果我们对这段话稍作分析,不难看出老氏之于孔氏是反动,而释氏之于老氏与其说是反动,不如更确切说是超越。

超越与反动有什么不同?一般而言,超越自然含有否定的意思,通常说来否定又与反动近义。但若进一步深究,超越是在亲身经历了某一阶段之后再对这一阶段进行的否定,与"反其道而行之"的"反动"是不尽相同的。而"超越"二字,正能很好说明佛教与道家思想的联系与区别。

试举两例以明之。

“齐物”是道家非常高级的宇宙观与本体论。它主张“不乐寿,不哀夭,不荣通,不丑穷”(《庄子·天地》,郭庆藩集释本,中华书局,1982 年。下引此书均据此本),要求消灭“死生存亡、穷达贫富、贤与不肖”(《庄子·德充符》)的世俗分别,响亮地提出“天地与我并生,而万物与我为一”(《庄子·齐物论》)。气魄不可谓不宏伟,胸怀不可谓不宽广,态度不可谓不豁达。

然而它的宏伟、宽广、豁达在佛教思想面前却顿然失色。有这样一首禅家偈子:

> 菩提本无树,明镜亦非台。本来无一物,何处惹尘埃。(《六祖大师法宝坛经·行由品》,据《中国佛教思想资料选编》第二卷第四册,中华书局,1983 年)

就是这让神会丢掉六祖宝座的二十字偈,同样使老庄相形见绌。试想,打破贫富存亡、穷通毁誉等世人的“虚妄分别”,但存心去打破,本身不就体现了思想上虚妄分别的存在?要求“无为无事”、“清静自然”,但“为无为,事无事”(老子语),本身不就是违反了清静自然的一种行为[①]?归根结底,“齐万物”也好,“万物一府”也罢,仍然是心存万物。如果“本来无一物”,则何须再齐[②]?

正因如此,佛家才特别讲求所谓“不二入”或“入不二法门”,如:

> 善不善为二。于善不善如无所兴,是谓无想。以无想立

① 正如惠能再传弟子百丈怀海禅师所说:“若著无求,复同于有求;若著无为,复同于有为。”见《五灯会元》卷三。

② 郭朋《坛经校释》(中华书局,1983 年)第八节及序言力辨“本来无一物”句当为“佛性常清净”。

者而不为二。都于其中而无度者,是不二入。(《佛说维摩诘经》卷下《不二入品》)

生灭为二。法本不生,今则无灭。得此无生法忍,是为入不二法门。……有为无为为二。若离一切数,则心如虚空。以清净慧无所碍者,是为入不二法门。(《维摩诘所说经》卷中《入不二法门品》)

就是说,善恶生灭、有为无为等都是人心"起分"的产物。它们都是相因而成,相依而在。只有从思想上根本不产生这些分别的概念,才有可能获得彻底的解脱。这种思想是对老庄思想更高一层的升华。

老庄超然,它却超越了超然。

又道家生死观认为:"得者时也,失者顺也。安时而处顺,哀乐不能入也,此古之所谓悬解也。"(《庄子·大宗师》)意思是说,生是应时,死亦顺理。打破哀夭乐寿的俗念,泰然顺应自然安排,就能获得最高的解脱。所以,老耽死,好友奏佚仅以三号吊之;庄子妻死,庄子却盘腿鼓盆而歌。多么洒脱的举动,多么超凡的气度!

佛家却独不以为然。他们认为:

在生死缚,彼乃求解。若都无缚,其谁求解?(《佛说维摩诘经》卷下《不二入品》)

说得真好!道家讲得时失顺,生死自然,固然较道教之贪生恶死高出一筹,但同时不也反映出道家之门仍存生死分别?"在生死缚,彼乃求解",实际上还是为生死烦恼缠绕的表现。"莫于大乘门,却执生死智。"(《坛经校释》第 48 节)毫无疑问,佛家的这一生死观又比道家高出了一筹。

如果说,道家思想已是"百尺竿头",佛家思想则可谓"更进一步"。"百尺竿头,更进一步",这句本即出自佛家的口头禅,正可借来形象地说明佛家思想对道家的超越。

现在可以回到佛道思想对苏轼影响的问题上来了。苏轼思想受佛道影响之差异也正在于此。

如果说,庄子哲学的基础是上面所谓“齐物”,其人生哲学的核心则可说是“全生”。怎样才能全生?庄子善打比方。《庚桑楚》:“儿子终日嗥而不嗄,和之至也。终日握而手不挽,共其德也。终日视而目不瞚,偏不在外也。行不知所之,居不知所为,与物委蛇而同其波,是卫生之经已。”又《达生》:“夫醉者之坠车,虽疾不死。骨节与人同,而犯害与人异,其神全也。”就是说,如婴儿般动止无心,如醉者般委曲随顺,便可全生。

绝非偶然,苏轼在《书孟德传后》中也记载了一件未必实有之趣闻:某日虎自山下,适有小儿坐戏沙上。虎以首抵触,冀其一惧,而小儿无知,竟不知怪,嬉戏自若,虎卒去。之后他议论道:“使人之不惧,皆如婴儿、醉人与其未及知之时,则虎畏之,无足怪者。”这就完全表明了他思想之所本。

身处动辄得咎的艰难时世,苏轼很愿以庄子的“醉里天全”作为避祸手段:

> 人间本儿戏,颠倒略似兹。唯有醉时真,空洞了无疑。坠车终无伤,庄叟不吾欺。(《和陶饮酒》之12)

作为处世原则:

> 嗟我久病狂,意行无坎井。有如醉且坠,幸未伤辄醒。(《颍州初别子由》之一)

这些都足以说明苏轼与庄子“天全”理论的强大共鸣。

但是,如果认为这就是苏轼思想的终极点,那是不符合事实的。事实是,当佛家思想成为他观照事物的理论,一个认识的飞跃便开始发生了。

释迦牟尼佛正告弟子阿难:“若于因地以生灭心为本修因,而求佛乘不生不灭,无有是处。”(《楞严经》卷四)苏轼于此理突有所悟,即刻意识到,“醉中虽可乐,犹是生灭境。”(《和陶饮酒》之13)醉只相对于醒而存在。虽然醉里混沌,但刻意求醉,说明心存醒念。而心存醉醒之别,即是生灭之境,未入“不生不灭”的“不二法门”,仍然不得解脱。

于是他不再说“唯有醉时真,空洞了无疑”了,而是说:“醉醒皆梦耳,何用议优劣。”(《和陶影答形》)他不再说“坠车终无伤,庄叟不吾欺”了,而是说:“醉者坠车庄生言,全酒未若全于天。达人本是不亏缺,何暇更求全处全?”(《谢苏自之惠酒》)对于宾主,他不再舍宾而求主,因为他认识到:“有主还须更有宾,不如无境自无尘。”(《钱道人有诗云:“直须认取主人翁。”作两绝谢之》之二)对于凉热,他不再趋凉而避热,也因为他认识到:“热既无有,凉从何生?”(《寒热偈》)对于动静与闲忙,他不再恶动忙而喜闲静,同样因为他认识到:“说静故知犹有动,无闲底处更求忙?”(《柳子玉亦见和,因以送之,兼寄其兄子璋道人》)对于喜通惧碍之人,他反问:“本无通,安有碍?”(《苏程庵铭》)对于求全补亏之人,他反问:“试问乐全全底事,无全何处更相亏?”(《张安道乐全堂》)还有,“我本无身安有触”(《次韵子由书清汶老所传秦湘二女图》)[①],“从来无脚不解滑”(《次韵答宝觉》),……所有这一切,

---

① 按,佛教谓人有眼、耳、鼻、舌、身五根,相应有色、声、香、味、触五境,身根与触境相对。如《楞严经》卷三:“肉质乃身,身知乃触。”佛家反对五境,称之为五尘,认为它们尘染了净心。苏轼既谓“我本无身”,便从根本上断绝产生触尘的可能,正是佛家求彻悟的思想。下面“从来无脚”一句,用《景德传灯录》卷三马祖道一与希迁大师对话典,意思与此相同。又按:苏轼《答径山琳长老》云:“大患缘有身,无身则无疾。”显即上述佛家思想。然而却典出《老子》十三章:“吾所以大患者,为吾有身。及吾无身,吾有何患?”这如何解释?我以为,单从此数句看,佛道相同固是事实。但从两家体系全面看,佛较道更进一层也是事实。中国佛教本来就是接受、发展老庄以后的产物。

无不在冷峻的翻案中追进一层，表现出一种禅家的觉醒意识，真可以“唤醒痴愚不少”（借陈廷焯评其词语，见《白雨斋词话》卷六，人民文学出版社，1983 年）。

在生死问题上，苏轼思想中佛教影响对于道家影响的超越同样清楚地表现出来。他对于道教本来是不以为然的，对于道教的贪生恶死尤其嗤之以鼻[①]。他的生死观实与道家相近。他认为，“痴人自得终天年”（《再用前韵寄莘老》），所以“已将寿夭付天公”（《陪欧阳公燕西湖》），这显然与庄子的“得时失顺”之论一脉相承。

但他并未在此止步，最终仍然超越道家思想，接受了佛家的“无生”理论。

“无生”是佛家涅槃佛性之真理，实为“无生灭”之简称。它认为只有无生，才能无灭，无生是无灭的根本前提。所以要求证得无生法忍，体悟无生无灭之“不二法门”。苏轼说：

> 本自无生可得亡。（《吊天竺海月辩师》之一）
>
> 契我无生，长生之宗。（《水陆法像赞·一切五通神仙众》）

就正反映他试图领悟这佛家之最高境界，从思想上消灭生死界线，以期获得根本的解脱与自由。

由上述可见，苏轼思想中的佛道影响虽有联系却不相同。笼统而论，便容易忽视这种虽细微却重大的不同。

苏轼对佛教的真正认识与态度辨

问题的提出是由于这样一段话：

---

① 其《留题仙都观》诗云：“学仙度世岂无人，餐霞绝粒长苦辛。”《广州蒲涧寺》亦云：“而今只有花含笑，笑道秦皇欲学仙。”

他(苏轼——引者)对佛教那套清规戒律是不相信的。他在《中和胜相院记》中说,佛教那些多如牛毛的戒条都是为“愚夫未达者设”的,他自己是不管这一套的(“若我何用是为”);……这就是苏轼对佛僧的真正态度。(《苏轼评传》,修订本,四川人民出版社,1984年)。

这段话“引”“述”俱全,很难让人怀疑,其实却有问题。先多引几句《中和胜相院记》的原文:

佛之道难成,言之使人悲酸愁苦。……虽名为不耕而食,然其劳苦悲辱,则过于农工远矣。计其利害,非侥幸小民之所乐,今何其弃家毁服坏毛发者之多也?意亦有所便欤?

寒耕暑耘,官又召而役作之,凡民之所患苦者,我皆免焉;吾师之所谓戒者,为愚夫未达者设也,若我何用是为;剟其患,专取其利,不如是而已,又爱其名。

很明显,苏轼在前一段提出这样的疑问:虽然僧人说是不耕而食,但其清规戒律繁多,劳苦卑辱更甚,为什么削发弃家者还如此踊跃,莫非他们自有打算?接下一段,苏轼便揣其心思,拟其口吻,以代言的方式揭发出他们的如意算盘:度入空门,既可免除世俗百姓所患苦的种种劳役,而我师所规定的戒规条律呢,又不过为那些愚蠢笨伯所设,我岂会老老实实地恪守奉行?出家对于我来说,有百利而无一害,还可捞个高洁之名,我何乐而不为!

可见,文中所谓“我皆免焉”、“若我何用是为”之“我”,实是苏轼模拟佛徒的代称,不是苏轼自指。不难看出,苏轼正是反对这种名利之徒剃度入佛的不纯动机,反对他们对于佛家戒规“若我何用是为”的不严肃态度的。《评传》误审文意,将文中之“我”读成苏轼自指,从而得出“他自己是不管这一套”“多如牛毛的戒条”

的结论,与原文表达的意思就正好相反了。

这不全然是对一段文字的误读问题。长期以来,研究者们都持一种观点,即佛教之于苏轼,不过是其失意时的排遣工具,他对佛教其实是不相信、鄙视甚至反对的。这就很有一辨的必要。

诚然,苏轼在这篇《中和胜相院记》中确实对僧人作了尖刻辛辣的"慢侮"与"折困"。他讽刺他们"治其荒唐之说,摄衣升坐,问答自若,谓之长老",又说"吾尝究其语矣,大抵务为不可知,设械以应敌,匿形以备败,窘则推堕滉漾中,不可捕捉,如是而已矣"。并且明确承认,"吾游四方,见辄反复折困之,度其所从遁,而逆闭其途"。但如果与上面所引那两段原文联系起来,我们就应该知道苏轼所捉弄的是什么样的僧人。

有宋前期,自太祖至神宗均崇尚佛法。其间遍译经藏,广修灯录,佛事大盛。太宗时度僧 17 万,仁、神二宗时僧尼总数更多。大量的俗众涉足僧门或染指佛学,固然于普及佛法、扩大佛教影响不无益处,也因鱼龙混杂给佛教带来了实际上的损害。比如当时的佛教胜地杭州,苏轼就在另一篇文章《海月辩公真赞引》中加以批评,认为"钱塘佛老之胜盖甲天下,道德才智之士,与夫妄庸巧伪之人杂处其间,号为难齐"。

苏轼在《中和胜相院记》中嘲侮的正是这样的"妄庸巧伪之人"。这种人在出家动机上便很龌龊。他们皈依三宝,非为普济众生,而是为一己之私利:既能不劳而获,又能赚取虚名。为名与利,六根不净,正是对佛家基本教义的践踏。他们哪里是释迦弟子,恰恰是佛门叛逆。对这种人折困之,慢侮之,是在侮佛还是崇佛,反佛还是护佛,宋人黄震早已看出来了:"作院纪如此,斯忠于佛者矣。"(《黄氏日钞》卷 62,《四库全书》本)

“妄庸巧伪之人”不仅现实中有,历史上就存在。苏轼同样没有放过他们。梁武帝史称知佛,自己也常以“造寺、写经、度僧,不可胜记”(《景德传灯录》卷三,《四部丛刊三编》本)而洋洋自得。但苏轼指出:“(梁武帝)筑浮山堰,灌寿春以取中原,一夕杀数万人,乃以面牲供宗庙,得为知佛乎?”(《跋刘咸临墓志》)

正是有感于古今这种“妄庸巧伪之人”,苏轼才会有这样深深的慨叹:“以是知世之喜佛者未必多,而所不喜者未易少也。”(同上)

从这句慨叹可以看得很清楚,苏轼前面所谓“今何其弃家毁服坏毛发者之多也”,矛头正是针对这些“缘名失实,去佛远甚”(《宸奎阁碑》)的伪学佛者的,切不能笼统地视作对出家为僧的反对,更不能甚而至于视作对佛教本身的反对。

多则滥。当时染指佛门的纷纭众生中还有更多一类人,他们或许与上述那种“妄庸巧伪之人”有所不同,但因自己的粗鄙浅陋,同样使佛门威望与佛学尊严受到损害。对此,苏轼着重批评了他们的无知虚妄,并正面提出自己的学佛主张。

这些人的问题主要表现在两方面。一、在学佛态度上草率轻易,对学佛的复杂性和艰巨性认识不足。他们“各宗其师,务从简便,得一句一偈自谓了证,至使妇人孺子抵掌嬉笑,争谈禅悦”(《书〈楞伽经〉后》)。他们虽为学佛,实际上破坏了佛法的严肃性,其结果只能是“余波末流,无所不至,而佛法微矣”(同上)。二、在学佛行动上投机取巧,似是而非。本来佛主静达空寂,意在唤醒众生幻对世界,不生分执,从而得到解脱。而他们却将之作为无所事事、招摇撞骗的借口,“斋戒持律,讲诵其书,而崇饰塔庙,此佛之所以日夜教人者也。而其徒或者以为,斋戒持律不如无心,讲诵其书不如无言,崇饰塔庙不如无为。其中无心,其口无言,其身无为,则饱食而嬉而已。"(《盐官大悲阁记》)苏轼辛辣地嘲讽他们:"世之昧者便将颓然无知认作佛地。若如此是佛,猫儿狗儿得饱熟睡,腹摇鼻息,与土木同。当恁么时可谓无一毫思念,岂谓猫狗已入佛地?"(《论修养帖寄子由》,《东坡志林》卷一,中华书局,1981 年)并一针见血地指出"是为大以欺佛者也"(《盐官大悲阁记》)。

禅宗六祖、南禅实际创始人惠能亦曾这样说:"又有迷人,空心静坐。百无所思,自称为大。此一辈人,不可与语,为邪见故。"(《六祖大师法宝坛经·般若品》)苏轼的批判显然与其有惊人的相似。这再有力不过地证明,苏轼其意不在辱佛反佛,恰恰相反,在崇佛护佛。

苏轼还有两段话很值得介绍:

> 予观范景仁、欧阳永叔、司马君实皆不喜佛,然其聪明之所昭了,德力之所成就,皆佛法也。(《跋刘咸临墓志》)
>
> 范景仁平生不好佛,晚年清慎,减节嗜欲,一物不介蒂于心,真却是学佛作家。……某谓景仁虽不学佛而达佛理。(李廌《师友谈记》载,学津讨原本)

范镇、欧阳修、司马光并不信佛,他却将他们的"昭了"、"成就"归功于"佛法"、"佛理",或者说本身便是"佛法"、"佛理"。这说明什么?说明苏轼是把清慎、节欲等等看成"佛法"、"佛理"的内容,换言之,佛教便是许多优良德性的总括。

从这些话语,我们才能真正把握到佛教在苏轼心目中的地位,把握到苏轼对于佛教的真正认识与理解。

当然应该看到,要求"崇饰塔庙"、"斋戒持律",主要是针对当时"为大以欺佛"的习气而言,苏轼自己的学佛主张实不能以此衡之。他虽然也常舍物、写经,但认为"修无上道难,造种种福业易"(《书孙元忠所书〈华严经〉后》),立寺设斋、度僧写经不过皮毛之举,把握佛教之精髓才最为紧要。什么是佛之精髓?那就是平等、慈悲、净心以及上面所云清慎、节欲等等"聪明"、"德力"。他还学习佛家关于宇宙人生的观念学说,借鉴佛经辩证逻辑的思维方式和语言文字的风格特色。他汲取的是这一文化遗产的菁华。这对于他的为人与为文,都产生了相当大的影响。

《北京师范大学学报》1990年第三期

苏轼文学理论与佛学

钱谦益说:“北宋以后,文之通释教者,以子瞻为极则。”(《读苏长公文》,《牧斋初学集》卷83,《四部丛刊》本)作为一个文学家,苏轼受佛学的影响早已为众所公认。苏轼文学理论与佛学的关系同样十分密切。本文仅从三方面加以简单的探讨。非云全面,示例而已。

理　　说

先简介华严宗的“法界”理论。

“法界”,《华严经》提出的哲学名词,与其他宗派所谓的“法性”、“实相”、“真如”一样,是佛教虚拟的至高无上的精神本体。佛家从其所讲究的“真”、”俗”二谛出发,相应赋予它以“性”、“分”二义。从“性”言,万物虽殊,体性则一,故有“理法界”。从“分”言,万物皆异,各有分别,故有“事法界”。由此二法界又派生出“理事无碍法界”和“事事无碍法界”。在这著名的“华严四法界”中,“理法界”最重要。华严初祖杜顺作《修大方广佛华严法界观门》(简称《法界观》),阐释法界理论,即以其居于首位①。

① 文章保存在华严四祖澄观《华严法界玄镜》、五祖宗密《注华严法界观门》等著作中。据《中国佛教思想资料选编》第二卷第二册,中华书局,1983年。

苏轼在诗中曾两次提及《法界观》。《送春》云："凭君借取《法界观》，一洗人间万事非。"（《苏轼诗集》，中华书局，1982 年。下引苏诗均据此本）《送刘寺丞赴余姚》说："手香新写《法界观》，眼净不觑登伽女。"本来，文人读佛是平常的现象，但《法界观》非属《传灯录》、《维摩诘经》之类普及读物，可以推断苏轼对华严法界理论是有过专门兴趣的。

在许多文章中，苏轼都提到一个"理"字。如《滟滪堆赋》：

> 江河之大，与海之深，而可以意揣。唯其不自为形，而因物以赋形，是故千变万化，而有必然之理。（《苏轼文集》，中华书局，1986 年。下引苏文均据此本）

就是说，自然万物虽各不相同，究其根本都有一个"必然之理"统摄其中。这与前面所说"理法界"之"无尽事法同一理"（澄观语，见《华严法界玄镜》卷一）是一致的。

从哲学角度说，苏轼同样认为这统摄万物的"必然之理"至为重要，因为"凡学之难者，难于无私。无私之难者，难于通万物之理。故不通乎万物之理，虽欲无私不可得也"（《上曾丞相书》）。

而从文艺创作出发，他更将"理"强调到前所未有的高度："物一理也，通其意则无适而不可。"（《跋君谟飞白》）文艺家最重要的是把握它；"物固有是理，患不知。知之患不能达之于口与手。"（《答虔倅俞括》）文艺创作最根本的是反映它；"世之工人，或能曲尽其形。而至于其理，非高人逸才不能办。"（《净因院画记》）文艺作品最困难的是体现它。这与华严宗对"理"的绝对强调是非常相似的。

苏轼与华严"法界"理论均强调理的重要性，在赋予"理"的具体含义上却大异其趣。华严所谓"理"、"性"，实际上是"真如"、

“实相”的代名词,是一种神秘主义的本体论。他们宣扬它,抬高它,是以它来否定客观世界的真实存在,或者把客观存在归于它显现的产物。而苏轼所谓“理”,既指客观事物的本质和规律,又指普遍性与特殊性相统一的哲理,能反映对象深藏的蕴意和精神状态。它虽然受华严“法界”理论的影响,总的来看却不是在作抽象的本体思辨,更不是作华严理论本身那样的唯心思辨。倒是口头声称辟佛的理学家们,高唱“万物皆是一理”(《河南程氏遗书》卷15,《二程集》,中华书局,1981 年)、“人人有一太极,物物有一太极”(《朱子语类》卷 94,中华书局,1986 年),从精神实质上接受了佛家这一本体论。

文学作品要表现“理”。但“理”以何种方式表现,是文学创作成败的关键。在这一问题上,也许从“四法界”中的另一法界“理事无碍法界”理论中可以得到一些启发。

“理事无碍法界”认为,“理无形相,全在相中”(《华严法界玄镜》卷一),“依理成事,事能显理”(同前卷二),“真谛不乖于事理,即事理之体元真”(玄觉《禅宗永嘉集·事理不二》,据《中国佛教思想资料选编》第二卷第四册,中华书局,1983 年)。就是说,理虽为万物之本,理亦在万物之中;万物虽由理生成,理亦由万物显现。理与事互相融合,互相依顺,就如同水与波、光与影,相即不二,圆融无碍。

当然,“理事无碍法界”的本旨在于说明真如佛性生成客观世界,一切存在都是它的体现,与“理法界”一样,都是宗教的唯心哲学观。但抛开这一内容上的问题不论,它对于理事关系的表述,与文学创作的特性却很吻合。它可以启发作家注意把握抽象与具象、说理与体物的关系,避免平典似道德论的训教。

佛经本身就是这一理论模范的现身说法者。它们用各种各样的艺术手法,描绘多彩多姿的形象事物,演说生动有趣的各类故事,以体现精致微妙的佛教义理,使人们在不知不觉中接受它们。苏轼的诗文创作,如果不拘泥于个别例外,可以说是既有理的深度,能启迪读者的思想;又不乏艺术的魅力,能诗化读者的心灵。至于他是否确实直接从“理事不二”、“理事无碍”中受到影响,或者说这种影响在何种程度上产生作用,这就是难以指实的事了。

触　发　说

苏轼有这样有趣而费解的一首诗:

若言琴上有琴声,放在匣中何不鸣?若言声在指头上,何不于君指上听?(《题沈君琴》)

又有另外四句:

石中无声水亦静,云何解转空山雷。欲就诸公评此语,要识忧喜何从来。(《西山诗和者三十余人,再用前韵为谢》)

与上首机抒相同,蕴意亦颇隐晦。

实际上它们均化自佛经。仅举一种佛经中的两段,便可以说明问题:

此香为复生旃檀木?生于汝鼻?为生于空?阿难,若复此香生于汝鼻,称鼻所生当从鼻出。鼻非旃檀,云何鼻中有旃檀气?……若生于空,空性常恒,香应常在,何藉炉中爇此枯木?

汝观城中未食之家欲炊爨时,手执阳燧日前求人。……此人为从镜中而出?为从艾出?为于日来?阿难,若日来者,自能烧汝手中之艾,来处林木皆应受焚;若镜中出,自能于镜中出,然于艾、镜何不熔?纡汝手执尚无热相,云何融泮?若生于艾,何藉日、镜?光明相接然后火生。(《楞严经》卷三,《大正新修大藏经》本。下引佛经均据此本)

这两段话在经文中是两个意思重复的比喻。比喻的本体在下文中说出,即"汝与众生亦复如是"。"如是"者,如这些比喻也。这些比喻究竟说明什么呢?那就是"因缘和合而生"的"缘起论"。

佛家认为,大千世界中的每一事物或每种现象,都需要依赖种种条件——"因缘"的聚合才能产生,它们无一例外地处于互相存在的关系之中,互为条件,互成因果。因此,它们本身都不包含一个真实的实体,用佛经语来说,就是"一切法皆无自性"(《成唯识论》卷九)。而一切法无自性,就证明一切都是假的,不真的,不真即空。所以东晋佛学家僧肇在其名著《不真空论》中开头便说:"夫至虚无生者,盖是般若玄鉴之妙趣,有物之宗极者也。"意思是,一切虚无,没有实体,这是般若深远的神妙宗旨,万物的最高准则①。

认识事物之间的相互联系,并不违背辩证法的基本原理,但以此推论客观世界虚幻不实,并要人们"深入缘起,断诸邪见"(《维摩诘所说经》卷上《佛国品》),就最终使"缘起论"带上了唯心色彩。

毋庸讳言,苏轼接受了这一宗教理论的影响。从这些铭赞中可以看得很清楚:

有钟谁为撞?有撞谁撞之?三合而后鸣,闻所闻为五。

---

① 这里的解释取任继愈《〈不真空论〉今译》,《汉唐佛教思想论集》,人民出版社,1981 年。

缺一不可得，汝则安能闻？（《法云寺钟铭》）

旃檀非烟，火亦无香。是从何生，俯仰在亡。弹指赞叹，善思念之。是一柱香，是天人师。（《罗汉赞》之二）

以佛家教义作佛家文字，真是得心应手，圆熟无碍。

前引《题沈君琴》的构思立意也就是"缘起论"的同一产物。不仅构思立意，连字面都是出自佛经：

譬如琴瑟、箜篌、琵琶，虽有妙音，若无妙指，终不能发。（《楞严经》卷四）

可贵的是它的实际意义已突破了"缘起论"本身的宗教范围，更多地被赋予文学意味。这也就是我们应该特别重视这首诗的原因。

苏洵在《仲兄字文甫说》中，借《周易·涣》"风行水上，涣"之意阐发为文之道：

且兄尝见夫水之与风乎？油然而行，渊然而留，渟洄汪洋，满而上浮者，是水也，而风实起之；蓬蓬然而发乎大空，不终日而行乎四方，荡乎其无形，飘乎其远来，既往而不知其迹之所存者，是风也，而水实形之。……然而此二物者岂有求乎文哉？无意乎相求，不期而相遭，而文生焉。是其为文也，非水之文也，非风之文也，二物者非能为文，而不能不为文也。物之相使而文出于其间也，故曰此天下之至文也。（《嘉祐集》卷15，台湾商务印书馆影印文渊阁《四库全书》本，1986年）

中心意思是，文学创作必须依赖主体与客体的相互感应，只有客体触发主体，主体产生激情，才能创作出"天下之至文"。《题沈君琴》的含义也是如此，只是由于选取意义更加概括，表现手法更加凝炼，包含的意象更加抽象，所以给与读者的理解就更加多样。它可以理解成主客体的相互作用，或长期的生活积累与一时的艺术冲动的结合;单从主体来说,也可以理解成艺术修养在灵感感应下的爆发,或思想品德与艺术造诣的不可或缺,等等。要之,它可以代表创造优秀作品的一切条件的总和。

并且,它的意义不止于文学一隅,还具有认识方法上的启示意义。那就是,不同事物之间是相互联系的,同一事物的不同部分也相互联系。应该有全局的观念与全面的眼光,把一个事物放在与其他事物的关联中去考察,把一个事物各个方面汇总起来考察,这样得出的结论才可能更符合实际,更加正确。

由此想到苏轼另一首脍炙人口的名诗《题西林壁》:"横看成岭侧成峰,远近高低各不同。不识庐山真面目,只缘身在此山中。"现在看来,我们是否通常只注意后两句所含的哲理,而将前两句的意义有意无意地忽略了呢?是否可以说,它是苏轼从根本是唯心主义的缘起理论中得出的充满辩证法光辉的认识观?

言　意　说

众所周知,"词达而已"是苏轼文学创作的最高标准。这里感兴趣的,是他两次对这一标准作出的大致相同的解释:

> 物固有是理,患不知。知之患不能达之于口与手。所谓文者,能达是而已。(《答虔倅俞括》)
>
> 求物之妙,如系风捕影,能使是物了然于心者,盖千万人而不一遇也,而况能使了然于口与手者乎?是之谓辞达。(《答谢民师书》)

苏轼这里提出的实际上是中国文学史上一个古老的命题:言不尽意。限于本文的讨论范围,这里不探讨它受《周易》、《庄子》、魏晋玄学的影响,只着重从禅学角度加以分析。

按照佛经记载,当释迦佛在灵山会上拈花示众,迦叶尊者破颜微笑后,禅宗"不立文字,教外别传"的法则就被奠定了。如果揭掉披在这一法则身上的神秘外衣,我以为提出这一法则的原因主要有三点。一是他们否认有独立存在的客观事物,因此用语言文字去描绘与反映,便成为对这种观念事实上的背叛。二是与这种宗教观相联系,他们主张不妄分别,若妄分别,则是承认客观世界的存在。而用语言文字表达,本身便是一种分别。所以文殊赞叹维摩诘的缄口不言,说:"乃至无有文字言语,是真入不二法门。"(《维摩诘所说经》卷中《入不二法门品》)三是他们否认万物,而独承认"真如",但又认为"真如"佛性精密高深,"但可智知,非言能说"(《大般若波罗蜜多经》卷567《第六分法界品》),因此主张离言。

总的来看,第三点对苏轼影响最大。他说:"夫心之精微,口不能尽,而况书乎?"(《与刘宜翁书》)又说:"其诚之所加,意有所不能尽。意之所至,言有所不能宣。"(《谢吕龙图》)明显是指,语言文字有其天生的局限,难以尽善尽美地传达某些精微深妙的意趣。又有诗云:"口不能言心自省。"(《和钱安道寄惠建茶》)"所至得其妙,心知口难传。"(《怀西湖晁美叔同年》)虽然所指与虚无缥缈的"真如"佛性无涉,其对语言文字的这种感受显然与佛家所谓"但可智知,非言能说"十分相似的。

但这只是问题的一方面。对苏轼的文学理论与创作产生积极影响的,是另一方面。

禅宗常常以"言语道断、心行处灭"自诩,但实际上它的力主离言,不过是为其"寂灭空无"的宗教观服务的一种手段。事实正相反，为了达到宣传这一宗教理论、使芸芸众生彻悟“空幻寂灭”的目的，他们最好地利用了语言文字这一宣传工具，成为运用语言文字的杰出典范。这主要是指其对语言的“活用”。恰如朱自清先生所说：

> 禅家是离言说的，但是禅家却最能够活用语言。（《禅家的语言》，《朱自清古典文学论文集》，上海古籍出版社，1982年）

禅家“活用语言”的表现主要在于，他们既意识到语言文字表情达意的天然局限，又能动地突破这种局限。用少总多，以一含万，化有限为无限，创造出一种活泼无碍的语言风格。在创作上，他们反对“语句如山，重增绳索”（《五灯会元》卷18《月珠祖鉴禅师》，中华书局，1984年）；在欣赏上，他们反对“寻言逐句，去道转远”（同前卷15《云门文偃禅师》）。他们努力打破语言运用的陈式俗套，使作品呈现出“语路尖新，机锋捷疾”（同前卷17《泐潭洪英禅师》）、“应机回答，杀活临时”（同前卷16《瑞香子来禅师》）的特殊风貌。

所有这些，无一例外，都能在苏轼的理论主张中得到映证。

如上所说，苏轼是“言不尽意”论者，但他并不因此否定语言文字的作用。他在《书〈楞伽经〉后》一文中，借对《楞伽经》的评论表明自己学习佛经的观点：“《楞伽》义趣幽眇，文字简古。读者或不句，而况遗文以得义，忘义以了心者乎？”可知他明确反对这种“遗文以得义”的“欺佛”行为。但他又因为认识到语言表达的天然局限，所以同样自觉地寻找突破这种局限的途径，要求创作者学习“居僧语不繁”（《风水洞二首和李节推》之一）的文风，同样要求欣赏者“不可以言语求而得，必将深观其意焉”（《秘阁试论·既醉备五福论》)。至于语言风格,他说过这样一句话:“诗以奇趣为宗,反常合道为趣。”(《冷斋夜话》卷五引,中华书局,1988 年)这实在可视为对禅宗语言的最好概括。朱自清先生在前引文中指出:

> 顾(随)先生说“庭前柏树子”一句流传宇宙,震铄古今,就因为那答话里是个常物,却出乎常情,却又不出乎禅家“无多子”的常理。这需要活泼无碍地运用想象,活泼无碍地运用语言。

从作品实际风貌看,苏轼诗文的语言翻快活泼,辩才无碍,与佛学经义及佛家文字的影响,确有相当的联系。关于这一问题,当另撰文详论①。

诗 禅 说

诗禅说,就是以禅说诗。可分两类情形:一是以禅语喻诗,一是以禅理论诗。

以禅语喻诗,就是所谓“较诗于禅”(钱钟书《谈艺录·以禅喻诗》,中华书局,1984 年)。它仅是佛家名词的单纯比附,价值不大。真正对诗歌艺术具有启发与借鉴意义的,是以禅理论诗。

以禅理论诗,就是所谓“通禅于诗”(同前),“是就禅理与诗理相通之点而言的”(郭绍虞《〈沧浪诗话〉校释》,人民文学出版社,1983 年)。禅理与诗理的相通之点,前人论述颇多,如水中月,镜中像,羚羊挂角、无迹可求,不即不离、不粘不脱,透彻玲珑、不可凑泊,参活句、勿参死句等等都是。

---

① 参本书《苏轼文学创作与佛学》一文。

而苏轼以禅说诗，正是从有助于诗歌理论与创作的角度出发的，属“以禅理论诗”一类。这里着重就《送参寥师》进行分析：

上人学苦空，百念已灰冷。剑头唯一吷，焦谷无新颖。胡为逐吾辈，文字争蔚炳。新诗如玉屑，出语便清警。……欲令诗语妙，无厌空且静。静故了群动，空故纳万境。阅世走人间，观身卧云岭。咸酸杂众好，中有至味永。诗法不相妨，此语更当请。

此诗的全部立意即在于“诗法不相妨”一句。而“诗法不相妨”不正是说的“禅理与诗理相通之点”？苏轼诗文中多次将“诗”与“法”相并举，如《次韵王巩南迁初归》其一：“哪能废诗酒，亦未妨禅寂。”《龟山辩才师》：“问法求诗了无碍。”《与参寥子》则更明确：“此（指诗——引者）于至道殊不相妨，何为废之耶？”可见此处所谓“诗法不相妨”并非偶然兴到之言，而是其一贯的理论观点。

“诗法不相妨”具有两重含义，先说第一重：法有助于诗。

苏轼指出，表面看来，诗心与佛法南辕北辙，互不相关。因为文学家描写“万境”——大千世界中的万事万物，反映“群动”——一切有情无情的发展变化。而佛家讲究的却是：“唯取极静，由静力故，永断烦恼”（《圆觉经》），“一切法空，是空亦空，是名空空”（《大智度论》卷46《释摩诃衍品》18），真可谓静得完全，空得彻底。但作为知识修养极高、艺术造诣极深的文学家，苏轼却慧眼独具，发现了静与动、空与万境的辩证关系，从而找到了诗法与禅法的相通之点，那就是：“静故了群动，空故纳万境”。所以他十分强调空静，强调空静的目的，也在于“群动”与“万境”。比如，他常以“古井”比拟自己的心境，如“年来烦恼尽，古井无由波”（《出都来陈，所乘船上有题小诗八首，不知何人有感余心者，聊为和之》）、

“心有何求遣病安，年来古井不生澜”（《臂痛谒告，作三绝句示四君子》之二）等等，但并非以空静为终极。他取古井空静的着眼点是：“君看古井水，万象自往还”（《书王定国所藏王晋卿画著色山》之一）、“是身如虚空，万物皆我储”（《赠袁陟》）。这显然是“静故了群动，空故纳万境”的形象表达。

由此出发，苏轼这样要求嗜好诗文的僧人思聪：“聪能如水镜，以一含万，则书与诗当益奇。”（《送钱塘僧思聪归孤山叙》）这显然是他“法能助诗”思想最明白的阐述。

苏轼论佛法助诗，其所立之言也是来自佛家。下面两段佛经：

> 我于尔时观界安立，观世动时，观身动止，观心动念，诸动无二，等无差别。我时了觉此群动性……。（《楞严经》卷五）
>
> 譬如虚空弥广，悉能容受一切众生而无染著。（《华严经》卷34《宝玉如来性起品》第32之二）

正分别说的是“静了群动”与“空纳万境”。而东晋佛学家僧肇所谓：

> 寻夫不动之作，岂释动以求静？必求静于诸动。必求静于诸动，故虽动而常静。不释动以求静，故虽静而不离动。（《物不迁论》）
>
> 夫至人虚心冥照，理无不统。怀六合于胸中而灵鉴有余，镜万有于方寸而其神常虚。（《涅槃无名论》）

则是中国僧人对二者关系所作的进一步阐发。

由此可知苏轼诗禅理论的渊源。但上述佛经之义及僧肇所论均是宗教哲学，虽然苏轼之前已有权德舆、刘禹锡等将之移用于文学，如前者《送灵澈上人庐山回归沃州序》：“心冥空无，而迹寄文字。故语其夷易，如不出常境；而诸生思虑，终不可至。读其词者，知其心不待境静而静。”(《权载之文集》卷38,《四部丛刊》本)后者《秋日过鸿举法师院便送归江陵引》:“梵言沙门,犹华言去欲也。能离欲,则方寸地虚。虚而万景入,入必有所泄,乃形乎词。词妙而深者,必依于声律。”(《刘禹锡集》卷29,上海人民出版社,1975年)但将静了群动、空纳万境扩伸为诗法相通的一般规律,抽绎出“诗法不相妨”的诗禅理论,就不能不算作苏轼的功劳。

“诗法不相妨”的第二重含义是:诗有助于法。

法能助诗,是因为佛法中某些理论偶合于文学创作的特殊规律,可以给予文学家以借鉴和启示。那么诗又何以能助法呢?

佛家认为,人之烦恼均由妄执妄分所致,要想消除烦恼,必须尽斩尘缘。诗文语业是尘缘中事,应当消除,自不例外。然而中国佛教——禅宗兴起,它虽于大乘佛教有直接继承,但发展得更加通脱自由。它不再将烦恼归罪于客观,相反认为“青青翠竹,尽是法身;郁郁黄花,无非般若”(《景德传灯录》卷28,《四部丛刊三编》本),关键在于心意真诚。只要一念正真,即可顿悟成佛。万物不仅不会妨道,因其皆含真如佛性,反而有助于悟道。苏轼自己便这样说:

> 古之学道,无自虚空入者。轮扁斫轮,伛偻承蜩,苟可以发其巧智,物无陋者。(《送钱塘僧思聪归孤山叙》)

而一切“无陋”之“物”,诗文自是其中一项,诗能助法正是在此意义上说的。陈善《扪虱新话》卷10云:

> 学道之士未闻有自儒书入者,或者以为此治世语言,非道迹。予以为不然。世尊在日,有比丘钝根无多闻性,佛令诵“苕帚”二字,于此大悟,得无碍下中。使学者用心能如诵苕帚,则虽笑跳击竹,猪肉满案,犹可以悟,而况治世语言乎?

（《津逮秘书》本）

前文曾提及能诗善文的僧人思聪，他七岁弹琴，12 岁学书，又三年学诗，莫不精工。所以苏轼认为："聪若得道，琴与书皆与有力，诗其尤也。"（《送钱塘僧思聪归孤山叙》）而下面两句名诗：

暂借好诗消永夜，每逢佳处辄参禅。（《夜直玉堂，携李之仪端叔诗百余首，读至夜半，书其后》）

正是苏轼自己读诗而触悟禅境的真实反映。

确实，诗中自有一种境界，能使人产生一种近于禅悟的神妙感觉。这种奇异的体验因人而异，因为人们的身世经历、文化素养、思想状态本自不同。宋人吴曾《能改斋漫录》卷 16 记载这样一件佚事：一日苏轼与杭州歌妓琴操戏语对答，当他吟出白居易诗"门前冷落车马稀，老大嫁作商人妇"两句，"琴操大悟，即削发为尼"（上海古籍出版社，1979 年）。虽与这里所说的借诗悟道尚有区别，仍不失为诗能助法的好例证。

"诗法不相妨"，这一命题的提出非属偶然，它是对文学发展历史状况的归纳与总结。自后汉佛法东渐，代代文人谈禅说法者不胜枚举，自不必言。而佛门之诵诗作文，亦正如刘禹锡所谓"相踵"焉①。明释正勉编《古今禅藻集》一书，凡 28 卷，裒集了自东晋至当朝僧人诗作 3000 余首，洋洋洒洒，蔚然大观。其中固有难以诗论者，但美句佳篇，亦在在皆是。

文学与佛学的这种紧密交渗，以有宋一代为其高潮。苏轼贬惠州，作《付僧惠诚游吴中代书十二》，向与他交谊最深的 13 位吴

---

① 《秋日过鸿举法师院便送归江陵引》："自近古而降，释子以诗名闻于世者相踵焉。"（《刘禹锡集》卷 29）

越名僧致意。文中虽然对每人的记述都仅有数句之寥,但言及其能诗文者便有九人之多,可以看出当时盛况之一斑。明了这样一种文学发展的历史背景,或许有助于我们对“诗文不相妨”意义的理解。

《天府新论》1989 年第二期

苏轼文学创作与佛学

苏轼阅读的佛经禅典与他的创作风格

佛教在东汉初年传入中土的时候，佛经翻译就几乎同时开始了。自兹以降，直到北宋，千余年间，未尝间断。究其特点，至少有二。一是翻译家们勤奋刻苦，严肃认真。他们"必殷勤于三覆，靡造次于一言"（彦琮《辩正论》，载《续高僧传》卷二，《大正新修大藏经》本。下引佛经禅典，未注明者均据此本），在孜孜不倦于翻译实践的同时，还从理论上对佛经翻译进行探讨和总结。二是佛教经籍内容博大，思想精深，翻译工作非集体智慧不能承当。从隋代起官方便建立译馆，设官分职，统一管理，组织周密完善。具备这两点，佛教翻译的顺利进行便获得了主客观两方面的保证。感谢古代的翻译家们，是他们在悠悠岁月中辛勤不怠，才使今天的我们得以拥有这一笔宏富的珍贵文化遗产——卷帙浩瀚的"大藏经"。

作为深受佛教影响的文学家，苏轼涉猎的佛教经籍有哪些呢？从他本人的诗文言辞记载来看，主要有如下几种：

一、《华严经》。

苏轼在《书孙元忠所书〈华严经〉后》中阐发自己对于华严经义的理解，并在《跋王氏〈华严经〉解》中驳斥王安石的观点：

予过济南龙山镇，监税朱宝国出其所集王荆公《华严经解》相示，曰："公之于道，可谓至矣。"予问宝国："《华严》有八十卷，今独解其一，何也？"宝国曰："公谓我此佛语深妙，其余皆菩萨语尔。"予曰："予于藏经取佛语数句置菩萨语中，复取菩萨语置佛语中，子能识其是非乎？"曰："不能也。""非独子不能，荆公亦不能。……若一念清净，墙壁瓦砾皆说无上法，而云佛语深妙，菩萨不及，岂非梦中语乎？"（《苏轼文集》，中华书局，1986年。下引苏文均据此本）

又据其门生李之仪（《跋东坡书〈多心经〉》记载，他曾有意抄写此经，逡巡未果，转而嘱之之仪："早有意写《华严经》，不谓因循，今则眼力不逮矣，良可惜者。子能勉之乎？"（《姑溪居士全集》卷38，《丛书集成初编》本）

二、《楞严经》。

苏轼对此经尤为推重，多次言及。一曰："《楞严》者，房琯笔受，其文雅丽，于书生学佛老为宜。"（《跋柳闳〈楞严经〉后》）再曰："老拙慕道，空能诵《楞严》之语。"（《与程全父》）三曰："《楞严》在床头，妙偈时仰读。"（《次韵子由浴罢》，《苏轼诗集》，中华书局，1982年。下引苏诗均据此本）其喜好之情，不难想知。

三、《维摩诘经》。

《维摩诘经》是最得文人亲睐的一部佛经，苏轼也十分喜爱它。他为同乡画家石恪所画维摩诘像作《石恪画维摩颂》，议论精彩，见解独到，非仅得皮毛者所可比拟：

> 我观三十二菩萨，各以意谈不二门。而维摩诘默无语，三十二义一时堕。我观此义亦不堕，维摩初不离是说。譬如油蜡作灯烛，不以火点终不明。忽见默然无语处，三十二说皆光焰。佛子若读维摩经，当作是念为正念。

四、《楞伽经》。

禅宗初祖菩提达摩曾以此经授二祖慧可，是禅宗所奉经典之一。苏轼在《书〈楞伽经〉后》中高度评价它在佛教中的地位与作用：

> 《楞伽阿跋多罗宝经》，先佛所说，微妙第一，真实了义，故谓之佛语。心品祖师达磨以付二祖曰：吾观震旦所有经教，唯《楞伽》四卷可以印心，祖祖相受，以为心法。如医之有《难经》，句句皆理，字字皆法，后世达者神而明之，如盘走珠，如珠走盘，无不可者。

五、《金刚经》。

《金刚经》亦为文人普遍喜爱。苏轼曾作《金刚经跋尾》发挥经义，《虔州崇庆禅院新经藏记》又具引其语。

六、《金光明经》、《圆觉经》、《观音经》、《心经》等等。不具述。

上面所列仅是苏轼着重论及的佛经。若论其作品中明引暗用者，当然不止于此数种。

至于禅宗典籍，《坛经》和《传灯录》都是他常读之书。关于前者，他有《论六祖〈坛经〉》一文，阐述如何理解"法"、"报"、"化"三身；关于后者，有《曹溪夜观〈传灯录〉，灯花落一"僧"字上，口占》，诗云："山堂夜岑寂，灯下看《传灯》。不觉灯花落，茶毗一个僧。"幽默风趣，颇能传其夜读《传灯》情形之神。

这里想着重指出苏轼阅读这些佛经禅典的时间。

苏轼在黄州所作《与章子厚参政书》有云："唯佛经以遣日。"他的读佛读禅既不始于黄州，也不止于黄州，但主要集中在黄州，这是可信的。这一是主观需要，用他自己的话来说，即所谓"以自洗濯"（《答毕仲举书》）；一是客观许可，亦即其所谓"闲居之赐"

(同前)。指出这点,目的在与苏辙《亡兄子瞻端明墓志铭》中的这段话联系起来:

(子瞻)尝谓辙曰:"吾视今世学者,独子可与我上下耳。"既而谪居于黄,杜门深居,驰骋翰墨,其文一变,如川之方至,而辙瞠然不能及矣。(《栾城集·栾城后集》卷22,上海古籍出版社,1987年)

为什么苏轼"谪居于黄,杜门深居","其文"得以"一变",至于使苏辙"瞠然不能及"呢?正应从苏轼此时的"唯佛经以遣日"中去寻找答案。

实际上,苏辙紧接上文已明言:"后读释氏书,深悟实相,参之孔老,博辩无碍,浩然不见其涯也。"明人钱谦益亦指出:

子瞻之文,……黄州以后,得之于释。(《读苏长公文》,《牧斋初学集》卷83,《四部丛刊》本)

或许人们会有这样的疑问,严羽在其著名的《沧浪诗话》中,既高倡诗禅说,又力斥苏黄诗,并且倡导前者正是为纠后者之弊,这不正说明苏轼诗文不合佛禅吗?为什么说"子瞻之文""得之于释"?

这就需要进一步探究苏轼文学创作受佛学影响的表现问题,弄清它们之间的关联何在。

我们知道,严羽《沧浪诗话》所推重者,不过在空灵淡泊、水月镜像一路。实际上,这些仅是禅家根据佛教寂灭空无的教义所作的理论要求。不但与佛经,即使与禅典本身的实际风貌相较,差别也是极其显著的。正如明人王圣俞所说:

佛教唯寂,至于思议不赡,而反借庄严色相以显其趣。(《东坡禅喜集》卷六批语)

佛家教义的终极,是寂灭空无,归于涅槃。但有意思的是,为了使信徒们领悟其教义,佛家又不惜违背这一终极精神,用多种多样的手段,以多种多样的方式,轰轰烈烈,热热闹闹,苦口婆心,反复演说。这就决定了佛经"尚质"与"委悉"的特殊文风。

其"尚质"不表现在词句的简朴蹇碍,而表现在通俗化与口语化;其"委悉"就是委曲周详,"叹咏、丁宁、反复,或三或四,不嫌其繁"(彦琮《辩正论》引道安语,载《续高僧传》卷二)。这二者相结合,便使得佛经波澜壮阔,一泻而下,如瞻天瞰海,无涯无涘。这正用得上苏轼《自评文》的一段话:

> 吾文如万斛泉源,不择地皆可出,在平地滔滔汩汩,虽一日千里无难。及其与山石曲折,随物赋形,而不可知也。

"万斛泉源",喻奔放也;"随物赋形",状自然也。这就是苏轼文风受佛经影响之所在。

先读其《胜相院经藏记》的一段文字:

> 元丰三年,岁在庚申。有大比丘维简,号曰宝月,修行为幻。三摩钵提,在蜀成都,大圣慈寺,故中和院,赐名胜相。以无量宝,黄金丹砂,琉璃真珠,旃檀众香,庄严佛语,及菩萨语,作大宝藏。涌起于海,有大天龙,背负而出,及诸小龙,纠结环绕。诸化菩萨,及护法神,镇守其门。天魔鬼神,各执其物,以御不祥。是诸众宝,及诸佛子,光色声香,自相磨激,璀灿芳郁,玲珑婉转,生出诸相,变化无穷。

再与《华严经》卷一《世间净眼品》第一之一发端一段作比较:

> 如是我闻,一时佛在摩竭提国寂灭道场,始成正觉。其地金刚,具足严净。众宝杂花,以为装饰。上届宝轮,圆满清净。无量妙色,种种庄严,犹如大海。宝幢幡盖,光明照耀。妙香

> 花鬘，周匝围绕。七宝罗网，弥覆其上。雨无量宝，呈现自在。诸杂宝树，花叶光茂。

真是“光色声香”，“光明照耀”。其词语之宏富，语势之连贯，逼人一气读下，中途不得停顿。两者之间风貌的近似，自不待言。

不唯作佛文字如此，苏轼那些长篇政论，碑版祭文，如《上神宗皇帝书》、《富郑公神道碑》之类，或慷慨以陈，或侃侃而述，所言虽与佛经异曲，风格却与佛经同工。前人论及此者屡见不鲜。宋释惠洪云：“其文涣然如水之质，漫衍浩荡，则其波亦自然而成文，盖非语言文字也，皆理故也。自非从《般若》中来，其何以臻此。”（《跋东坡忼池录》，《石门文字禅》卷27，台湾商务印书馆影印文渊阁《四库全书》本，1986年）钱谦益的体会更为切实：

> 吾读子瞻《司马温公行状》、《富郑公神道碑》之类，平铺直叙，如万斛水银，随地涌出，以为古今未有此事，茫然莫得其涯涘也。晚读《华严经》，称性而谈，浩如烟海，无所不有，无所不尽，乃喟然而叹曰：子瞻之文，其有得于此乎？文而有得于《华严》，则事理法界，开遮涌现。无门庭，无墙壁，无差择，无拟议，世谛文字固已荡无纤尘，又何自而窥其浅深，议其工拙乎！（《读苏长公文》）

至于其诗，亦莫不然。尤其大篇，更能见出。如《甘露寺》、《监试呈诸试官》、《和蔡景繁海州石室》诸篇，或写景叙事，或议论感慨，波澜浩大，富丽堂皇，深得《般若》、《华严》之风韵。清人王昶论其诗：

> 华严楼阁笔端生，万斛源泉任意倾。（《舟中无事偶作论诗绝句》第16首，《春融堂集》卷22，春融堂集本）

就已明确指出这一点。

禅宗文字的语言风格对苏轼影响同样很大。禅宗文风的特点是什么？与其说是严羽所谓“透澈玲珑，不可凑泊”，不如确切说是语路尖新，机锋暗含，翻快活泼，辩才无碍。这只要翻翻禅宗语录，便可了然。

我们注意到，苏轼论文谈艺，特别偏爱“翻澜”、“翩翩”等字样。如“笔势翻涛澜”（《送曹辅赴闽漕》）、“笔势翩翩疑可识”（《余与李廌方叔相知久矣，领贡举事而李不得第，愧甚，作诗送之》）、“文如瓶水翻”（《次韵和王巩》）等等。这实际上无异于他自己诗歌语言风格的总结。看这样一首诗：

> 昌身如饱腹，饱尽还当饥。昌诗如膏面，为人作容姿。不如昌其气，郁郁老不衰。虽云老不衰，劫坏安所之。不如昌其志，志壹气自随。（《韩退之〈孟郊墓铭〉云：‘以昌其诗。’举此问王定国：‘当昌其身耶？抑昌其诗也？’来诗下语未契，作此答之》）

他在诗中自立自破，边生边扫，思维敏捷，语路疾速。这正是刘熙载《艺概·诗概》所论的：

> 东坡诗善于空诸所有，又善于无中生有，机括实自禅悟中来。以辩才三昧而为韵言，固宜其舌底澜翻如是。（上海古籍出版社，1978 年）

当然，不能完全将苏诗这种“既超旷又善透快句”（方东树《昭昧詹言》卷 11，人民文学出版社，1984 年）的特色归于禅宗风格的影响。但如果说它们之间有相当大的内在联系，应该是不中不远的。

苏轼文学创作与佛学影响例说

论苏轼文风与佛学既毕，再举三例，略加申说，以求获见其创作受佛学影响之一斑。

一、活法

禅家论禅法，谓："但参活句，莫参死句。"(《五灯会元》卷15《德山缘密禅师》，中华书局，1984年)严羽论诗法，亦谓："须参活句，勿参死句。"(《沧浪诗话·诗法》，郭绍虞校释本，人民文学出版社，1983年)禅家所谓活句，是由其独特思维方式形成的特殊语言技巧的概括。诗家所谓活句，是借禅家特殊的语言技巧而为文学创作服务。钱钟书先生云：

> 禅家当机煞活者，首在不执著文字，句不停意，用不停机。古人说诗，有曰不以词害意，而须以意逆志者，有曰诗无达诂者，有曰文外独绝者，有曰含不尽之意见于言外者，不脱而亦不粘，与禅家之参活句，何尝无相类处。(《谈艺录·妙悟与参禅》，中华书局，1984年)

下面即从意在言外、不脱不粘等方面试说苏轼的活法。

意在言外。

在言意问题上，苏轼是"言不尽意"论者。这虽然是《周易》、《庄子》、魏晋玄学的直接继承，与佛教对他的影响同样密不可分。

佛家认为，真如佛性精密高深，"但可智知，非言能说"，故宣称"诸佛妙理，非关文字"(《六祖大师法宝坛经·机缘品》，《中国佛教思想资料选编》第二卷第四册，中华书局，1983年)，从而确立了禅宗"不立文字，教外别传"的法则。但究其实，禅宗之力主离言，不过是宣扬"寂灭空无"宗教观的一种手段。实际上,他们为了达到宣传这种宗教观的目的,最好地利用了语言文字这一宣传工具,成为运用语言文字的杰出典范。其主要表现,就是活用语言。

禅家的活用语言,突出表现在能动地突破语言文字表情达意的天然局限,化有限为无限,用少总多,以一含万,创造出一种"欲了机前旨,咸于句下违"(《五灯会元》卷四《刺史陈操尚书》)的语言特色。

对于这一点,苏轼十分推重。他很欣赏"居僧语不繁"(《风水洞二首和李节推》之一)的文风,明确提出"言有尽而意无穷者,天下之至言也"(姜夔《白石道人诗说》引,《历代诗话》本,中华书局,1981 年)。在创作上,他借鉴禅家文字,爱用启发、暗示、象征等手法,用形象体现抽象,借之表达常情难以表达的精微意蕴,也使得文字本身固有的意义得到延伸与扩大。

比如《五灯会元》卷 15 载,盛勤禅师以"水流千派月,山锁一溪云"喻佛道之"万殊一理",又卷五载李翱居士问药山和尚如何是道,药山不作正面回答,手指上下曰:"云在青天水在瓶。"意思是道无所不在,自然无心即道。苏诗中颇有同此机杼者。如《退圃》诗:"百仗休牵上濑船,一钩归钓缩头鳊。园中草木春无数,只有黄杨厄闰年。"(自注:"俗说,黄杨一岁长一寸,遇闰退三寸。")句句皆含退意,又句句皆不说破,避免了直发议论的枯燥无味。所以纪昀评曰:"又是一格。"又如作于惠州贬所的《上元夜》:"前年侍玉辇,端门万枝灯。壁月挂罘罳,珠星缀觚棱。去年中山府,老病亦宵兴。牙旗穿夜市,铁马响春冰。今年江海上,云房寄山僧。亦复举膏火,松间见层层。"两两相形,意在言外。表面是客观叙述,实际上被贬流放的愤激、悲怆之情昭然若揭。

不脱不粘。

佛家教义的终极在于悟无念体和一切空。但他们又反对存心去悟。因为存心去悟,本身就是有念与不空。所以他们既反有念,又反无念;既反色,又反空。认为这才是真正得以解脱的“不二法门”。这样,便形成了一种佛家特有的否定方式“双非法”。《圆觉经》云:“不即不离,无缚无脱。”就是双非法的否定形式。可知,“不粘不脱”本与文学无涉。

但是,以禅说诗者常以己意会之,如王士祯《师友诗传续录》(《清诗话》本,上海古籍出版社,1982 年)云:“严仪卿所谓‘如镜中花,如水中月,如水中盐,如羚羊挂角,无迹可求’,皆以禅理喻诗。内典所云‘不即不离、不粘不脱’,曹洞宗所云‘参活句’是也。”将它同文学创作的某些特性联系了起来。

此处拟用这一“双非法”来考察苏轼的咏物之作和他关于咏物诗的见解。

苏轼《水龙吟·次韵章质夫杨花词》这首著名的咏物词开头便云:“似花还似非花。”(《东坡乐府》卷上,《四印斋所刻词》本)这恰可算作“不粘不脱”的形象表达。“似花”,不脱也;“非花”,不粘也。不脱亦复不粘,正是他关于咏物诗的评骘标准,也是他自己咏物诗作的定评。请看他对前人咏物诗的一段褒贬:

> 林逋《梅花》诗云:“疏影横斜水清浅,暗香浮动月黄昏。”决非桃李诗也。皮日休《白莲》诗云:“无情有恨无人见,月晓风清欲堕时。”决非红莲诗。此乃写物之功。若石曼卿《红梅》诗云:“认桃无绿叶,辨杏有青枝。”此至陋语,盖村学中体也。(《评诗人写物》)

为什么石诗至陋,如村学中体?就是因其未做到“不粘不脱”，于题切实，毫无远韵。为什么林、皮之诗深具写物之功？就因为不拘泥于形貌而独标其神。苏轼自己也有三首咏梅诗，题为《红梅三首》，其颈联分别是：

寒心未肯随春态，酒晕无端上玉肌。

细雨浥残千颗泪，轻寒瘦损一分肌。

抱丛暗蕊初含子，落盏秾香已透肌。

果然深具雅韵，远迈石诗，自入林、皮一流而不逊色[①]。

其实，不仅止于咏物诗，苏轼还将“不粘不脱”作为诗歌创作的普遍要求。“赋诗必此诗，定知非诗人。”（《书鄢陵王主簿所画折枝二首》之一）这两句被人们广为征引的名言，究其根本，正可以从“不粘不脱”的“双非法”中找见其思想来历。

二、翻案法

刘熙载在《艺概·诗概》中这样评论苏轼诗歌：“推倒扶起，无施不可。得诀只在能透过一层，及善用翻案耳。”（上海古籍出版社，1978年）何谓“翻案”？元人方回《名僧诗话序》早有解释。他说：

北宗以树以镜譬心，而曰“时时勤拂拭，不使惹尘埃”，南宗谓“本来无一物，自不惹尘埃”，高矣。后之善为诗者，皆祖此意，谓之“翻案法”。（《桐江集》卷一，宛委别藏本）

这里的“北宗”，指北禅宗初祖神秀，“南宗”即南禅宗初祖惠能。固然，翻案法并非为禅宗所专有，在其他作品中亦可以找出用例。但平心而论，“禅宗破壁斩关，宜其善翻案”（《谈艺录·随园论诗

---

① 按：《红梅三首》第一首尾联云：“诗老不知梅格在，更看绿叶与青枝。”句下自注：“石曼卿《红梅》诗云：‘认桃无绿叶，辨杏有青枝。’”王文诰案：“本集论咏物诗，以曼卿此联为至陋语，乃村学堂中体。合观此诗，乃自诩其前六句，谓非曼卿之所知也。”可知作者作此三诗，确有与石诗试高下之意。

中理语》)。就是说,禅宗讲机锋敏捷,讲新奇制胜,故特擅长使用翻案法。即从惠能来看,除上面方回所举那首外,还有一首同样出色:"惠能没伎俩,不断百思想。对境心数起,菩提作么长。"这是对卧轮禅师偈"卧轮有伎俩,能断百思想。对境心不起,菩提日月长"的翻案。(见《六祖大师法宝坛经·机缘品》)

通读苏诗,可以发现,苏轼确实如刘熙载所论,十分善于使用翻案法。概括而言,约有如下两类情形。

第一类,所用以建立翻案的立意,亦来自禅家本身。换言之,不仅用禅家这种手法,也用这种手法表现禅家思想。试举三例。

《庄子·达生》云:

> 夫醉者之坠车,虽疾不死。骨节与人同,而犯害与人异,其神全也。乘亦不知也,坠亦不知也,死生惊惧不入乎其胸中,是故忤物而不慑。彼得全于酒而犹若是,而况得全于天乎?(陈鼓应《庄子今注今译》本,中华书局,1988 年)

这已是庄子自鸣得意的人生观了,也确不可谓其不超脱。然而苏轼却用佛家"不生不灭"的不二法门,举重若轻地将它翻了过来:

> 醉中虽可乐,犹是生灭境。云何得此生,不醉亦不醒。(《和陶饮酒》之 13)

就是说,虽然醉里混沌,但刻意求醉,正说明有醒心,因为醉只相对于醒而存在。而心存醉醒之别,则还是生灭之境,仍然不得解脱。要想不醒,只有先不存醉心,即根本不执著于醉醒之别——所谓"不醉亦不醒",这样才是"不生不灭"的不二法门,才能真正使烦恼得到解脱。基于此,苏轼进一步反驳:

> 醉者坠车庄生言,全酒未若全于天。达人本是不亏缺,何暇更求全处全?(《谢苏自之惠酒》)

真正的旷达之人本来没有亏缺，也根本不知亏缺，哪里还需要去刻意求全呢？

陶渊明的《桃花源诗》并记，创造了一个多么美妙的世外仙境。也许它觉得这个世界龌龊不堪，刚刚展露姿容，旋即抽身远遁，从此杳不可寻。多少人为与它失之交臂而抱恨终生。然而苏轼又以“佛是自性作，莫向身外求”、“一念心开，顿见佛国”的佛道禅理，与他心仪的诗人唱起了反调：

> 凡圣无异居，清浊共此世。心闲偶自见，念起忽已逝。欲知真一处，要使六用废。桃源信不远，杖藜可小憩。（《和陶桃花源》）

是啊，人人心中自有佛性，乐土仙境何处不是。只要一念顿悟，真性便会显现，桃源就在眼前，拄根黎杖便可去小憩，又何须为那子虚乌有的仙境枉费痴情呢！

甚至，苏轼还毫不客气地“请君入瓮”，将“翻案法”用在禅家身上。《景德传灯录》卷九《潭州沩山灵祐禅师》记载一桩公案，华林、灵祐二人竞争百丈禅师之嗣，于是百丈出一道考题：

> 百丈云：“若能对众下得一语出格，当与住持。”即指净瓶问云：“不得唤作净瓶，汝唤作什么？”华林云：“不可唤作木揬。”百丈不肯。乃问师（灵祐——引者），师踢倒净瓶。百丈笑曰：“第一座（指华林——引者）输却山子也。”遂遣师往沩山。（《四部丛刊三编》本）

在禅家看来，灵祐之于华林，正可比惠能之于神秀，已算是悟得彻底的了。然而苏轼又独不以为然。他反问：

> 明镜既无台，净瓶何用蹙？（《轼欲以石易画，晋卿难之，穆父欲兼取二物，颖叔欲焚画碎石，乃复次前韵，并解二诗之

意》）

如果真如惠能那样彻悟，就应像惠能领会到“菩提本无树，明镜亦非台”那样，领会到净瓶本是虚枉空幻。现在却用脚去踢它，不说明仍然把它当作净瓶的吗？又何以称得上“悟”？

第二类，从内容上说与佛理并无相关，但其翻案法所特具的“追进一层”的构思，仍能使人感觉到它们与“禅悟”之间的某种内在契合。再举两例。

除开文学创作的成就不论，刘伶和陶渊明都是历史上以旷达著名的人物。他们逍遥超脱的高风懿范在后世得到了广泛的播扬。刘伶乘鹿车，携酒一壶，使人荷锸而随，曰：“死便埋我。”陶渊明蓄无弦琴一张，每当朋酒之会，则抚而和之，并谓：“但识琴中趣，何劳弦上声。”（二事均见《晋书》本传）这两桩脱俗陋遗形骸的举动尤为世人喜闻乐道。

然而，苏轼却特具慧心，独标新异。首先认为，达与不达，不取决于外在形式，而取决于心意真诚。《刘伯伦非达》云：

> 刘伯伦尝以锸自随，曰：“死便埋我。”苏子曰：伯伦非达者也。棺椁衣衾，不害为达。苟为不然，死则已矣，何必更埋？

《渊明非达》云：

> 陶渊明作《无弦琴》诗云：“但得琴中趣，何劳弦上声。”苏子曰：渊明非达者也。五音六律，不害为达。苟为不然，无琴可也，何独弦乎？

其次指出，即使从形式着眼，刘、陶仍然不得谓之“旷达”，或者至少“旷达”得不够彻底。因为：

> 无弦则无琴，何必劳抚玩？
>
> 既死何用埋？此身同夜旦。（《和顿教授见寄用除夜韵》）

刘、陶二人“旷达”的定案就这样被轻而易举地推翻了。

《晋书》本传记载，张翰（字季鹰）见奸人当权，托口秋风起矣，思故乡菰菜、莼羹、鲈鱼脍，弃官而归。不久奸人败，时人谓之见机。苏轼对此颇置怀疑。因为张翰本是一位“使我有身后名，不如即时一杯酒”的放达之人，不会为了避祸全身才抽身官场。后人对其作如许解释，纯是一种世俗臆度，反而辱没了他的高洁本性。所以翻覆其意，发为诗歌，一云：

> 未许季鹰高洁，秋风直为鲈鱼。（《忆江南寄纯如》之五）

再云：

> 不须更说知机早，直为鲈鱼也自贤。（《戏书吴江三贤画像》之二）

何须从中寻找什么深意呢？就算只为了秋风鲈鱼，不已经很贤达很高洁了吗？

最后应该指出，如果要从更高的角度来看待翻案法，应该认识到，它不仅仅是一个形式或技巧问题，同时还反映出作者的思维状况。如果说，佛教（尤其是禅宗）敏捷的思维、活泼的思路曾给予苏轼很大影响，那么，翻案法纯熟而广泛的运用，就是这种影响一种具体的体现。

三、比喻法

善用比喻是苏轼诗歌最突出的艺术特色之一。将苏诗比喻与佛经比喻作一些比较分析，或许能够得出更多新的认识。

正如释迦牟尼佛云：“我以无数方便、种种因缘、譬喻言辞，演说诸法。”（《法华经》卷一《方便品》第二）整部大藏经仿佛就是浩瀚无际的比喻的海洋，其比喻数量的丰赡，使用的频繁，手法的多样，其他典籍中罕有其匹。

比喻作为一种修辞手法，当然不是佛教所专有。但苏轼作为熟谙佛经的大作家，他的诗歌恰又“在风格上的大特色是比喻的丰富、新鲜和贴切”（钱钟书《宋诗选注》语，人民文学出版社，1982年），如果说这两者之间存在某种程度上的因果联系，就应该不是牵强的说法。

下面就苏诗与佛经中的三种比喻加以比较。

复杂比喻。

某些比喻，喻体与本体同在一句中，或仅在两句里，短小明了，称为简单比喻。反之则叫复杂比喻。复杂比喻往往引述一则故事，或用一段话作为喻体，因其较长，又名引喻。佛经喜用复杂比喻，这与其铺张渲染的文风有关。如《华严经》卷54《入法界品》第34之11：

> 譬如有人，仁慈至孝。遭世事难，远离父母。经历年岁，后忽遇会。瞻奉亲颜，欣慰踊跃，不能自胜。时彼大王，见来求者，心大欢喜，亦复如是。

又《大般涅槃经》卷五《如来性品》第四之二：

> 譬如夏月，兴大云雷，降诸大雨。令诸农夫下种之者多获果实，不下种者无所克获。无所获者非龙王咎，而此龙王亦无所藏。我今如来亦复如是，降大法雨大涅槃经。若诸众生种善子者得慧芽果，无善子者则无所获。无所获者非如来咎，然佛如来实无所藏。

凡加点一段均为比喻。

苏诗中复杂比喻的运用亦很普遍。如《书焦山纶长老壁》：

> 法师住焦山，而实未尝住。我来辄问法，法师了无语。法师非无语，不知所答故。君看头与足，本自安冠屦。譬如长鬣

人，不以长为苦。一旦或人问，每睡安所措。归来被上下，一夜无著处。展转遂达晨，意欲尽镊去。

又《张寺丞益斋》：

张子作斋舍，而以益为名。吾闻诸夫子，求益非速成。譬如远游客，日夜事征行。今年适燕蓟，明年走蛮荆。东观尽沧海，西涉渭与泾。归来闭户坐，八方在轩庭。又如学医人，识病由饱更。风雨晦明淫，跛躃暗聋盲。虚实在其脉，静躁在其情。

前首一段故事比喻"法师非无语，不知所答故"，后首两个比喻，同说明"求益非速成"的道理。

说明比喻。

本来，"凡喻必以非类"(《答李生第二书》，《皇甫持正文集》卷四，《四部丛刊》本)，只有不同的两桩事物才存在可比性，这是修辞学的常识。但是，佛经与苏诗中同有一种比喻，所比二者之间差别实在太大，通常的思维或很难发见其可比点，或很容易产生歧解。因此往往需要在比喻后面作一补充，将本体与喻体之间的关联点揭示出来，起说明加限定的作用。这种比喻，姑妄名之为说明比喻。

比如《维摩诘所说经》卷上《方便品》：

是身如聚沫，不可撮摩；是身如泡，不得久立；是身如炎，从渴爱生；是身如芭蕉，中无有坚；是身如幻，从颠倒起；是身如梦，为虚妄见；是身如影，从业缘现；是身如响，属诸因缘；是身如浮云，须臾变灭；是身如电，念念不住。

凡加点者均是对前一句比喻作说明或限定。

而苏诗《与王郎昆仲及儿子迈绕城观荷花，登岘山亭，晚入飞

英寺,分韵得"月""明""星""稀"四字》之二:

清风定何物,可爱不可名。所至如君子,草木有嘉声。

有最后一句,人们方知作者是以君子的好名声比况清风吹动草木好听的声音。又《次韵赵景贶春思且怀吴越山水》:

春风如系马,未动意先骋。

读者不仅因后一句的补充而顿消春风何以会如系马的疑窦,还会反过来为作者的体物之微与拟物之妙拍案叫绝。

这种喻例还很多。如《和钱安道寄惠建茶》以"胸中似记故人面"比品茶尝茗,因其都有一种"口不能言心自省"的感觉;《寄周安孺茶》以"刚耿性"和"廉夫心"比茶质之优良,以其都有一种"不受纤芥触"和"难将微秽渎"的品质;等等都是。

博喻。

如果说,论苏诗艺术者必论其比喻,那么论其比喻者则又必论其博喻。而论其博喻者,又必引《百步洪》其一的四句为例:

有如兔走鹰隼落,骏马下注千丈坡。断弦离柱箭脱手,飞电过隙珠翻荷。

但是,无论这一首以七种形象比水波冲泻之速度,还是《石鼓歌》以"模糊半已隐瘢胝,诘曲犹能辨跟肘。娟娟缺月隐云雾,濯濯嘉禾秀稂莠"比石鼓文字因年久风化,模糊不清,观者只能"时得一二遗八九",或者《读孟郊诗》其一以"孤芳擢荒秽,苦语余诗骚。水清石凿凿,湍激不受篙。初如食小鱼,所得不尝劳。又似煮彭蜞,竟日持空螯"比读孟诗的诘曲聱牙而又"佳处时一遭",若论喻体数量,若论排比铺张,若论声势浩大,都远不足与佛经相提并论。

不妨这样说,如果将苏诗的博喻形容为飞流瀑布,那么佛经的博喻则是排山倒海。像这种以十比一的博喻:

观一切法，如化如焰，水月镜像，如梦如电，如呼声响，如旋火轮，如空中字，如因陀罗阵，如日月光。(《华严经》卷42《离世间品》第33之七)

在佛经中实属平常。更有甚者，如《大般涅槃经》卷五《如来性品》第四之二，竟以近100个方便譬喻，反复形容描况达到解脱以后的光明境界。这种规模宏大和气势磅礴的博喻，在苏轼以及其他任何文人作品中都是得未曾有的。

由上来可知：一、苏诗比喻与佛经比喻具有一定传承关系，这种传承关系主要表现在比喻手法的相似和种类的继承。二、正因如此，论述苏诗比喻时便应留意佛经的影响。钱钟书先生《宋诗选注》从《诗经》、《庄子》、韩愈诗歌中追溯苏诗博喻之源，如果再加上佛经，就更为完备。三、佛经比喻是为演说佛法而设，与其文风相一致，具有直露、铺陈和口语化的特色，而苏诗的比喻作为一种贯用的文学创作技法，新颖、生动和含蓄，文学色彩浓，艺术性更强。

苏轼创作中与佛学有关的几个问题

最后就苏轼文学创作与佛学的几个具体问题，即苏轼诗文中佛教典故、禅家用语以及所谓“禅意”的表现形式等略申管见。

一、佛典

苏轼的诗文，有些立意出自佛家，有些语句化用佛典，旧注新解多有发明。但仍有两类情况可以申说。一是前人虽已注出，但有人持反对意见，而旧注实不误者。二是旧注未遑注及者。

第一类情况。

《和子由渑池怀旧》前四句："人生到处知何似，应似飞鸿踏雪泥。泥上偶然留指爪，鸿飞哪复计东西。"查慎行等注引《传灯录》："雁过长空，影沉寒水。雁无遗踪之意，水无留影之心。"王文诰斥之为"傅会"，理由是"凡此类诗皆性灵所发，实以禅语，则诗为糟粕"（《苏文忠公诗编注集成》卷三，清光绪14年浙江书局刊本）。作为注诗的一般原则，王氏所说是不错的，但必须注意具体问题具体分析，否则难免造成另一种"傅会"。

在佛经中，"空中鸟迹"是十分常用的意象之一，用来比喻空无缥缈和虚幻不实。比如《华严经》卷34《宝玉如来性起品》第32之二："诸佛觉悟性，性相皆寂灭。如鸟飞空中，足迹不可得。"又《维摩诘所说经》卷中《文殊师利问疾品》："如空中云，如水聚沫，……如空中鸟迹。"都是其例。

如果从诗中构成的意境来看，则《华严经》卷35《宝玉如来性起品》第32之三："譬如鸟飞虚空，经百千年，所游行处不可度量，未游行处亦不可量。"和《五灯会元》卷15《德山慧远禅师》中的一首小颂："雪霁长空，迥野飞鸿。段云片片，向西向东。"与之实为更加相近。

此诗是苏轼见到当年的老僧已经圆寂，僧舍壁上的题字已经烂坏，感慨而作。借用佛家这一常用比喻来表达这种感慨，是非常合乎情理的。柳宗元《禅堂》（《柳宗元集》卷43，中华书局，1979年）诗："万籁俱缘生，窅然喧中寂。心境本同如，鸟飞无遗迹。"这首表现佛理禅意的诗同样使用了"空中鸟迹"的意象，足为上说增添一个有力的旁证。

即使作者不是有意使用此典，但他既谙于佛经，潜意识的影响便是自然的存在。我们不反对王文诰的"性灵"之说，但性灵是包括知识修养在内多种因素的产物。若王氏将它归于“天”[①],其荒唐可比“附会”严重得多了。

与此类似的还有一首《六月二十日夜渡海》,前四句:“参横斗转欲三更,苦雨终风也解晴。云散月明谁点缀,天容海色本澄清。”后二句为比喻自无异议,问题在于究竟是否用的佛典。

施元之注引《楞严经》:“譬如澄清百千大海”(《施注苏诗》卷38,《四库全书》本),王文诰照例归之于“傅会”(《苏文忠公诗编注集成》卷43)。其实施注具体出处虽未尽惬切,以佛典注却没有错。虽然我国传统诗文也有“浮云蔽白日”(《古诗十九首》其一)之句,但它与“空中鸟迹”一样,同样是佛家的常用比喻之一。

佛家认为,人人心中自有菩提佛性,只常因迷障不得显现。一旦消除物障,佛性自会显现。这就是构成“浮云遮日”及“云散月明”的基本喻义。《楞严经》卷九:

> 当知虚空生汝心内,犹如片云点太清里。

《六祖法宝坛经·忏悔品》亦云:

> 世人性本清净,如天常清,日月常明,为浮云盖覆,上明下暗。忽遇风吹云散,上下俱明,万像皆现。

苏轼借用此典,正是表白自己性行本洁,所遭一切属为恶人中伤,所谓“水性故自清,不清或扰之”(《廉泉》),又所谓“月明多被云妨”(《西江月·世事一场大梦》,《东坡乐府》卷上)也。现在云散风止,雨过天晴,自己的清白无辜又如天容海色,朗朗明月,重新显现,为世人所共睹。这是非常符合他当时遇赦北归时的特定心情的。

---

① 《苏文忠公诗编注集成》卷36《书晁说之〈考牧图〉后》案语:“公诗多有独辟门庭,前无古人者,皆由以文笔运诗之故。而其文笔则得之于天也。鲁直、觉范诸人,赞叹欲绝,每至无可名言,辄以般若为说,诰以为此小儿见解也。”

第二类情况。举三例言之。

《次韵答章传道见赠》:“并生天地宇,同阅古今宙。视下则有高,无前孰为后。”又《皎然禅师〈赠吴凭处士〉诗云:“世人不知心是道,只言道在西方妙。还如瞽者望长安,长安在东向西笑。”东坡居士代答云》:“寒时便具热时风,饥汉哪知食药功。莫怪禅师向西笑,缘师身在长安东。”

按:黄庭坚《次韵王荆公题西太一宫壁》之一亦云:“真是真非安在?人间北看成南。”(《山谷集》卷12,《四库全书》本)黄庭坚与苏轼同是佛学大家,他们的相对主义思想渊源本出庄、佛二家。具体到这几首来说,似语出《楞严经》卷一:“东看则西,南观成北。”

《问养生》:“凡病我者,举非物也。食中有蛆,见者莫不呕也。其不知而食者,未尝呕也。请察其所从生。论八珍者必咽,言粪秽者必唾。二者未尝与我接也,唾与咽何从生哉!果生于物乎?果生于我乎?知其生于我也。”

按:相对主义的必然归宿是唯心主义。《楞严经》卷10的这段话:“佛告阿难,精真妙明,本觉圆静,非留死生,及诸尘垢,乃至虚空,皆因妄想之所生起。……如我先言心想醋味口中涎生,心想登高足心酸起。悬崖不有,醋物不来,汝体必非虚妄通伦,口水如何因谈醋出?”或许就是苏轼这段言论的语源?

《日喻》:“生而渺者不识日,问之有目者。或告之曰,日之状如铜盘。扣盘而得其声。他日闻钟,以为日也;或告之曰,日之光如烛。扪烛而得其形。他日揣籥,以为日也。”

按:这段故事容易使人联想起《大般涅槃经》卷32“盲人摸象”的成典。其实同经中另一段鲜为人知的故事与之更加迹近。原文如下:

> 如生盲人,不识乳色,便问他言,乳色何似。他人答言,色白如贝。盲人复问,是乳色者,如贝声耶?答言不也。复问贝色为何似耶?答言犹稻米末。盲人复问,乳色柔软,如稻米末耶?稻米末者,复何所似?答言犹如雨雪。盲人复言,彼稻米末,冷如雪耶?雪复何似?答言犹如白鹤。

不难看出两文所说故事相像,且两文所说故事同为比喻。但是,最大的不同在于,佛经的比喻是以“是生盲人虽同如是四种比喻,终不能得识真乳色”,说明“是诸外道亦复如是,终不能识常乐我净”,即不入佛道者永远体会不到涅槃解脱的光明境界。而苏文的比喻,却是为了说明这样一个道理:“世之言道者,或即其所见而名之,或莫之见而意之,皆求道之过也。”即所见而名是形而上学,莫之见而臆是主观唯心。可见,苏轼虽借用佛经的比喻,引导出的却是一个唯物辩证的结论。

从上面两类情况所举各例可以看出,对于苏轼诗文采用佛典的注解诠释,前人虽然已作过不少工作,仍然存在进一步加强的必要。

二、禅语

诗评家们通常认为,诗宜参禅味,不宜作禅语。这的确是诗歌创作的一条艺术规律。但是,清人施补华《岘佣说诗》说苏诗:“有禅理者甚佳,用禅语者甚劣。”(《清诗话》本,上海古籍出版社,1982 年)却未免过于绝对。苏诗中的禅语实有三种情形:用而甚劣者,用而甚佳者,用有特色者。不可一概而论。

用禅语而甚劣者,前人早有批评。沈德潜《说诗晬语》(《清诗话》本,上海古籍出版社,1982 年)卷下云:

> 杜诗:“江山如有待,花柳自无私”、“水浅鱼极乐,林茂鸟

知归”、“水流心不竞，云在意俱迟”，俱入理趣。邵子则云：“一阳初动处，万物未生时。”以理语成诗矣。王右丞诗，不用禅语，时得禅理。东坡则云：“两手欲遮瓶里雀，四条深怕井中蛇。”言外有余味耶？

“两手”二句出东坡《三朵花》。除这首外，他如“首断故应无断者，冰销哪复有冰知”（《钱道人有诗云：“直须认取主人翁”，作两绝戏之》）、“方定之时慧在定，定慧照寂非两法”（《虔州景德寺荣师湛然堂》）、“上穷非想非非想，下与风轮共一痴”（《见和仇池》）、“上人宴坐观空阁，观色观空色即空”（《吉祥寺僧求阁名》）等等，均属此类。

不难看出，其毛病主要在单纯地玩弄禅家术语，解释佛教教义。或游离于诗外，或整首似禅偈。对于这类“摹仿佛经，掉弄禅语，以之入诗，殊觉可厌”之作，我们确实“不得以其出自东坡，遂曲为之说也”（赵翼《瓯北诗话》卷五，《清诗话续编》本，上海古籍出版社，1983 年）。

然而，苏诗用禅语而甚佳者，亦多于孟诗佳处，不止偶尔一遭。

比如《题沈君琴》：“若言琴上有琴声，放在匣中何不鸣？若言声在指头上，何不于君指上听？”虽然本于《楞严经》卷四：“譬如琴瑟、箜篌、琵琶，虽有妙音，若无妙指，终不能发。”但它不仅不是简单照搬经文本义即所谓论证客观世界虚幻的“因缘和合而生”的“缘起论”，而且寓意十分丰富，形式巧妙多趣，所以得到读者的广泛喜爱。

《送参寥师》也是借禅语而为己用。其“欲令诗语妙，无厌空且静。静故了重动，空故纳万境”诸语，以禅说艺，化禅为艺，“直涉理路，而有挥洒自如之妙，遂不以理路病之。”（《纪文达公评苏

文忠公诗集》卷17,清同治八年刊本)

此外像《臂痛谒告作三绝句示四君子》之二:“心有何求遣病安,年来古井不生澜。只愁戏瓦闲童子,却作泠泠一水看。”以及《器之好谈禅,不喜游山,山中笋出,戏语器之可同参玉版长老,作此诗》:“丛林真百丈,法嗣有横枝。不怕石头路,来参玉版师。”前者虽然几乎全用《楞严》语,仍能做到意境鲜明,诗意灿然,驱遣释乘,绝无障碍。后者虽为一时游戏之作,也反映出作者诙谐敏捷的谈锋。

总之,这一类诗虽然意义不同,但却各有所工。仅因其用禅语便斥为“劣”,非属公允之论。

与上两类不尽相同的是,苏轼还有某些作品,字面确为禅偈,字外却有深意藏焉,不得等闲视之。这以《如梦令》词为代表:

> 水垢何曾相受,细看两俱无有。寄语揩背人,尽日劳君挥肘。轻手,轻手,居士本来无垢。(《东坡乐府》卷下)

这首词,形象既不优美,又无诗意可言,但了解苏轼身世者无不能体会其中蕴含的满腔愤激。“无垢”,乃佛家常用术语,原出《维摩诘所说经》卷中《佛道品》:“八解之浴池,定水湛然满。布以七净花,浴此无垢人。”以喻一切本来清净。这一成典在禅家语录中运用很广,如《五灯会元》卷四《龟山智真禅师》:“心本绝尘何用洗,身中无病岂求医。”又卷16《慧林若冲禅师》:“闲来石上观流水,欲洗禅衣未有尘。”都是其例。

而苏轼正是因其所含之意犁然有当于心,所以不惜一用再用。除本词外,尚有《宿海会寺》诗:“杉漆槽斛江河倾,本来无垢洗更轻。”《戏赠虔州慈云寺鉴老》:“居士无垢堪洗沐,道人有句借宣扬。”表达的思想情绪则与前述“云散月明谁点缀,天容海色本澄清"并无二致。

有了这层认识,就不应简单地将这类文字划归"禅偈",斥为"恶劣"。它们自有其存在的价值与意义。

王安石《望江南·归依三宝赞》云:"归依法,法法不思议。愿我六根常寂静,心如宝月映琉璃,了法更无疑。"(《临川文集》卷37,《四库全书》本)与苏轼《如梦令》同为词史上较早出现的禅语词,而二者的思想价值显然是不一样的。

三、禅意

在古代诗评家笔下,禅意有时又称作禅理、禅味或禅悦。它通常偏指禅家所讲的从净心戒定而获得的一种空灵静谧的悟境。表现在诗句上,往往是含蓄、淡泊、隽永和韵味悠长。陶潜《归去来兮辞》:"云无心以出岫,鸟倦飞而知还。"(《陶渊明集》卷五,中华书局,1982 年)王维《终南别业》:"行到水穷处,坐看云起时。"(《王右丞集笺注》卷三,上海古籍出版社,1984 年)杜甫《江亭》:"水流心不竞,云在意俱迟。"(《读杜心解》卷三之二,中华书局,1981 年)就是因为表现出一种超然自在的心态而被认为富于禅意。

苏诗禅意的表现形式及面貌却与此大不相同。他固然也有类似冲融柔婉的诗境,如"空山无人,水流花开"(《十八大阿罗汉颂》之九)之类,足以与陶、王各家媲美,但与他气势流转、飞扬激荡的诗风相应,其禅意更多的不是通过这种剔透玲珑的意境表现出来,而是用一种直率透彻的语句表达出来。有这样一组立意相似的诗句:

山头只作婴儿看,无限人间失箸人。(《唐道人言天目山上俯视雷雨,每大雷电,但闻云中如婴儿声,殊不闻雷震也》)

神游八极万缘虚,下视蚊雷隐污渠。(《送杨杰》)

今朝偶上法华岭，纵观始觉人寰隘。（《又次前韵赠贾耘老》）

它们所表达的一旦冲破尘网后豁然开朗的心境，与禅家悟化的境界何尝没有相似。而另一组诗：

吾心淡无累，遇境即安畅。（《出峡》）

我生百事常随缘，四方水陆无不便。（《和蒋夔寄茶》）

高人无心无不可，得坎且止乘流浮。（《和蔡准郎中见邀游西湖》之二）

那超然贯通、随缘而适的人生态度，亦无疑带着禅家觉醒的色彩，给人一种精神上的触发与启示。

茅坤云："子瞻深悟禅宗，故独超脱。"（黄宗羲《答张尔公论茅鹿门批评八家书》引，《南雷文定·前集》卷三，《丛书集成初编》本）诚然！

除此而外，苏轼另一类诗，在纷纭复杂的长篇大论之后，以清空超迈的语境收尾，使人领受到一种脱尽俗累后的轻松愉快。

比如《定慧院颙师为余竹下开啸轩》，先描写啼鸩、暗蛩、蝉、蚓、贪鸢、喜鹊的各种鸣叫，又继以"皆缘不平鸣，恸哭等嬉笑"的直接议论，最后却以"累尽吾何言，风来竹自啸"的旷境结束全篇。又《李氏园》亦然，在不惮其烦的铺叙、刻画、议论、感慨之后，以"何当办一身，永与清景逐"两句扫尽累坠，结入虚空。这种"终篇之外，恒有远境"（方东树《昭昧詹言》卷12，人民文学出版社，1984年）的艺术手法，也未尝不是苏诗禅意表现的另一种形式。只要不将禅意的定义规范得太窄，只要不将表现禅意的途径限制得太死，就得承认这一点。

苏轼受佛学的影响是广泛而深刻的。这种影响，不是如拼盘上点缀的色素，而是如温水中撒入的白盐，融化在他思想与文学创作的各个方面。

《世界宗教研究》1993 年第四期

苏轼词的体制问题

在词的创作发展史上，苏轼词与其以前的词作相比，面貌有很大的不同。苏轼词的出现，固然是一个天才作家的产物，与前人有形和无形的影响也是分不开的。苏词创作中，完全属于苏轼创新的固然不少，但在创作手法、方式、技巧乃至创作态度方面，继承的（当然继承中也有改造，有发展）也很多。另外，还有一些前代的作品，苏轼确实不可能寓目，谈不上受其影响、启发——比如敦煌词，但作为有条件俯瞰整个词创作历史的我们却应该对它们有相当的了解，并将研究对象与之联系起来考察，这样得出的结论庶几可以更符合历史的实际。

这里仅对有关苏词创作体制中的三个问题加以讨论。即一、题材问题；二、词题、词序和隐括、集句问题；三、体格问题。

苏词“扩大题材”说之商榷

对于苏词，刘熙载《艺概·词曲概》有两句著名的评论：“东坡词颇似老杜诗，以其无意不可入，无事不可言也。”（上海古籍出版社，1982 年）长期以来，被研究者们广泛引用。

然而，即使考虑进其夸张的文学成分，这段话的言过其度也是十分显然的。苏词题材的运用情况究竟如何？哪些题材属于他的创新、引进,哪些则是前人已有所表现的?还需我们仔细考察。

苏轼生活在公元11世纪中叶至末期,这时距词作为一种合乐新体诗的兴起,如果从唐代初期算起,已有400年左右的历史。这数百年间留存下来的词作,据张璋、黄畬《全唐五代词》(上海古籍出版社,1986年)统计,已达2500余首。再加上早于苏轼的宋词大约1400首(据《全宋词》,中华书局,1980年),留传至今的苏轼以前的词作有4000首左右。这当然无法算上尚待继续蒐辑和为数必然不少的亡佚之作。显然,要想作苏词拓展题材方面的文章,就必须联系这4000首作品,来进行具体切实的考察。

公元1900年,甘肃敦煌莫高窟石室内发现大量唐人手写卷子,其中有曲子词500余首[1]。其时代虽不能首首断定,但迟者亦在入宋以前,多数与《花间集》前后仿佛,早于《花间集》乃至初盛唐时期者亦复不少,此乃为前辈学者所断言者[2]。其词数量既多,又多为文人之外的民间创作,反映生活的丰富,抒发情感的多样,亦自远为沉湎于花间樽前的文人词作所不能规范。但同时也并非没有婉转缠绵之作。

关于敦煌曲子词的内容,王重民先生的《敦煌曲子词集·叙录》作了这样的概括:

> 今兹所获,有边客游子之呻吟,忠臣义士之壮语,隐居子之怡情悦志,少年学子之热望与失望,以及佛子之赞颂,医生之歌诀,莫不入调。其言闺情与花柳者,尚不及半。然其善者

① 王重民《敦煌曲子词集》(商务印书馆,1950年)辑为162首,任二北《敦煌曲校录》(上海文艺联合出版社,1955年)从罗振玉《敦煌零拾》、刘复《敦煌掇琐》、许国霖《敦煌杂录》、《大正藏》及北京图书馆部分钞件中广为搜集,又得300余首,合为545首。

② 见《敦煌曲子词集·叙录》、《再版叙录》及任二北《敦煌曲初探》(上海文艺联合出版社,1955年)第五章《杂考与臆说·时代》。

足以抗衡飞卿，比肩端己。

此尚仅就书中所辑 162 首而论，任二北先生《敦煌曲校录》既增收至 545 首，更将内容划列为"疾苦"、"怨思"、"别离"、"旅客"、"感慨"等共 20 类，并在《敦煌曲初探》第五章《杂考与臆说 · 内容》中说：

综观五百余辞内，国计民生所系，人情物理所宣，范围已不为不广：儒释道三教皆唱也，文臣、武将、边使、番酋、侠客、医师、工匠、商贾、乐人、伎女、征夫、怨妇，……无不有辞也。

可见要论内容丰富、题材广泛，二、三百年前词体初盛时期的民间创作，完全不是后人大肆鼓吹的 350 多首苏词所可比拟的。

固然，由于时代背景的不同，苏词反映的一些内容以及思想情感自然为敦煌词所不曾表现。然而值得注意的是，在敦煌词中亦大有苏词从未涉及的领域在。在题材问题上本不足以衡较优劣高低，但既然说到"开拓"与"创新"，那就必须确实是前代不曾有过者才能副此美称。

从词史发展的过程来讲，苏轼以前较长的一段时间，词坛上惯常表现的题材确实要单调些，色调确实要浓艳些，因而可以说苏轼一出，令听惯了浅斟低唱的时人神情为之一振，但这究竟不能和"开拓"、"创新"划等号。

试举一例。

人们常常爱将苏轼的这首《河满子》：

见说岷峨凄怆，旋闻江汉澄清。但觉秋来归梦好，西南自有长城。东府三人最少，西山八国初平。　莫负花溪纵赏，何妨药市微行。试问当垆人在否？空教是处闻名。唱著子渊新曲，应须分外合情。(《东坡乐府》，上海古籍出版社，1979

年。下引苏词均据此本)

算作是所谓最早以时政军事入词之作。不知这类反映重大时事的作品在敦煌词中非止一二见。如《酒泉子》:

> 每见惶惶,队队雄军惊御辇。蓦街穿巷犯皇宫,只拟夺九重。　　长枪短剑如麻乱,争夺失计无投窜。金箱玉印自携将,任他乱芬芳。(据《敦煌曲校录》)

任先生认为,此词"在唐史中与昭宗乾宁二年五月李茂贞、王行瑜、韩建各率精甲数千入觐,京师大恐,人皆亡窜,吏不能止之情形,比较相合,其作辞时代,或即在此"。又《献忠心》上阕:

> 自从黄巢作乱,直至今年,倾动迁移每惊天。京华飘摇因此荒,空有心肠,思恋明皇。(《敦煌曲子词集》上卷,校点依蒋礼鸿《敦煌曲子词校议》,载《敦煌变文字义通释》,上海古籍出版社,1988 年)

反映的历史事实更是昭然若揭,无庸赘言。

胡适在《词选》中苏轼的小传里,关于苏词的题材有这样一段论述:"苏轼以前,词的范围很小,词的限制很多;到苏轼出来,不受词的严格限制,只当词是诗的一体;不必儿女离别,不必鸳衾雁字,凡是情感,凡是思想,都可以做诗,就都可以做词。从此以后,词可以咏史,可以吊古,可以说理,可以谈禅,可以用象征寄幽妙之思,可以借音节述悲壮或怨抑之怀。这是词的一大解放。"(商务印书馆,1927 年)

夏承焘先生在为龙榆生《东坡乐府笺》所作序(见《东坡乐府笺》卷首,商务印书馆,1936 年)中,也将谈禅论道、吊古咏史、议论说理等题材及表现此种题材的手法归于坡词之"数创"。

然而,咏史、吊古、说理、谈禅的内容,苏轼之前并非没有人表现过。比如苏轼的前辈范仲淹有这么一首词：

昨夜因看蜀志，笑曹操、孙权、刘备。用尽机关，徒劳心力，只得三分天地。屈指细寻思，争如共、刘伶一醉。　　人世都无百岁。少痴骏，老成尪悴。只有中间，些子少年，忍把浮名牵系。一品与千金，问白发，如何回避。（《剔银灯·与欧阳公席上分题》，《全宋词》本，1980年。下引他人之词未注明者均据此本）

这是在读史中产生感慨，向席上诸公阐说为何要醉酒人生、及时行乐的道理。论其手法面目，岂止是"词诗"，实堪称"词论"，与人们常引来说明苏轼以词说理的《满庭芳》词：

蜗角虚名，蝇头微利，算来著甚干忙。事皆前定，谁弱又谁强。且趁闲身未老，须放我，些子疏狂。百年里，浑教是醉，三万六千场。

相比，称为坡词咏史与说理的导夫先路之作，我想是没有问题的。

罗忼烈先生《词曲论稿·王安石词杂论》云："荆公诗集里以史事和人物为题材的作品很多，这种作风，偶然移植到词里，无意中开了词中史论一路。"（香港中华书局，1977）举的例子是《浪淘沙令》："伊吕两衰翁，历遍穷通，一为钓叟一耕佣。若使当时身不遇，老了英雄。　　汤武偶相逢，风虎云龙。兴亡只在笑谈中。直至如今千载后，谁与争功。"王安石行辈亦晚于欧阳修，将开"史论"一路的名誉赠予王安石也是值得商榷的。

再论吊古之作同样有之。早于苏轼数十年的李冠有《六州歌头·骊山》，年长苏轼十来岁的王安石有《桂枝香》（登临送目），都是典型的吊古词。至于谈禅，则遑论敦煌曲中在在皆是，即在王安石和略长于苏轼的张伯端词中也不少见。前者有《望江南·归依三宝赞》、《南乡子》(嗟见世间人)、《雨霖铃》(孜孜矻矻)等11首,后者有《西江月》12首。现各举其一首如下。

> 归依法,法法不思议。愿我六根常寂静,心如宝月映琉璃。了法更无疑。(王安石《望江南·归依三宝赞》之二)
>
> 本自无生无灭,强将生灭区分。只如罪福亦何根,妙体何曾增损。(张伯端《西江月》之二)

而苏轼的谈禅词所能举出者为《如梦令》二首("水垢何曾相受"、"自净方能净彼")以及这首《南歌子》:

> 师唱谁家曲,宗风嗣阿谁。借君拍板与门捶。我也逢场作戏、莫相疑。　　溪女方偷眼,山僧莫皱眉。却愁弥勒下生迟。不见老婆三五、少年时。

严格说来,这一首还不能算谈禅之作,只是关涉僧禅而已。所以,不论以时代先后来说,还是从数量多寡来讲,无论如何也不能将以词论禅归于苏轼的首创。

无征不信。上面不惮其繁,征引不少他人词作,意在说明不应盲目沿袭刘熙载所谓坡词"无意不可入,无事不可言"的观点,并非全盘否认苏词在题材上的扩大。就个人创作来说,苏轼在词的表现领域以及体现的情感内容方面,较之前人确实是有广阔得多的拓展。但我认为,这种拓展是他"以诗为词"的表现之一,虽然也许提高了词的社会功能,却无可避免地在一定程度上伤害了词体的特性,使词丧失了一些词体独有的韵味。如何在扩大词题材的同时,又注意保持词固有的特质,这是苏轼没有完全解决的问题。直到辛弃疾出来,这一问题才得到比较完满的解决。

词题词序、隐括集句不始于苏轼说

传统观点认为，唐五代词缘调而赋、调下无题，溯其源似可至南宋后期的黄升。黄升在所编《唐宋诸贤绝妙词选》卷一李珣《巫山一段云》下注："唐词多缘题所赋，《临江仙》则言仙事，《女冠子》则述道情，《河渎神》则咏祠庙，大概不失本题之意。尔后渐变，去题远矣。"（《四部丛刊》本）后来有《四库全书总目》承其说，在《克斋词提要》中云："考《花间》诸集，往往调是题，《女冠子》则咏女道士，《河渎神》则为送迎神曲，《虞美人》则咏虞姬之类。唐末五代诸词，例原如是。"（中华书局，1983 年）

那么是谁率先于调下置题的呢？30 年代出版的王易《词曲史·构律》不点名地引黄升一段话后说：

> 五代、宋初之词，调下无题，其后填词始于调下附著作意，启此风者是为东坡。东坡集中，几全有题或小序，此为词之进步，因著题则不能为泛泛之词，且使读者易明其旨也。（神州国光社，1932 年）

夏承焘先生亦如此云（见《东坡乐府笺序》）。直到今天，持此说者仍不乏见（如韦金满《周邦彦词研究》，香港学津书店，1980 年）。

然而，所谓"唐词无题"、"调即是题"的观点本身就是与事实不相符合的。首先，历代人们习见的文人词集中就并非全无词题。《尊前集》收王建《三台》，同为六言四句之调，二首曰"宫中"，四首曰"江南"，显然就是词题。同书又收刘禹锡《忆江南》，调下有"和乐天春词，依《忆江南》曲拍为句"13 字，当然也是词题。其次，更有必要指出的是，今天得以见到敦煌词的我们更不应沿续旧说,以讹传讹。在任二北先生《敦煌曲校录》所收500余首曲子词中,有题者多达五分之三,无题者反而仅是少数。并且其题皆能确定为词作原有,非后人补加。详见任书《杂考与臆说·时代》一节。我们对这些事实不应视而不见。

至于谓"宋初之词",亦"调下无题","荆公、子野,始稍稍具词题(《东坡乐府笺序》),更是与实际明显有出入。入宋以后,词题较唐五代遽增。存词仅《点绛唇》一首的王禹偁,调下即有"感兴"二字;存词仅《多丽》一首的聂冠卿,调下即有"李良定公席上赋"题,存词仅五首的范仲淹,首首皆有题。……这些词人均在苏轼、王安石、张先之前,是最具说服力的实证。

就是说,敦煌曲词中词题已大量存在,唐五代文人词中也偶有所见,宋初文人词则开始增多。总的来看,具词题者尚占少数,有词题者也多为寥寥短语,但毕竟不能说唐末五代词以及宋初之词调下无题,调即是题;不能说是苏轼开创了调下加题的先例了。

再说词序。题与序性质方面固有差异,但主要区别仍表现在字数上。短者为题,长者即使是题,也不免带上序的味道。

应该承认,词序的大量运用确实自东坡始。在他350余首词作中,依《彊村丛书》本统计,具60字以上词序者即有十四五首,其中又以《水龙吟》(古来云海茫茫)序为最长,凡213字,《醉翁操》(琅然)序次之,172字。但是,虽然上面说过,苏轼以前数百年间的作品中,大量存在的是具较短小的词题者,却不是没有出现过较长的词序。《全唐诗·附词》中收入中唐诗人窦弘余《广谪仙怨》一词,词牌下附序已长达266字,超过苏轼最长的一首。早于苏轼的宋人方资也有《黄鹤引》一词,词序也长达153字。当然,就苏轼来说,这两首词他完全可能未曾寓目,使用词序是自己的别出心裁。但在能够获见上述材料的今天，再将发明权或开创权归于苏轼，就是不合适的。

不仅止于词题、词序的运用，长期以来还认为集句和隐括词也是苏轼创立的。清人张德瀛《词征》卷一说："集诗句入词，唯朱竹垞《蕃锦集》篇秩最富，然苏子瞻、赵介庵均列是体，盖宋人已有为之者。"（《词话丛编》本，中华书局，1986 年）夏承焘先生《东坡乐府笺序》也认为隐括和集句的手法乃"坡之创制"。近年来仍有文章说"苏轼是第一个采用隐括体的词家"（《说苏东坡的隐括词》，《华中师院学报》，1984 年第六期）但是，就笔者粗略的检读来看，苏轼以前的数千首作品中，的确未曾发现明以"隐括"二字相标者。但虽无隐括之名，而有隐括之实的却有两组，一组是敦煌曲子词《皇帝感》，另一组是北宋词人刘几的《梅花曲·以介父之诗度曲》。

《皇帝感》共 12 首，作于玄宗天宝年间，其中八首均为隐括《孝经》和唐玄宗《孝经注》而成。现举其一首为例：

> 在上不骄何所危，制节谨严莫行非。一国之财不奢泰，费用约俭有何亏？（《敦煌曲校录》）

这是隐括《孝经·诸侯章》及唐玄宗《孝经注》中的这样几句：

> 在上不骄，高而不危。制节谨度，满而不溢。（经文）
>
> 费用俭约，谓之制节。慎行礼法，谓之谨度。无礼为骄，奢泰为溢。（注文。《十三经注疏》本，中华书局，1982 年）

如果把它视作隐括体的滥觞，应该是不至大谬的。

刘几《梅花曲》凡三首。刘几，生于大中祥符元年（1008），卒于元祐三年（1088），行辈早于苏轼。经查李壁《王荆公诗注》（台湾商务印书馆影印文渊阁《四库全书》本，1986 年），知所隐括的三诗为《与微之同赋梅花得"香"字三首》。隐括之作与原作三首的

次序也一致。这里迻录相应的诗词各一首,以见其貌:

汉宫中侍女,娇额半涂黄。盈盈粉色凌时,寒玉体、先透薄妆。好借月魂来,娉婷画烛旁。唯恐随、阳春好梦去,所思飞扬。　宜向风亭把盏,酬孤艳,醉永夕何妨。雪径蕊、真凝密,降回舆、认暗香。不为藉我作和羹,肯放结子花狂。向上林,留此占年芳。

所隐括的王安石原诗是:

汉宫娇额半涂黄,粉色凌寒透薄妆。好借月魂来映烛,恐随春梦去飞扬。风亭把盏酬孤艳,雪径回舆认暗香。不为调羹应结子,直须留此占年芳。(李壁《王荆公诗注》卷31)

从《皇帝感》到《梅花曲》,不难看出隐括艺术的渐趋纯熟。

当然,同时也应该看到,苏轼之前,隐括词数量既微,又没有正式立名。而苏轼的隐括之作虽也只有六首,但第一次提出"隐括"之名的是他,第一个比较全面使用隐括形式的也是他。他在作于元丰五年的《哨遍》(为米折腰)和元祐二年的《水调歌头》(昵昵儿女语)中两次使用"隐括"一词。他不仅以词隐括他人作品(如《定风波》"与客携壶上翠微"括杜牧诗《九日齐安登高》),也隐括自己的作品(《定风波》"好睡慵开莫厌迟"括自己的《红梅》诗);不仅以词括诗,也以词括赋(《哨遍》"为米折腰"括陶渊明《归去来兮辞》),以词括词(《浣溪沙》"西塞山边白鹭飞"括张志和《渔父》词)。这些都对后来的词人有显著影响,对隐括体的推广作用至大。

苏轼同时以及稍后,隐括词创作便蔚然成风。黄庭坚有《瑞鹤仙》(环滁皆山也)括欧阳修文;贺铸有《蝶恋花》(几许伤春春复暮)括徐冠卿词等,并常言"吾笔端驱使李商隐、温庭筠常奔走不暇"(宋周密《浩然斋雅谈》卷下,《丛书集成初编》本);晁补之有《洞仙歌》

(当时我醉)括卢仝诗,米友仁有《念奴娇》(阑干倚处)括陶渊明赋,朱熹有《水调歌头》(江水浸云影)括杜牧诗,林正大更专力于此,有词一卷,几乎全为隐括之作,举凡前人诗、文、词、赋,无不囊入,别具大观。这些,确实应当说与苏轼的宏大其体分不开的。

集句的情况又有所不同。在苏轼之前,王安石的集句词已有七首。七首之数似不可观,但王安石全部词作不过29首。苏东坡300多首作品中,集句词总共不过四首(《定风波》"雨洗娟娟嫩叶光"、《南乡子》"寒玉细凝肤"、"怅望送春杯"、"何处倚阑干")。在词作数量上,与全部作品所占比重上,王安石都超过了苏轼。所以前人也有王安石首创集句的观点。清人谢章铤《赌棋山庄词话》卷12云:"填词有即集词句者,且有通阕只集一人之句者。……第考之《临川集》,荆公已启其端。"(《词话丛编》本)文中还引荷圃题朱彝尊集句专集《蕃锦集》云:"是谁能纫百家衣,只许半山人说。"将王安石当作集句词的权威。无疑这些见解要较张德瀛等为正确。

或有人认为,王安石集句于句下不标出处,至苏轼始开此例。这固然是事实。但如果这也可称为改进的话,相对于集句形式的创立以及手法的成熟来说,只能算是附赘枝节,无关宏旨。相反,当时集句词有较大影响的,首先还是王安石。黄庭坚集中明标集句之作两首,就有《菩萨蛮》(半烟半雨溪桥畔)一首明谓"戏效荆公作"。所以,无论从哪个角度说,集句词创自坡公的说法都是值得讨论的。

苏轼词体格探源

南宋人汤衡在为张孝祥词所作的序中提到苏轼。他说:

> 唐末词人非不美也，然粉泽之工，反累正气。东坡虑其不幸而溺乎彼，故援而止之，唯恐不及。其后元祐诸公，喜弄乐府，寓以诗人句法，无一毫浮靡之气，实自东坡发之也。于湖紫微张公之词，同一关键。……如《歌头》"凯歌"、"登无尽藏"、"岳阳楼"诸曲，所谓骏发踔厉，寓以诗人句法者也。(《张紫微雅词序》，《于湖先生长短句》，《景刊宋金元明本词》本，上海古籍出版社，1989 年)

从文中举出的张孝祥词的实例便可以看出，汤衡所谓"诗人句法"用词略有不当。因为他指的实是一种体格，即"无一毫浮靡之气"的骏发踔厉。

所谓"体格"，不完全等同于"风格"。风格是体格的主要内涵，体格还侧重指形成这种风格所使用的方法与手段。

我们知道，苏词的风格，人多谓之"豪放"，又有人以为不如说成"清雄"或"旷达"（参陈华昌《试论苏轼词的风格》，《文学遗产》，1982 年第二期）。但不论何者，总归认为苏词的风格不同于自《花间》、南唐以来形成的传统婉约柔媚一派。而这种风格的形成则多得力于加入议论、说理，句式散文化，用典，改变与扩大题材，注重语言雅俗文质、笔法含露虚实的取舍，抛弃传统词作情景交融、珠玉玲珑的意境等手段与方法的使用。总之，词至苏轼，形成了一种"骏发踔厉"、"无一毫浮靡之气"的新体格。

然而这里便出现了问题。这个问题倒不在是否苏词真的做到了"无一毫浮靡之气"（这显然是夸张性用词），也不在是否苏词真的有自己不同于传统的面目（显然不能否认这一点），而在苏词是否真的是创立有异于传统词体格的第一人。

要回答这一问题，最好的做法仍莫过于回到苏轼以前几百年间的数千首作品中，看看是否真的不曾有过与传统体格不同的作品，是否真的不曾有过与人们目为苏轼创立，并以之改变了传统词体格相同的作品。

首先从唐五代词来看，《花间集》中固然没有，《尊前集》里也找不到，但在敦煌曲词中发现了这一类作品。它们是（据《敦煌曲校录》）：

> 登楼遥望秦宫殿，翩翩只见双飞燕。渭水一条流，千山与万丘。（《菩萨蛮》）
>
> 自从宇宙充戈戟，狼烟处处垂天黑。早晚竖金鸡，休磨战马蹄。（《菩萨蛮》）
>
> 攻书学剑能几何，争如沙塞骋偻罗。手执绿沉枪似铁，明月，龙泉三尺斩新磨。（《定风波》）

再从苏轼以前的宋词来看，同样在范仲淹、李冠、王安石、王观等人的词中发现了它们。如：

> 浊酒一杯家万里，燕然未勒归无计。羌管悠悠霜满地。人不寐，将军白发征夫泪。（范仲淹《渔家傲》）
>
> 秦亡草昧，刘项起吞并。鞭寰宇，驱龙虎。扫欃枪，斩长鲸。雪染中原战。视余耳，皆鹰犬。（李冠《六州歌头》）
>
> 孜孜矻矻，向无明里，强作窠窟。浮名浮利何济，堪留念处，轮回仓猝。（王安石《雨霖铃》）
>
> 人生百岁，七十稀少，更除十年孩童小。又十年皆老。都来五十载，一半被、睡魔分了。那二十五载之中，宁无些个烦恼。（王观《红勺药》）

值得强调的是，类似作品远远不止录出的这几首。即以范仲淹来说，除上举为我们熟悉的这首《渔家傲》外，据魏泰《东轩笔录》卷

11 记载,“范文正公守边日,作《渔家傲》乐歌数阕,皆以‘塞下秋来’为首句,颇述边镇之劳苦。欧阳公尝呼为穷塞主之词。”(中华书局,1983 年)可知其所作豪放词尚多,并非一时兴到之举。

连“以新声”“佐清欢”(欧阳修《西湖念语》)的苏东坡的老师欧阳修,也有“战胜归来飞捷奏,倾贺酒,玉阶遥献南山寿”(《渔家傲》断句)和“往事忆开元,妃子偏怜。一从魂散马嵬关。只有红尘无驿使,满眼骊山”(《浪淘沙》)的句子。

这些作品,或写苍茫之景,或言雄豪之志,或抒沉郁之慨。笔触硬而粗,意境深而远。作品的风格有豪迈,有沉雄,有枯脊,却没有绵丽、浮靡与软媚。这就是与《花间》、南唐传统词体格的不同所在,也是苏词乃至辛词的先导之音!

我很同意郑振铎先生对《云谣集杂曲子》的评论:“唐五代词存于今者,于《花间》、《尊前》及《二主词》、《阳春集》外,寥寥可数。今此本复现人间,可称研究唐五代词者的大幸!抑其中作风尽多沉郁雄奇者,不全是靡靡之音。苏辛派的词,我们想不到在唐五代的时候已经有人在写作了。这个发见,是可以使论词的人打破了不少的传统的迷障的。”(郑氏校定《云谣集杂曲子·跋》,《世界文库》第六册,生活书店,1936 年)也同意他对王安石词的评论:“他的词脱尽了《花间》的习气,推翻了温韦的格调,另自有一种桀傲不群的气韵,是为苏辛作先驱。”(《插图本中国文学史》第 35 章《北宋词人》,人民文学出版社,1957 年)

这里所谓“作先驱”,我以为不仅是从时间先后上讲的,也完全可能具有史实上的依据。上面不曾列出的王安石的《桂枝香·金陵怀古》,毫无疑问是属于那种不同于传统体格的“无一毫浮靡之气”的作品。据宋人杨湜《古今词话》记截,苏轼不仅得曾寓目而且一见便“不觉叹息曰：‘此老乃野狐精也。’”（《词话丛编》本）。钦羡之情，溢于言表。可见，若说苏轼曾经受过包括王安石在内的时人以及前人的影响，就不是无稽的妄测了。

当然，以上论“无一毫浮靡之气”的体格非自苏轼创始，而是自敦煌词以来就延续不断的一条线。但证明了苏轼不是创立此体格的第一人，还不等于证明了他一定不是改变传统体格的第一人。因为五百余首敦煌曲词的创作时间，据任二北先生《敦煌曲初探》定于公元704—926年间，也就是说尚在所谓《花间》、“南唐”一路传统词形成、成熟之前。这样，自然说不上敦煌词改变传统词体格了。当得起改变传统词体格先驱这一称号的，只能是在传统词真正成为“传统”并为人们接受之后起来改变它的人。上面提到的宋词作家，范、李、王观的词作太少，影响不大，足符此称者唯有王安石。关于这一点，刘熙载《艺概·词曲概》已指出：

> 王半山词瘦削雅素，一洗五代旧习。

今人罗忼烈先生也有相同见解：

> 荆公是北宋词坛上破旧立新的第一人，也是词史上重要的转捩点。（《词曲论稿·王安石词杂论》）

我于此论，无间言矣。

综上所说，苏轼的词作在总体上确实是改变了传统的体制，但这种不同于传统的体制却不是由苏轼创立的。它是自词体产生之后便曾具有的一条细微、不占主导然而也未曾断绝的潜线。词在晚唐五代开始形成“本色当行”的婉约传统，在这种传统形成后起来改变它的第一人也不是苏轼，而是王安石。

本文主要是就苏词研究中存在的一些不尽符合实际的论断提

出不同看法，其中没有牵涉到对这些问题的是非评论。比如，苏轼虽不是改变传统词创作体制的第一人，但他又确实是“以诗为词”，改变了词的传统体制。这种对于传统体制的改变究竟应该如何评价，是否能给予一味的鼓吹赞扬？对此我又有不同的看法，留待他文再作讨论[①]。

《北方论丛》1992年第四期

① 参本书《“以诗为词”的重新评价》一文。

苏轼词的音律问题

苏词究竟合不合律，这是长期以来研究者争论颇多的一个问题。

早在北宋时，范正敏就说：

> 苏子瞻尝自言平生有三不如人，谓著棋、饮酒、唱曲也。……子瞻之词虽工，而多不入腔。正以不能唱曲耳①。(《苕溪渔隐丛话》前集卷 42 引《遁斋闲览》，人民文学出版社，1981 年)

这并非范氏一人的观点，而是当时人普遍的看法。苏轼门人晁补之说："苏东坡词，人谓多不谐音律。"(《能改斋漫录》卷 16，上海古籍出版社，1984 年)随后的李清照在被后人加上了"论词"标题的文章中同样对苏词的音律问题加以指摘，说苏词"皆句读不葺之诗耳，又往往不协音律"(《苕溪渔隐丛话》后集卷 33 引)。

到了南宋初年的胡仔，观点开始有所改变。他认为："子瞻自言，平生不善唱曲，故间有不入腔处，非尽如此。"(《苕溪渔隐丛话》后集卷 26)虽然也承认苏词有不合音律之作，语意却落在否认这一前人提出并得到普遍认同的命题上。

近现代以来，这种否认苏词不合音律的观点逐渐多了起来。

---

① 此段又见宋彭乘《墨客挥犀》，宛委山堂本《说郛》卷 15。

数十年前，龙榆生先生在一篇文章中说："自《乐章》盛行，创调既多，慢词遂盛。耆卿诸作，既多为应歌之词，杂以淫哇，不免为当世士大夫所诟病。而体势拓展，可藉以发抒抑塞磊落、纵横豪放之襟怀。有能者出，乃出以堂堂之阵，正正之旗，一扫妖淫艳冶之风，充分表现作者之人格、个性，此亦势所必然。而眉山苏轼，即乘此风会而起，于词体拓展至极端博大时，进而为内容上之革新与充实，至不惜牺牲曲律，恣其心意之所欲言。"（《东坡乐府综论》，《词学季刊》第二卷第三号，开明书店，1935 年）文中本已明确指出其"牺牲曲律"的特点，可是随即又言：

> 前人对东坡词，颇以不谐音律相垢病，然其词决非不可歌者。

落脚点又转到否认苏词不谐音律这边来了。从这里，很能见出研究者在关于苏词音律问题上观点的矛盾和摇摆。

沈祖棻先生亦云：

> 他（指苏轼）曾被人指摘为"以诗为词"，"不谐音律"，……关于后者，从我们所能见到的材料看来，这竟是一种误会。（《苏轼与词乐》，《徐州师院学报》，1978 年第一期）

否认苏词不合音律，这在今天已经为相当多的人接受了。

然而我认为，在讨论苏词音律问题时，有三个值得注意的关键点，那就是：一、守格律与合乐律的关系；二、懂乐律与守乐律的关系；三、部分作品的合律与"不协音律"这一定评的关系。如果在这三个关键点上认识能够趋于一致，长期以来争论中各执一端、相持不下的局面或许就可以得到一些改变。

下面就对上述三点依次加以论述。

格律与乐律

按词之音律,实包括了乐律与格律两方面。乐律乃是作为演唱文学所必有,所谓宫调工尺是也;格律是沿袭前代诗歌之固然,所谓平上去入是也。南宋之后,随着词乐的失传,词体由演唱文学向案头文学转变,现在所能求知的只有格律一项了。而对于词体鼎盛时期的宋代来说,人们所讲究的所谓合律,主要是在乐律方面。张炎《词源·杂论》云:"词之作必须合律。"夏承焘先生注:"指合于音律、乐谱。"(《词源注》,人民文学出版社,1981 年)极是。斤斤于平上去入四声格律的推求,只不过是乐律失传后的人们不得已的做法。

当然,由于宋词在作为演唱文学的时代自然地利用过汉字固有的四声变化来帮助形成乐律之美,乐律与格律之间不是毫无联系的。后代的人们在创作或研究已成为案头文学的词时注重格律,又自有更为充足的理由。不过上述音律原先的实际含义以及当时人们的讲求,却不能不了然于心。

关于这一点,前辈学者已多有指出。俞平伯先生在《〈周词订律〉评》中说:

> 词之音律与格律,二者不可分,而以音律为主。如格律必准乎音律,不然于格律何有。若从格律追探音律,则不可必得也。……格律者,音律之末,不外归纳前人之作而得一比较一致的轨范而已。然音声亡矣,终不可复。苟格律之具在,则虽亡不亡,聊胜于无耳。(《论诗词曲杂著》,上海古籍出版社,1983 年)

龙榆生先生的《词律质疑》也说：

> 词本依声而作，声必协律而后可歌，此必然之理，古今无异议者也。然此所谓律者，乃律吕之律，依所属宫调不同，而异其作用，必准之管弦而俱合，付之歌喉而无所戾，初未尝专以四声清浊当之。……后世所谓依谱填词，但按其句读长短之数，声韵平上之差，便以为能尽协律之能事。（《词学季刊》第一卷第三号，民智书局，1933 年）

正是从乐律的角度出发，人们对自明代起产生的填词格律之类的书一直是多有微词的，因为它们无法恢复唐宋词音律之旧，充其量不过是为今人填词提供个平仄格式而已。清人邹祗谟就批评最早的《诗余图谱》，认为其所载“俱系习见诸体，一按字数多寡、韵脚平仄，而于音律之学尚隔一层”（《远志斋词衷》，《词话丛编》本，中华书局，1986 年）。

明白了音律所包括的乐律与格律两重含义，以及这两重含义之间的轻重主次，就可以知道晁补之所说的“东坡词人谓多不协律”和李清照所说的“又不协音律”当是指的不协乐律，而非平仄四声的格律。

这一点其实北宋的范正敏和南宋的陆游已有明言。前者所谓“子瞻之词虽工，而多不入腔，正以不能唱曲也”云云，已见前引；后者云：

> 世言东坡不能歌，故所作乐府词多不协。（《老学庵笔记》卷五，中华书局，1979 年）

都是将音律问题与歌唱连在一起说的。

至于怎么个“不入腔”、怎么个“不协律”法，我们今人是无从知道了。但应该知道的是，无论合格律与否，于证明苏词的“协律”都是无甚裨益的。

可是,翁方纲在《石洲诗话》(人民文学出版社,1981 年)卷三中,将苏轼《阳关曲》三首(《中秋月》“暮云收尽溢清寒”、《赠张继愿》“受降城下紫髯郎”、《答李公择》“济南春好雪初晴”)与王维《阳关曲》(渭城朝雨浥轻尘)的关键字句加以比勘,认为“与右丞《渭城》之作,若合符节”。如果说这只是就格律论,尚未涉及词乐问题,尚无不当;那么俞樾《湖楼笔谈》(《春在堂全书》,清光绪九年重订本)卷六却进一步就此详加推衍,以平仄规则相同,从而得出苏词谨于音律的结论,开始将格律与乐律混同起来。至沈祖棻先生,则明白地表示,这正可拿来“作为苏轼通词乐、明音律的证明”(《苏轼与词乐》)。罗忼烈先生《东坡词杂说》也说:“东坡有时也颇谨于音律,他的《阳关曲》三首,和王维原作对比,字的平仄四声不尽同的极少。”(《两小山斋论文集》,中华书局,1982 年)直到最近,还有人将翁方纲和俞樾的这段订律当作“可作苏词守律之证”的材料加以引用(见《词与音乐关系研究》第 13 章,中国社会科学出版社,1985 年)。这些都是难以使人信服的。

更有说者,即就格律论,苏词不合的情况也不罕见。历来被视作严于四声的三首《阳关曲》便有问题。俞樾在《湖楼笔谈》卷六中本已指出,只因先存主观之见,故又曲加回护。兹录其语如下:

> 取四诗(指王维一首及苏轼三首)逐字排比之,他字无小出入,唯第二句之第一字,右丞作是“客”字,苏《赠张继愿》用“戏”字,《答李公择》用“行”字,《中秋月》用“银”字,似乎平仄不拘。然填词家每以入声字作平声用,右丞用“客”字正是入声,或“客”字宜读作平也。盖此调第一句、第三句以仄平起,第二句、第四句以平仄起,若“客”字读仄声,便不合律。

东坡《答李公择》及《中秋月》两首，次句均以平仄起，可证也。唯《赠张继愿》用“戏”字，则是去声，于律失谐，或坡公于此小疏。又《玉篇》“戏”字有“忻起”、“虚奇”二切，此字借作平声读，或亦无害也。

为便于理解，将有关作品附录于下(下加点者为对照字，加线者为有错字)：

渭城朝雨浥轻尘，客舍青青柳色新。劝君更进一杯酒，西出阳关无故人。(王维《阳关曲》①)

受降城下紫髯郎，戏马台前古战场。恨君不取契丹首，金甲牙旗归故乡。(苏轼《赠张继愿》)

济南春好雪初晴，行到龙山马足轻。使君莫忘霅溪女，时作西湖肠断声。(苏轼《答李公择》)

暮云收尽溢清寒，银汉无声转玉盘。此生此夜不长好，明月明年何处看。(苏轼《中秋月》②)

此外，傅东华先生在所著《李清照》中也指出，如果从平仄格律上去考察，“把东坡和易安的同调的词细细比较，便可发见很有趣的一点，即凡东坡词中和她不合的地方，音节上也必都有毛病。”(商务印书馆，1934 年)他以李著《如梦令》二首：

常记溪亭日暮，沉醉不知归路。兴尽晚归舟，误入藕花深处。争渡，争渡，惊起一滩鸥鹭。

---

① 据《词谱》(清康熙 54 年内府刻本)卷一。诗题名《送元二使安西》，见《王右丞集笺注》卷 14，上海古籍出版社，1984 年。

② 以上三首题及文字据《苏轼诗集》卷 15，中华书局，1982 年。元延祐本《东坡乐府》(据上海古籍出版社影印光绪王氏家塾本《四印斋所刻词》，1989 年)本调作《阳关曲》。“台前”作“台南”，“古”作“旧”，“行到”作“才到”，“时作”作“还作”。下引苏词均据此本。

昨夜雨疏风骤，浓睡不消残酒。试问卷帘人，却道海棠依旧。知否，知否，应是绿肥红瘦。

和苏著五首：

水垢何曾相受，细看两俱无有。寄语揩背人，尽日劳君挥肘。轻手，轻手，居士本来无垢。

自净方能净彼，我自汗流呀气。寄语澡浴人，且共肉身游戏。但洗，但洗，俯为人间一切。

为向东坡传语，人在画堂深处。别后有谁来，雪压小桥无路。归去，归去，江上一犁春雨。

手种堂前桃李，无限绿阴青子。帘外百舌儿，惊起五更春睡。居士，居士，莫忘小桥流水。

城上层楼叠巘，城下清淮古汴。举手揖吴云，人与暮天俱远。魂断，魂断，昨夜松江月满。

比勘，指出：

就中（指苏词五首中——引者）除第三、第五两首外，其余音节上都有毛病，而病都在第三句。因为我们读到这句，便觉有些拗口了。若把这一句跟易安同调的第三句及《词律》一对，便知所以拗口的原因，就在这句的第三字应仄不应平，而第四字则断平不可仄。……又第二首末句第五字应平不应仄，也是一病。第六字以入声协押上声，便又是易安所谓不可通了。

可见，苏词不合格律之作也非止一二见。

总之，格律与乐律事属两途，传统所认为的苏词"多不谐音律"是指其不合乐律，以证明苏词合格律去否定这一传统观点是于事无补的。何况苏词中并非没有不合格律的情况，即使就格律论，也难以得出苏词严守音律的结论。

晓乐律与守乐律

苏轼懂不懂乐律，会不会唱曲？回答是肯定的。能够证明这一点的材料可分两类，第一类是可以直接证明者，第二类是可以据之推断者。

前一类主要有：

1.《记阳关第四声》（《苏轼文集》卷67，中华书局，1986年）述《阳关三叠》唱法。

2.《书彭城观月诗》："余十八年前中秋夜，与子由观月彭城，作此诗（指"暮云收尽溢清寒"一首——引者），以《阳关》歌之。"（《苏轼文集》卷68）

3. 陆游《老学庵笔记》卷五引晁以道："绍圣初，与东坡别于汴上，东坡酒酣，自歌古《阳关》。"（中华书局，1979年）

4. 叶梦得《避暑录话》卷二载东坡在黄州作《临江仙》，"与客大歌数过而散。"（学津讨原本）

5.《历代诗余》卷115引《坡仙集外纪》："东坡在儋耳，常负大瓢行歌田间，所歌皆《哨遍》也。"（上海书店，1985年）

后一类主要有：

1.《与蔡景繁》："前某尝携家一过，时家有胡琴婢，就室中作《濩索凉州》，凛然有冰车铁马之声。"（《苏轼文集》卷55）

2. 吕本中《轩渠录》："东坡有歌舞妓数人，每留宾客饮酒，必云：'有数个搽粉虞侯，欲出来只应也。'"（宛委山堂本《说郛》卷34）

3.《与杨元素书》:"近一相识,录得明公所编《本事曲子》,足广奇闻,以为闲居之鼓吹也。"(《苏轼文集》卷55)

这些材料或出苏轼本人,出自他人者时代亦多相去不远,它们的真实程度不必怀疑。历来有不少研究者利用这些材料来反驳范正敏《遁斋闲览》所谓苏轼"不能唱曲"之说,固然是十分有力的。但是,若欲用这些材料来推翻古人提出的苏词多不合律的定论,那就成了问题。道理很简单,通晓乐律的人不一定非得谨守乐律。

其实,《遁斋闲览》谓苏轼"不能唱曲",本身便是信笔之语。因为他前面一句才有"苏子瞻尝自言平生有三不如人"云云,明明是"不如",不是"不能"。再说,对于苏轼这样一个百代罕觏的天才和通才,即使没有上述那么多确凿无疑的材料,我们也有理由推测他是通晓作曲唱奏之道的。

但是,我们要论证的不是苏轼会不会这样做,而是有没有这样做。据我所见的材料,除《遁斋闲览》及《老学庵笔记》所引"世言"两处外,没有谁说过苏轼不会唱曲或不懂音律。苏轼的那些同时人和后来者所责难于他的,不在他不能,而在他不为。

不可思议的是,常见人们在论证苏词并非不协律的文章中,往往少不了把晁补之和陆游的两段话当作中坚材料,并视作名通之论。这两段话上文均已节引,完整的是:

> 苏东坡词,人谓多不谐音律,自然。居士词横放杰出,自是曲子中缚不住者①。(《能改斋漫录》卷16引晁补之云)

---

① 晁氏此语又见《苕溪渔隐丛话》后集卷33引《复斋漫录》,又见魏庆之《诗人玉屑》卷21引《复斋漫录》。均无"自"字,"然"属下读。

陆游的话是：

> 世言东坡不能歌，故所作乐府词多不协。晁以道云："绍圣初，与东坡别于汴上，东坡酒酣，自歌古《阳关》。"则公非不能歌，但豪放不喜裁剪以就声律耳。（《老学庵笔记》卷五）

是的，晁补之、陆游二人确实是在为苏轼辩护，但他们辩护的是什么？恰恰是苏词的不协音律啊！歌则能歌矣，无奈其"横放杰出"，"曲子中缚不住"何！无奈其性情"豪放"，"不喜剪裁以就声律"何！明明是说的苏词不协音律，怎能拿来作为苏词并非不协音律的支持呢？

总之，苏轼毫无疑问是通晓音乐的，但因为他不愿拘泥于音律的束缚，又因为他"以诗为词"，将诗与词等量齐观，不愿刻意于音乐效果的追求，所以造成了他的词"多不谐音律"、"又往往不协音律"的结果。

证明苏轼懂音律是不难的，以此推论苏词合音律，于逻辑既不合，与事实亦有乖。

部分作品的合律无济于推翻"多不谐音律"的定评

苏轼是通晓音律的。对于一个通晓音律的词人来说，无论他是有意识地突破音律的束缚，还是无意识地疏于音律的检点，作品中有协律合乐之作，都是情理之中的事，本来不足以说明什么问题。但坚持苏词合律说的学者们往往爱拿这些作品来作佐证。

本来，"多不协律"只是古人对苏词创作一种现象的归纳，而不是对全部苏词的概括。抓住苏词中一部分合律之作，来作为反驳这一归纳的理由,是难以尽惬情理的。

最明显的也许要算南宋的胡仔。他在《苕溪渔隐丛话》后集卷26中有这么一段话:

> 《后山诗话》谓:"退之以文为诗,子瞻以诗为词,如教坊雷大使之舞,虽极天下之工,要非本色。"余谓后山之言过矣。子瞻佳词最多,其间杰出者,如"大江东去,浪淘尽、千古风流人物"赤壁词,"明月几时有,把酒问青天"中秋词,"落日绣帘卷,亭下水连空"快哉亭词,……凡此十余词,皆绝去笔墨畦径间[①],直造古人不到处,真可使人一唱而三叹。若谓以诗为词,是大不然。子瞻自言,平生不善唱曲,故间有不入腔处,非尽如此。后山乃比之教坊司雷大使舞,是何每况愈下?盖其谬耳。

胡仔就是根据"绝去笔墨畦径"的10余首词便否认苏词的不合音律的。

这种推论的方式以及论断在当代学者中同样可以见到。黄墨谷先生仅举出《阳关曲》、《水调歌头》、《戚氏》等三、四首词,便断言"从东坡乐府的实际情况来考察,也看不出东坡要解放词的音律,以诗为词的任何意图"(《谈"词合流于诗"的问题》,《光明日报》,1959年10月25日)澳门学者曹树铭先生则在校笺本《苏东坡词》(台北商务印书馆,1983年)附录《东坡词评(续)》中,根据本集、词序或有关记载,录出了苏词中17首可以证明为合乐可歌之作,即:

1.《贺新郎》(乳燕飞华屋)

---

① 此句"间"字似多余,然原本如此。

2.《江城子》（玉人家在凤凰山）

3.《蝶恋花》（帘外东风交雨霰）

4.《阳关曲》（暮云收尽溢清寒）

5.《履霜操》（桓山之上）

6.《瑶池燕》（飞花成阵）

7.《水龙吟》（小舟横截春江）

8.《江城子》（梦中了了醉中醒）

9.《满江红》（忧喜相寻）

10.《哨遍》（为米折腰）

11.《临江仙》（夜饮东坡醒复醉）

12.《醉翁操》（琅然）

13.《木兰花令》（乌啼鹊噪昏乔木）

14.《浣溪沙》（西塞山边白鹭飞）

15.《水龙吟》（古来云海茫茫）

16.《水调歌头》（昵昵儿女语）

17.《戚氏》（玉龟山）

意在证明所谓苏词"不协音律"不能成立。

曹先生的收罗嫌滥了。因为《履霜操》不是词，各本均未载，他是从诗集收入的。《瑶池燕》一首，《全宋词》据赵令畤《侯鲭录》卷三收入，又据曾慥《乐府雅词·拾遗卷上》收入廖正一名下，并谓"未知孰是"。同时，苏词能歌者其实又不止于此。至少据蔡絛《铁围山丛谈》（中华书局，1983 年）卷三和吴子良《林下偶谈》（见丁传靖辑《宋人轶事汇编》卷 12 引，中华书局，1981 年。今本无）补充两首。前者谓东坡命歌者袁绹歌其《水调歌头》（明月几时有），"歌罢，坡为起舞"。后者谓东坡命朝云把大白，唱《蝶恋花》(花褪残红青杏小),“朝云歌喉将转,泪满衣襟”。

问题是,是否能凭这不足20首便可以推翻前人对350余首苏词创作“不谐音律”这一特点的归纳呢?

前面说过,“多不谐音律”不是针对全部苏词的概括,而是对苏词创作一个特点的归纳。但这种归纳得以成立,一定要以能够反映相当数量的苏词的实际情况为前提。换言之,苏词的不合律数必须要占一个相当的比重。但是如前所说,乐谱已失,歌法尽亡,哪些歌词合律,哪些则否,今天已无从得知,只能根据记载加以分判。这些记载,一是前人尤其是当时人的总括性评论,一是某首词的具体材料。

时人论苏词不协音律的总括性评语,几乎无一例外地都是“又往往不”、“人谓多不”之类大比率的用语①,可见当时的人们是根据苏词创作的主要倾向定论的。再从具体词作看,能够确知合律的苏词,从词序、本集、他人文集、诗话笔记多方面费神搜索,也不足20首之数。20首与苏词总数350余首之比远低于十分之一。总不能根据这不足十分之一的“入腔”词便得出全部苏词“间有不入腔处,非尽如此”(胡仔语)的颠倒不协律与协律比例的结论吧?

俞平伯先生云:“何谓合律,却是一个复杂的问题。东坡的词,既非尽不可歌,他人的词也未必尽可歌,可歌也未必尽合律,均屡见于记载。如周邦彦以‘知音’独步两宋,而张炎仍说他有未谐音律处。可见此事,专家意见分歧,不宜于做文艺批评的准则。”

---

① 唯赵令畤《侯鲭录》卷八:“鲁直云:‘东坡居士曲,世所见者数百首。或谓于音律小不谐。居士词横放杰出,自是曲子缚不住者。’”(台湾商务印书馆影印文渊阁《四库全书》本,1986年)有“小不谐”之语。但“居士词横放杰出”二句,多种宋人诗话均谓为晁补之语。此处归于黄庭坚,未知究竟如何。且所谓“小不谐”者,是否可理解为非指不合律的首数少,而指一首之中不合律的程度小呢?

(《唐宋词选释 · 前言》,人民文学出版社,1979 年)所论固是事实,但将周词的不合律与苏词相比,正存在一个比率的问题。周词纵有未谐音律之作,也必定是极偶然的现象。否则,就无法解释为什么那么多人将他(而不是苏轼)称做“格律派”!

最后还可以一辩的是,沈义父《乐府指迷》云:

> 近世作词者不晓音律,乃故为豪放不羁之语,遂借东坡、稼轩诸贤自诿。诸贤之词,固豪放矣,不豪放处,未尝不叶律也。如东坡之《哨遍》、“杨花”《水龙吟》、稼轩之《摸鱼儿》之类,则知诸贤非不能也。(蔡嵩云笺注本,人民文学出版社,1963 年)

按豪放是风格问题,与音律问题没有必然联系。不能以属于艺术感受范畴、主观性很强的风格问题来作为判定具有明确界限的协律与否的根据。郑振铎先生《插图本中国文学史》(人民文学出版社,1957 年)第 35 章中,说东坡词有两个不同的境界,一是“豪放杰出”,一是“清空灵隽”。所论本来不错。问题在于,前者他举了《念奴娇》(大江东去)、《江城子》(老夫聊发少年狂)、《醉翁操》(琅然)三首为代表,谓其“不仅在作诗,直是在作史论,在写游记”,言外之意当然是不合音律了。后者举的是《卜算子》(缺月挂疏桐)、《洞仙歌》(冰肌玉骨),说:“读了这一类的词,我们还忍说他须‘关西大汉’执铜琵琶、铁绰板来唱么?还忍责备他不谐音律么?”这正是他上承沈义父的观点,将豪放之外的作品看作必定协律。

殊不知,与之相反的事实是,前一类中他视作“史论”、“游记”的《醉翁操》,从词序中明确可知是入乐的,其序云:“有庐山玉涧道人崔闲,特妙于琴。恨此曲(指《醉翁操》——引者)之无词,乃谱其声,而请于东坡居士以补之云。”(《全宋词》本,中华书局,

1980年)而《卜算子》、《洞仙歌》二词却无任何材料可以证明其合乐可歌。风格与音律没有必然的关系,可以确知矣。

本文的结论是,苏词冲破音律束缚,作品多不合乐,这是当时人对苏词的定评,是无法否认的事实。研究者们对此或有异议,多是在文中所述三个问题上思虑有所不周之故。

《江汉论坛》1992年第二期

从苏轼“以诗为词”的内因论到苏辛之别

词于隋唐之际配合燕乐而产生，经过二、三百年的发展、衍进，唐末五代时在文人的手中臻于成熟，具备了一种独立文体所必须具备的文体特色，形成了自己的创作传统。

这一传统在其形成200余年后的北宋中叶，遇到了一次严重的挑战。那就是当时的文坛盟主苏轼引诗入词，以诗为词，试图改变，并且在相当程度上确实改变了词创作的固有风貌。这样，词的发展就处在了一个何去何从的歧路口上。

从维护词体的独立地位，使其不至流于诗、合于诗的动机出发，当时便有人出来反对苏轼这种“以诗为词”的做法。如“世语云”：

> 苏明允不能诗，欧阳永叔不能赋，曾子固短于韵语，黄鲁直短于散语，苏子瞻词如诗，秦少游诗如词。（《后山诗话》引，《历代诗话》本，中华书局，1981年）

苏门六君子之一的陈师道除记录这条材料外，也明确表示自己的意见，指出其“以诗为词”带来的“虽工要非本色”的方向性偏差：

> 退之以文为诗，子瞻以诗为词，如教坊雷大使之舞，虽极天下之工，要非本色。（同上）

此外，晁补之、张耒等弟子也都以“小词似诗”的说法对这种实际上不利于词体地位的做法进行了规讽。《苕溪渔隐丛话》前集卷42引《王直方诗话》：

> 东坡尝以小词示无咎、文潜，曰：“何如少游？”二人皆对云：“少游诗似小词，先生小词似诗。”（人民文学出版社，1981年）

随后，李清照更进一步正面打出了词“别是一家”《苕溪渔隐丛话》后集卷33）的理论主张，公开强调词体的独立地位。

同时，更多的词作家们则以自己的创作实践保持着、巩固着同时也创新和拓展着传统词的固有特色，为词这一独立文体的发展作出了贡献。

作为一个极负盛名的大文学家，苏轼为什么会选择这条客观上不利于词体独立存在与发展的道路呢？这自然不可能是一时兴到之举，除却社会的历史的外在原因外，还有其内在的必然因素，其中很重要的一点便是性格因素。

就是说，苏轼之所以“以诗为词”，改变传统词的创作道路和发展方向，就其自身原因来说在于他心性品格与词体特性的不相符合。

人之性情与文体特性

不同的文体，有各自不同的特性。古代文学理论家早就注意到文体特性的区别问题。陆机在《文赋》中曾申“体有万殊”之说：“诗缘情而绮靡，赋体物而浏亮，碑披文以相质，诔缠绵而凄怆。”（《文选》卷17，中华书局，1983年）更早的曹丕在《典论·论文》中也有“本同末异”之论：“夫文本同而末异。盖奏议宜雅，书论宜

理，铭诔尚实，诗赋欲丽。”并发现了这样一个现象，“此四科不同，故能之者偏也，唯通才能备其体。”（《文选》卷52）

的确，在漫长的中国文学发展史上，虽有过触处生辉的“通才”，更为普遍的却是“能之者偏”的专家。古人对这种“能之者偏”的现象早就叹惑不已。宋人陈应行便曾引上述“世语”后说：“才之难全也，岂前辈犹不免耶？”（《于湖词序》，见《于湖先生长短句》卷首，《景刊宋金元明本词》，上海古籍出版社，1989年）

为什么“才之难全”，“通才”难得？我以为，归根结底，就是由于性情所限。

人之性情，各有定分。性情不同，所适宜之文体，固有差异。《文心雕龙·体性》篇云：

> 气以实志，志以定言。吐纳英华，莫非情性。是以贾生俊发，故文洁而体清；长卿傲诞，故理侈而辞溢。……公干气褊，故言壮而情骇；嗣宗俶傥，故响逸而调远。（范文澜《文心雕龙注》本，人民文学出版社，1958年）

《知音》篇又云：

> 夫篇章杂沓，质文交加。知多偏好，人莫圆该。慷慨者逆声而击节，酝藉者见密而高蹈，浮慧者观绮而跃心，爱奇者闻诡而惊听。

前段是说作品风格决定于人之性情，后段是说人之性情决定其喜好何种风格。二者之间有着密不可分的关系。

这里虽然论的是作品风格，而文体特性实与之同一机杼。某种文体，具备某种特性，而与某种性情最相吻合。那么具备此种性情者，亦固最适宜于此种文体的创作。

我们知道，词的产生是配合燕乐乐调的需要，但它所以能够勃然油然，蔚成大国，却是由于它得天独厚地具有一种能够传达其他文体所不易传达的幽微窈眇的情思的功能。这种功能，就是王国维先生说的，"词之为体，要眇宜修。能言诗之所不能言，而不能尽言诗之所能言。诗之境阔，词之言长。"（《人间词话·删稿》，人民文学出版社，1982 年）欲采用此种文体进行创作，必先具备与此种文体"要眇宜修"的特性相吻合的悱恻幽约的情思，才易于发挥此种文体的特长功能，才可能创作出本色当行的精美词作。

严羽曾针对前人"以文字为诗，以才学为诗，以议论为诗"的现象，提出"诗有别材，非关书也；诗有别趣，非关理也"（《沧浪诗话·诗辨》，郭绍虞校释本，1961 年）的观点，而词与诗相较，则又非仅止于"材"与"趣"的区别，更关乎心性与情思的不同了。

此种心性与情思，极具一种感动人心的幽约细美，但亦不过为人类心灵素质中足可珍贵的一种，非谓人心之美全在于此也。大千世界，并非人人尽皆有之，并非人人能够尽皆有之，不具备者自不妨其可能成为别具另一种美好品格的英物。

但是，唯有天生具有此种心性与情思，因其心境常与词境相合，才有可能成为一个纯粹的词人。秦少游之所以诗会像词，苏东坡之所以词要像诗，原因大略都在于此。秦少游灵心悱恻，善怀多感，故其词极具倩美神韵，本色当行。而以此种情思发而为诗，诗亦不免沾染词的色彩，而招来"诗似小词"（见上引）、"女郎诗"（元好问《论诗三十首》之 24，《遗山先生文集》卷 11，《四部丛刊》本）之讥。与此相反，苏词则被称作"男性的词"（胡适《词选》，商务印书馆，1944 年），"小词似诗"（见上引）。盖其所欠缺者，亦即秦观所深具者也。

总之，不同的文体有不同的特性，不同的作家有不同的性格情思。唯有性格情思与一种文体的特性相吻合者,才能成为这种文体本色当行的作家。苏轼所以要“以诗为词”,所以不能成为当行本色的词家,其内因正须由此寻出。

“短于情”与苏词创作

《后山诗话》记载晁补之当年说过的一句话:“眉山公之词短于情。”(《苕溪渔隐丛话》前集卷51引,今本无)

白居易《与元九书》云:“诗者,根情、苗言、华声、实意。”(《白居易集》卷45,中华书局,1985年)文学创作,情为根本。苏轼作为一个举世罕匹的文学巨擘,说他没有深厚、丰富的情感蕴藏,这当然令人难以置信,无怪乎引起后人很大的非议。王若虚便气愤地责问:“呜呼!风韵如东坡,而谓不及情,可乎?”(《滹南诗话》卷中,《历代诗话续编》本,中华书局,1983年)

其实,王若虚完全可以不必动怒。情感的类型每有不同,晁补之所谓“短”者,应即在上述缠绵不解之一种,不是泛谓东坡乃无情之人也。而缺乏此种缠绵不解的情感,也不是说就一定不可能具有所谓“风韵”。对于苏轼来说,毋宁说刚好相反,决定了他缺乏缠绵婉结的情感的,正是他所特具的那种“东坡式”的风韵。

何谓“风韵”?就其实质而言,实乃心性品格的外在体现。心性品格,则又为先天素质和后天修养所共同形成。这就是刘勰《文心雕龙·体性》所谓的“才”、“气”、“学”、“习”。由于苏轼吸收了儒家善处穷通、乐天知命,道家清静恬淡、逍遥齐物和佛家随缘而适、随遇而安的哲学观和人生观,再加上他浸心艺文的愉悦感和博学多识的成就感,以及具有充盈而溢的天分、才气,造就了他潇洒超旷的心性气质。若说苏轼之“风韵”，正在于此。

苏轼在《哨遍·为米折腰》中唱道：“此生天命更何疑，且乘流遇坎还止。”（《东坡乐府》，上海古籍出版社，1979年）《和蔡准郎中见邀游西湖》中吟道：“高人无心无不可，得坎且止乘流浮。”（《苏轼诗集》，中华书局，1982年。下引苏诗同此）《与程秀才书》中写道：“尚有此身，付与造物，听其运转，流行坎止，无不可者。”（《苏轼文集》，中华书局，1986年。下引苏文同此）总之，他对一切想得通，将一切看得淡。荣辱、利害、进退、得失，乃至生死，“世事万端，皆不足介意”（《与子明兄书》），无不顺其自然，泰然处之。

也许，心性与情感并非一回事，但什么样的心性却能决定什么样的情感。豁达超逸的心性并不意味着绝情或忘情，但与这种心性相适应的却不会是缠绵细密、婉结不解的情感。因而，虽然如论者所指出，苏轼的词中不仅有爱国之情，思乡之情，手足之情，而且同样有夫妻之情和男女之情，但即使在通常说来最容易产生柔婉深微、悱恻缠绵的情感的后两类作品中，他所表现出的仍然是那种一以贯之的“流行坎止”的洒脱情怀。这正是由其通脱旷放的性格决定的。

人们熟悉的悼亡词《江城子》（十年生死两茫茫）能够证明这一点，赠爱妾朝云的《殢人娇》（白发苍颜）也能证明这一点。而最能证明这一点的，也许还是这首《减字木兰花·送别》：

> 玉觞无味，中有佳人千点泪。学道忘忧，一念还成不自由。　　如今未见，归去东园花似霰。一语相开，匹似当初本不来。

古人有云：“分索则易，携手实难。”（《答贾谧》，《陆机集》，中华书局，1982年）又云：“别易会难，古人所重。”（《颜氏家训·风操》,王利器集解本,中华书局,1993 年)何况分别的是红粉佳人,何况分别的是为自己的离去洒下千点惜别之泪的红粉佳人!

然而,对照着当行本色派同类题材的作品来看看吧!这里没有“执手相看泪眼,竟无语凝噎”(柳永《雨霖铃》,《全宋词》本,中华书局,1980 年)的䌷缊缱绻,也没有“念柳外青骢别后,水边红袂分时,怆然暗惊”(秦观《八六子》,同上)的情景交融。这里有的是宽慰,对对方的宽慰,也是对自己的宽慰;有的是劝解,劝解对方,也劝解自己。而其所用以劝解的,既有家常用语——“匹似当初本不来”,又有佛道禅理——“一念还成不自由”。等于当初就没有来吧,本不曾来,便无所谓离去。正如同佛家所讲的,没有生,也就不会有灭。若把这“一念”想通了,还会有什么难过的呢?

词既然宜于表达一种“天光云影,摇荡绿波,抚玩无斁,追寻已远”(周济《介存斋论词杂著》,《词话丛编》本,中华书局,1986 年)般细敏感人的情感境界,为了达到这种效果,就必然要在形式技巧和表现方法上,诸如选题、设境、用词、着色等方面有所选择和讲究,如表现的题材要缠绵,选取的物象要隐约,笔法要细腻,下语要轻巧……,然而,对于一个不仅不具备细如游丝、多愁善感的心性情思,而且正以洒脱疏放、优游自在的“风韵”见长的作家来说,其所欲抒发者本不是那种幽约怨悱的情怀,无需借助于纤细微小的物境意象,造成一种烟水迷离的隐约境界以表达之。相反,他所偏好、所择取者,必在那开阔的气象、高远的意境、随意挥洒的笔法、直率透彻的格调。因为唯有这些,才与他那潇洒超旷的性格心境相合,才适宜传达出他的这种潇洒超旷的性格心境。这样,其作品的风貌怎么可能与珠圆玉润、低徊唱叹或婉媚柔融、悱恻绵丽的本色当行一派的词作相一致呢?上面这首苏轼的《减字木兰花》,

就是一个很能说明问题的典型例子。

总而言之,苏轼的性格气质以豁达开朗、潇洒超旷为特征,这也就是苏轼的“风韵”所在。虽然它不意味着无情或绝情,却决定着苏轼很难具有细缊缱绻、缠绵不解的心性情思。而这种心性情思正是创作本色当行词必须具备的先天条件。因而可以说,苏轼“以诗为词”,改变传统词创作固有面目的内部原因同时也是根本原因,的确在于其性情品格与词之文体特性不相符合,势有所不得不然也。

从性格角度看苏辛词的差异

在论述苏词创作与词人心性品格的关系问题时,有必要顺带提到词史上另一个引人注目的人物辛弃疾。

古往今来,视辛弃疾为苏轼同派者夥矣。早在辛弃疾的门人范开便说过:“世言稼轩居士辛公之词似东坡。”(《稼轩词序》,《稼轩词甲集》卷首,《景刊宋金元明本词》)

这的确不是毫无根据的。苏、辛词作相同之处甚多,不仅表现在音律的自由、题材的庞芜、手法的丰富,更表现在由此造成的风格的爽健和气象的恢宏。并且,人们也正是多从他们风格气象与传统词作的不同着眼,将之划归同派,从而相提并论的。如清人田同之《西圃词说》云:“词中亦有壮士,苏、辛也。”(《词话丛编》本)王国维《人间词话》亦云:“苏、辛,词中之狂。”

当然,人们在将苏辛并称的同时,未尝没有注意到二人之间的差异。陈廷焯《白雨斋词话》卷六云:“东坡心地光明磊落,忠爱根于性生,故词极超旷,而意极和平。稼轩有吞吐八荒之慨,而机会不来,正则可以为郭、李,为岳、韩,变则桓温之流亚。故词极豪雄,而意极悲郁。苏、辛两家,各自不同。”(人民文学出版社,1983年)又《人间词话》亦云:“东坡之词旷,稼轩之词豪。”等等。

但是,这些所谓差异,只不过是论者所认为的同中之异。就是说,即使是专意于苏、辛二人之区别者,也是以视苏、辛同派为前提的。比如宋人称“东坡为词诗,稼轩为词论”,毛晋深韪之,许之曰“善评”(《稼轩词跋》,《稼轩词》卷末,《宋六十名家词》本,上海古籍出版社,1989年)与其说它所意欲说明的是苏辛之异,毋宁说是苏辛之同。因为“以论为词”的创作取径不仅与“以诗为词”完全一致,从程度上说还是它变本加厉的进一步发展:它们在改变传统词当行本色的风貌这一点上实在是一样的。要说区别,就是“以论为词”向前走得更远。

然而,以这种观点来论辛词,尽管不是没有理由,却不仅失之片面、皮相,而且也实在是对辛词的一种不公正的贬低。清人李佳云:“有能诗而不能词者,且有能词犹是诗人之词,非词人之词,其间固有自辨。”(《左庵词话》,《词话丛编》本)王士祯亦云:“有诗人之词,有词人之词。诗人之词,自然胜引,托寄高旷。词人之词,缠绵荡往,穷纤极隐。”(《远志斋词衷》引,《词话丛编》本)词人之词与诗人之词的根本区别,就在于能否具有细微缠绵、沉挚蕴藉的素质与情思。没有这种素质与情思,或不以这种素质、情思见长,则纵有意于作词,也只能成为诗人之词。诗人之词纵极出色,也只能具有另一种美和另一种价值,而无当于词之当行本色也。苏轼的词作就是如此。陈师道所说的“虽极天下之工,要非本色”,也即此意。

而辛弃疾则不然。盖其为人,虽负不羁之材,磊落胸襟,慷慨气节,宏远志愿,但在其心性品格中,仍具一种沉郁善感、萦回缱绻的素质、情思，与词体之境界自相吻合。他在尚未成名前，曾以诗词参请词家蔡元（杨慎《词品》卷四作“光”），蔡曰：“子之诗则未也，他日当以词名家。”（见毛晋《稼轩词跋》）蔡之所据以断言者，或即在其性格素质，亦未可知。

辛弃疾的词作，确有一部分表现手法诗文错杂，风格情味劲健峭拔，可以算作“诗人之词”，更有一部分奇奇怪怪，怒戾乖张，竟可直以“非词”视之。但前者既不是辛词的全部，后者更是大才之人逞才使气难免会有的败笔。

在辛弃疾600余首作品中，大量存在的是这样一类作品，用周济《宋四家词选目录序论》的话说是“沉著痛快”（《宋四家词选》，《丛书集成初编》本），用冯煦《宋六十一家词选·例言》的话说是“摧刚为柔”（《蒿庵论词》，《词话丛编》本），这类作品，将雄心高调化为幽咽悲凉，寓壮烈于沉挚，以温婉蕴刚强，既扩大了词体的审美容量，又保持了词体的特美本质；既无损于“以词名家”的“词人之词”，又不是单一化的传统词派的“本色当行”。

比如我们熟悉的名篇《摸鱼儿》：

> 更能消、几番风雨。匆匆春又归去。惜春长怕花开早，何况落红无数。春且住，见说道、天涯芳草无归路。怨春不语。算只有殷勤、画檐蛛网，尽日惹飞絮。　　长门事，准拟佳期又误。蛾眉曾有人妒。千金纵买相如赋，脉脉此情谁诉？君莫舞。君不见、玉环飞燕皆尘土。闲愁最苦。休去倚危栏，斜阳正在、烟柳断肠处。

全词以“天涯芳草”、“画檐蛛网”、“落红”、“飞絮”、“危栏”、“斜阳”等创造一种迷离要眇之词境，在这迷离要眇的词境中表达关乎国事身世的激宕怨愤之情。裂竹之声，潜气内转，粗旷尽去，精神益显,真令人有回肠荡气之叹。

这类作品,梁启超许以“前无古人,后无来者”(《艺蘅馆词选》丙卷载,广东人民出版社,1981 年)八字,是辛词的独胜之处,也是辛词根本不同于和高出于苏词的地方,与改变和削弱词体特性的“以诗为词”、“以文为词”是有着质的差异的。

其实,对于苏、辛之间的这种质的差异,前人不是没有认识。周济《介存斋论词杂著》谓:“世以苏、辛并称。苏之自在处,辛偶能到;辛之当行处,苏必不能到。”所谓“辛之当行处”,除指传统当行本色词一路外,当即指上述这类作品。陈廷焯《白雨斋词话》卷六说得更为明白:“稼轩词,于雄莽中别饶隽味,如‘马上离愁三万里,望昭阳、宫殿孤鸿没’,又‘休去倚危栏,斜阳正在、烟柳断肠处’,多少曲折,惊雷怒涛中,时见和风暖日,所以独绝古今,不容人学步。”

而造成辛弃疾与苏轼这种质的差异的原因,正在性情品格的不同。这一点前人同样曾予论及,如谢章铤《赌棋山庄词话》卷九:“苏风格自高,而性情颇歉,辛却缠绵悱恻。”(《词话丛编》本)

当然,苏、辛二人词作的这种差异,同时也与作词的态度有关。不过话说回来,作词态度所以会有不同,归根结底还在于性情各异的缘故。

辛弃疾由于自具一种细微幽约与沉郁蕴藉的心性情思,与词体之特质十分相宜,所以既能够也愿意以毕生精力投入词的创作中。这样,自然十分重视和推崇词体的独特地位,表现在观念上是保持、遵循词的文体特色,表现在实践上是细心琢磨,精益求精(岳珂《桯史》卷三记载的一段亲身经历生动地表现了这一点,可以参看)。

而苏轼则不然。正是因为他随意自在、纯任自然的性格,与要眇幽约、缠绵悱恻的词体特性格格不入，他才一面“以诗为词”，用诗体改造词体，一面“游戏为词”，把词体当成玩笑应酬的工具。用前一种态度写成的作品，写事抒慨，思想感情有所表现，内容当然不会空泛，但艺术上往往难有低徊唱叹、摇荡心旌的审美效果；而用后一种态度写出的作品，如集中的回文词、嵌字词、不可解之词、隐括和集句词等等，大都属于玩弄技巧、游戏笔墨之作，就更是等而下之了。

综上所述，我们本可从不同的角度比较苏词与辛词的同与异，但由于苏、辛二人性情品格上的差异，与词体特性的吻合与否，便导致了苏、辛之间一种“诗人之词”与“词人之词”的根本不同。认识这一点，对于把握苏、辛二人尤其是辛词的总体特色和艺术成就，对于领会“本色当行”与“非本色当行”的区别，以及认识“本色当行”派不是一个僵化落后的，而是内涵丰富、不断自我更新的艺术派别，都能起到一定的作用。

中国古代早有“知人论世”的文艺批评传统。从性情品格分析作家的文学道路、艺术追求以及创作特色，实际上也是在“知人论世”理论指导下的一种实践。只不过传统的“知人论世”往往只注重作家行履交游、进退仕隐等外部事迹，这里却是转向内部，探讨作家的性格情思对其创作的制约作用而已。它固然不能解释一切，或者说不能成为一切的解释，但它能够成为理解一个作家创作活动和创作现象的一把钥匙，我想是无可怀疑的。因为，毕竟，文学作品乃至一切艺术创造都是作家和艺术家的精神产儿！

《文史哲》1992 年第六期

从苏轼与柳永的关系论到苏词创作的心理

苏轼如何评柳，曾否学柳，怎样学柳，对柳永的真实态度如何，探讨这些问题，不仅有助于研究苏、柳关系这一课题本身，对苏轼走上“以诗为词”这条与包括柳永在内的传统词人迥不相同的创作道路的心理因素也会有一个较为深切的了解。

从苏柳高下之争提出问题

如果有人问，在苏词评论史上，被经常与苏轼同时提及的是什么人，多数人的回答想必是辛弃疾。这的确不错。作为开创词作新局面的两个代表人物，在苏、辛之间，不论他们的相同，还是不同，都有很大的可比性。历来人们将他们相提并论，实是情理之中的事。

可是如果说，更多地被与苏轼同时提及的不是辛弃疾，而是另外一个人物——柳永，也许就会多少有些出人意料了。柳永与苏轼，既不同时，又不同派，更主要的是，按照既已形成的定谳看，两人的思想意识、趣味情调、创作风格、艺术成就，不仅分明如泾渭，而且相去似霄壤。似乎无论从什么角度都不会也不应将他们联系在一起。

然而实际情况却不是这样。

早在北宋末年，胡寅的《题酒边词》（见《酒边词》卷首，《六十名家词》本，上海古籍出版社，1989年）就开始将苏、柳作对比。对比的结果，苏轼是“超然乎尘垢之外”，而“柳氏为舆台”。到了金代，王若虚也在《滹南诗话》（人民文学出版社，1983年）里为苏、柳角胜负，苏轼是“高人逸才”，而柳耆卿辈是“纤艳淫媟”，无法与“公之雅趣”比。结果仍然是苏高柳下。

有趣的是，虽然这些人一致抑柳扬苏，只因以柳永来衡比苏轼，另一些人便觉得是对苏轼的大不恭，为此忿忿不平。元好问在《新轩乐府引》中说，东坡作词，不过是“翰墨游戏”，“乃求与前人角胜负，误矣”（《遗山先生文集》卷36，《四部丛刊》本）。王士祯说得更明确。他在引黄庭坚评苏轼书法“挟海上风涛之气”之语后说：“读坡词当作如是观。琐琐与柳七较锱铢，无乃为髯公所笑。”（《花草蒙拾》，《词话丛编》本，中华书局，1986年）殊不知，这乃是从另一角度将苏与柳连在了一起。

其实，将坡词“与柳七较锱铢”，是不会“为髯公所笑”的。将坡词与柳词联在一块较量短长的始作俑者并非别人，正是“髯公”苏轼自己。

作为一个词作家，苏轼对其他词家加以褒贬评骘的不在少数。这本来是很正常的现象。但是这一正常现象中有一个特殊之点，尚未引起研究者足够的重视。苏轼对柳永似乎特别感兴趣，言谈之中，一再提及。有赞扬，有批评，更多的是拿自己与其反复作比较。这在包括他诗文在内的整个文学创作中，是不多见的。

根据有关记载，苏轼言及柳永的材料主要有以下一些：

1. 近却颇作小词，虽无柳七郎风味，亦自是一家。（《与

鲜于子骏书》,《苏轼文集》,中华书局,1986 年。下引苏文均据此本)

2. 东坡在玉堂,有幕士善讴,因问:“我词比柳永词何如?”对曰:“柳郎中词只好十七、八女孩儿执红牙板唱‘杨柳岸晓风残月’,学士词须关西大汉执铁板唱‘大江东去’。”公为之绝倒。(俞文豹《吹剑续录》,《说郛》卷 24,商务印书馆,1930 年)

3. 少游自会稽入都,见东坡。东坡曰:“不意别后,却学柳七作词。”少游曰:“某虽无学,亦不至是。”东坡曰:“‘销魂,当此际’,非柳七词乎?”少游惭服。(曾慥《高斋诗话》。注一)

4. 苏子瞻于四学士中最善少游,故他文未尝不极口称善,岂特乐府?然犹以气格为病。故常戏云:“山抹微云秦学士,露花倒影柳屯田。”(叶梦得《避暑录话》卷下,台湾商务印书馆影印文渊阁《四库全书》本,1986 年)

5. 东坡云:“世言柳耆卿曲俗,非也。如《八声甘州》云:‘霜风凄紧,关河冷落,残照当楼。’此语于诗句不减唐人高处。”(赵令畤《侯鲭录》卷七,《四库全书》本。注二)

按以上诸条,有与其他记载略相抵杵者。《艺苑雌黄》云:“(少游)赋长短句,所谓‘多少蓬莱旧事,空回首,烟霭纷纷’是也。其词极为东坡所称道,取其首句,呼之为‘山抹微云君’。”(《溪渔隐丛话》后集卷 30 引)与上引第四则以“山抹微云”为病者不合。又据宋蔡絛《铁围山丛谈》卷四载,范祖禹之子范温以“山抹微云女婿”自诩,亦可证其非微词。但是,较之他人,其中表现出来的苏轼对柳永的特别关注是无可怀疑的。

应该如何理解这种“关注”?以往的研究者大都着眼于上述

材料中讥讽、不满柳永的部分，认为“东坡在当世词坛对柳永最为敌视，出言诋毁，非止一次”（龙榆生《东坡乐府综论》，《词学季刊》第二卷第二号，开明书店，1935 年），认定苏轼是“与他（指柳永）抗立的大词人”（郑振铎《插图本中国文学史》，作家出版社，1957 年），“东坡词彻底反对柳永，要‘无柳七郎风味’”（罗忼烈《东坡词杂说》，《两小山斋论文集》，中华书局，1982 年）。

这种理解当然不是全无缘由，从某种意义上说也非不正确。问题在于，这样的理解不仅只注意苏轼讥讽柳永的言论，忽视了其对柳永的赞扬，而且就前一点来看，它也仅仅停留在苏轼讥讽柳永这一现象的表面，没有透过这一现象仔细地思索和冷静地分析它的实质。它仅仅把对柳永的讥讽理解成一种理直气壮的创作观点之争，忽视了这些讥讽当中隐含着的另外一番耐人寻味的含义。而这一层含义，实在是不应该轻易放过的。

我们知道，从时代来说，柳永的行辈高于苏轼。柳永的生卒年，依唐圭璋先生考证（见《柳永事迹新证》，《文学研究》，1957 年第三期），当为宋太宗雍熙四年（987）至仁宗皇祐五年（1053）。苏轼生于仁宗景祐三年 12 月 19 日（1037 年 1 月 8 日），这就是说，柳永辞世时，苏轼在家乡眉山就学，尚未出川。苏轼开始步入词坛，柳永早已不在人世。那么为什么后来苏轼会对柳永那般念念不忘，再再言及呢？

我以为，这只能说明两点事实。一是柳词的影响很大，虽然人已离世，其创作的影响依然笼罩词坛，不曾衰歇；二是这种影响在作为词坛晚辈或曰后来者的苏轼身上，同样产生了相当的效应。这种效应造成的后果至为复杂，不仅表现在既非一味的崇拜与景从，更非全然的批判与否决，而且表现在它给初登词坛的苏轼带来了一种巨大的心理压力，成为了苏轼意欲一比高低的竞争目标。

柳永发展慢词，在慢词的体制上用俚语写俗情，由此获得“凡有井水饮处，即能歌柳词”的广泛影响，此乃众所周知者。下面的篇幅，将对后一个事实加以检讨。

苏轼曾否学柳的辨析

那么，苏轼究竟曾否向柳词学习？柳词是否对苏轼产生过影响？陆侃如、冯沅君先生的《中国诗史》（作家出版社，1957 年）有这样的观点：

> 只要是略看过词的人，谁都知道而且承认苏轼和柳永是不相干的作者。若就苏词的大处着眼，自然应该如此主张；但若就细处研究，似乎苏轼和柳永不是绝不相干的。苏轼《与鲜于子骏书》说：“近颇作小词，虽无柳七郎风味，亦自成一家。”《碧鸡漫志》说：“今少年妄谓东坡移诗律作长短句，十有八九，不学柳耆卿，则学曹元宠，虽可笑，亦毋庸笑也。”我们若将此二说合勘，则苏柳的关系不难寻出消息，况又有词可证。此外，还有一点可以供我们参考的，便是《彊村丛书》中的《东坡乐府》。此书凡三卷，前二卷所载的词大都以清旷与豪放者为主，后一卷则多婉丽的词。但前二卷是编年的，起于苏轼 37 岁，终于他 65 岁，不载他少年时代的作品。后一卷所载的词却都不能确定其作期。这种情形很使我们怀疑，苏轼在早年或曾一度学过柳永。本来 11 世纪中年，苏轼的少年时代，柳词正风靡一时，苏轼受柳永的影响也是很可能的。

诚如所说，“只要是略看过词的人，谁都知道而且承认苏轼和柳永是不相干的作者”。所以这一观点可谓与时相左，自然引起相当大的反响。

澳门学者曹树铭先生在其校笺本《苏东坡词·序论》(台北商务印书馆，1983年)中列专节加以反驳：

> 按陆冯二氏的错误，第一，在于误解东坡《与鲜于子骏书》，该书已自我说明不同于柳词；第二，在于忽视王灼《碧鸡漫志》原文中所有“妄谓”二字；以上两点，十分明白，毋庸辞费；第三，在于武断《彊村丛书》本卷三所收东坡词绝无伪作在内，因而下“况又有词可证”的结论；第四，在于误认东坡少年时代曾学柳永词，因而受到柳词的影响。

又就末一点加以补充论证：

> 由于东坡在政治方面具有雄心壮志，功名之念甚强，尤以初出茅庐，毫无经验，故当其初学为政之时，亦必无学词或学柳词之余暇。本集《凤翔到任谢执政启》一首云：“伏自到任以来，日夜励精，虽无过人，庶几寡过。”从此可见东坡在凤翔任内为公务所羁，实无学词或学柳词之可能。及其凤翔任满回京之日，又应学士院之召试，虽得直史馆，但不久又遭父丧，护柩回蜀守制。直至熙宁元年七月服除，翌年三月还朝住官，时已34岁。于此，必须补充说明者，《四库全书总目提要》(卷30集部别集内七)“补注东坡编年诗50卷通行本”项下，引《朱子语类》云：“二苏居丧，无诗文。”良以古代儒家居丧读礼，故不及诗文。诗文尚然，而况词乎？故东坡两次居丧，亦断无学为柳词之事。回朝后，因与王安石政见不合，始则困以官事，继则诬奏过失，加以穷治。而东坡本人此时年少气盛，力求在政见上有所表白，数上皇帝书，虽皆不报，但此时必无

余暇学作为词。直至熙宁四年六月奉命通守杭州，是年 11 月 18 日到杭州任，时年已 36 岁。翌年壬子正月，始有《浪淘沙》“昨日出东城”之创作，时年 37 岁。鉴于此词意境仍不免稚嫩，较之本集内后期所写初春之作，有相当幅度之距离，不难看出此为东坡之始作。……陆、冯二氏不详考东坡之生平，径以 11 世纪中期柳词盛行，东坡学为柳词。又不详考《彊村丛书》本卷三之每一词作，竟以为全系东坡所作，而为东坡受柳词影响之见证，过矣。

加拿大籍学者叶嘉莹先生也在《论柳永词》中，称陆、冯二氏“苏轼早年或曾一度学过柳永”云云为“臆测之说”：

可见东坡词之是否曾受有柳永之影响，固早有臆测之说。不过，这些说法却都并不可信。首先《碧鸡漫志》所引当日“少年”之说，即本无依据，而且又谓苏词曾学曹元宠。而曹氏之时代实晚于苏氏（苏氏卒于 1101 年，曹氏则于 1121 年始赐同进士出身。见《全宋词》曹氏小传）可见所说之不足确信，故王灼以之为“妄”。再则陆、冯二氏谓苏氏早年或曾受柳之影响，其所引证者是指《彊村丛书》所收《东坡乐府》第三卷中一些不编年的风格“婉丽”的作品。然此一卷作品中原有不少伪作，亦不尽可依为信据。且陆、冯二氏只据其“婉丽”之风格，便以为苏词“或曾一度学过柳永”，亦不过是貌相之言。（《灵谿词说》，上海古籍出版社，1987 年）

叶、曹二氏条辨缕析，却不能令人无疑。这里也如法炮制，择其大端，条陈于下。

第一，关于王灼一段话的理解。

古人刻书不加标点，东汉书家张芝一句“匆匆不暇草书”，究应解作“匆匆，不暇草书”，还是“匆匆不暇，草书”，遂启后人无数争端。王灼这段话（见于《碧鸡漫志》卷二，《词话丛编》本）的情形亦复如是。若依通行解释，标点当作：

> 今少年妄谓“东坡移诗律作长短句，十有八九不学柳耆卿，则学曹元宠”，虽可笑，亦毋庸笑也。

上引陆、冯和曹、叶诸位都是这样理解的，他们在理解上并无不同。只不过陆、冯抓住“今少年”所说的“学柳耆卿”一点，作为苏轼学柳的书证，曹、叶却抓住“今少年”所说的另一点“学曹元宠”之与史实不合，从而推断前一句亦“不足确信”，并断言王灼之所谓“妄”者正指此。

两派观点，各取所需，乍看似都有道理。我却以为，他们对这段原文本身的理解便不正确，因而论证的妥当与否也就成了问题。

查曹元宠生活在宋徽宗政和（1111—1117）、宣和（1119—1125）前后，而王灼乃高宗绍兴（1131—1162）前后人[①]，二人相距当不过三、四十年，甚至更短，属同时代。而那些“少年”既以“今”字冠之，自与王灼同时，就是说，同样与曹元宠同时代，只不过行辈稍晚。这样，这些“今少年”既然得知曹元宠并言及之，怎么至于将相距不远的同代人错成百余年前与苏轼同时甚至更早的人，而谓苏轼曾向其学习呢？这未免过于偏离情理。

这段话根本就应该作新的理解，即“今少年”所妄谓者本非三句，只有“东坡移诗律作长短句”一句，“十有八九”二句乃王灼自己的叙述语。是则全段当标作：

---

① 《碧鸡漫志》卷二有“政和间曹组元宠”句，《全宋词》（中华书局，1980 年）谓曹元宠宣和三年赐同进士出身，王灼《碧鸡漫志序》作于高宗绍兴十九年己巳（1149）。可知。

> 今少年妄谓“东坡移诗律作长短句”，十有八九不学柳者卿，则学曹元宠。虽可笑，亦毋庸笑也。

这样，十有八九不学柳则学曹的便不是苏轼，而是“今少年”了。“虽可笑，亦毋庸笑也”二句，表明王灼对这种做法的态度。为什么“今少年”远学柳而近学曹，就是不学苏呢？很简单，就因为他们反对“东坡移诗律作长短句”，反对用作诗的格律来作词。

如此理解，不仅于本段文从意顺，即将之置回《碧鸡漫志》上下文中去，也豁然贯通。此段的上文是“东坡先生非心醉于音律者”数句，将它们联系起来看，全文乃是在为苏轼的不守音律辩护，大意谓苏轼不斤斤计较合不合音律，作品格调高昂，使作词者始知自振。而当今的少年作者，却因为苏轼用诗律作词，所以不愿学苏，大都(十有八九)去学柳学曹。这些人真是可笑，但也不值得去笑了。

这应该才是符合王灼本意的理解。实际上，《碧鸡漫志》同卷中还有另一段话，完全印证了如此理解之不诬：

> 今之士大夫学曹组诸人鄙秽歌词，则为艳丽如陈之女学士狎客，为纤艳不逞淫言媟语如元白，为侧词艳曲如温飞卿，皆不敢也。

这样，就很清楚，这段话根本与苏轼的学柳与否毫无关涉。用它来作为苏轼学柳或未曾学柳的书证都是无稽的。曹、叶固属思虑欠周，陆、冯在这一点上也未免稍嫌疏失。

第二，关于《东坡乐府》第三卷问题。

叶、曹二氏反对陆、冯认为第三卷不编年词是东坡早年学柳的习作，理由除下面紧接着要加以辨析的早期无词一条外，另有两点。一是此卷中原有不少伪作在内，二是不能根据“婉丽”风格判定苏轼学柳。

问题是，首先，陆、冯二氏何曾“武断《彊村丛书》本卷三所收东坡词绝无伪作在内”？曹氏不知因何而出此言。其次，此卷中有伪作固属可能，哪些是伪作大都无法确知。臆测不足为据，即使百分之百地相信曹氏校注本《苏东坡词》的研究成果，第三卷中连伪作加互见总共不过39首，占136首总数的不足三分之一。何以见得陆、冯所据言者偏偏都是这不足三分之一的不可信之作，而不是另外三分之二的部分呢？再次，细审陆、冯二氏原文，虽亦曾言及此卷中多“婉丽”之词，主要的却是从时间线索立论。因苏轼编年词中不载他37岁以前的作品，而此卷却都不能确定其作期。此卷中明明有许多与“婉丽”不相干的作品，陆、冯自然不会不知。叶氏谓“陆、冯二氏只据其‘婉丽’之风格，便以为苏词‘或曾一度学过柳永’”，亦属无端之论。最后，曹氏又指斥陆、冯二氏“武断《彊村丛书》本卷三所收东坡词绝无伪作在内，因而下‘况又有词可证’的结论”，前一句本身既属不实，已如上述；而将之与后一句连缀，更是剪移取义，难免诬人。陆、冯二氏“况又有词可证”之后，赫然有“此外”二字，将之与下文才开始言及的《东坡乐府》第三卷问题隔开，显然其所谓的“有词可证”与第三卷词并无关涉，是指一、二卷中词而言。就是说，陆、冯二氏不仅认为苏轼37岁以前有词作，并且有学柳的词作，而且还认为其37岁以后仍有似柳之作，同样可以取之证其曾经学柳的。有关原文俱见前引，可以覆按。

第三，关于苏轼37岁以前有无词作的问题。

按照最早为苏词编年的《彊村丛书》本《东坡乐府》，苏词可系年者乃自熙宁五年（1072），亦即其37岁始。后来编年者莫不从之，概无例外。但是，这决不意味着苏轼至其37岁才有词作。道理很简单,编年的第一首,完全不必等于创作的第一首。可是,曹树铭先生竟然连这样一个简单的道理都不细思,坚谓苏轼半生以前决不可能作词,必等到37岁这一年才突有兹事,并且其平生第一首作品,也就是今天的编年本开篇《浪淘沙》(昨日出东城)。这实在是匪夷所思。

观其举出的材料,逐年排比,理直气壮,然究其实,理由只有一条,即所谓"年少气盛,力求在政见上有所表白","为公务所羁,实无学词或学柳词之可能"。然而请问,难道苏轼37岁以前皆是年少(?)气盛,抱负宏远,公务缠身,一旦年届37岁,便顿然心衰力竭,意志消沉,悠闲逍遥,从而作起词来了吗?若谓苏轼37岁以前绝无余暇作词,为何又留下众多的诗作?要知道这些诗作中并非都是致君尧舜或言志明道之作,游山玩水、流连光景的正不知有多少呢。

曹氏编排苏轼不可能作词的材料至其36岁止。这是因为可以编年者自37岁始。假使其编年词始于40岁知密州后,按照曹氏的作法,不是仍可以很轻松地继续逐年罗列一堆材料,以证其"因外放地方(杭州),心境不佳,故无意于作词"吗?

文中专门提到苏轼为父母的两次居丧,认为居丧期间不作诗文,更何况词。这本来是历史常识,毋需拐着弯儿拉一条《朱子语类》来作证。问题在于,苏轼居丧的时间,第一次从仁宗嘉祐二年(1057)四月至四年(1059)九月,第二次从英宗治平三年(1066)四月至神宗熙宁元年(1068)七月,合起来不过四年八个月。是否凭这不足五年的时间,就能证明苏轼37年之间均未作词?如果不是,津津乐道这件事的意义又安在哉?

曹氏为证明自己的观点,又换一角度认定现存编年词的开篇

《浪淘沙》就是苏轼的处女作,即"鉴于此词意境仍不免稚嫩,较之本集内后期所写初春之作,有相当幅度之距离,不难看出此为东坡之始作"。这同样是镂空凿虚之谈。试问,"意境"怎么会"稚嫩"?这首词"稚嫩"在何处?按照其理论,越早的词作越"稚嫩",是否见诸编年的词都比它成熟?是否卷三不编年词中除去不足三分之一伪作外的三分之二作品,都比它成熟?何谓"稚嫩",何谓"不稚嫩",这种主观色彩很强的概念本来是不适于拿来作为考证作品年代的依据的。

总括上述,我的观点是:一,虽然苏词现在可以编年者是其37岁以后所作,但他开始作词的时间不必始于同一年。至于他37岁以前的词作是哪些,除难免散佚的之外,陆、冯二先生怀疑卷三中保存了一部分,是完全可能的。二,叶、曹二先生批评陆、冯认为苏轼"早年或曾一度学过柳永",其实如上所说,陆、冯不仅认为苏轼早年曾经学柳,还认为其37岁以后,亦即收入一、二卷的作品中,仍有似柳之作,是其学柳留下的痕迹。而这也不是无稽之谈。

下面进一步专就苏轼学柳的问题加以分析。

苏轼如何学柳的分析

苏轼学柳,首先表现在他的词集里有一些与柳词"骫骳媟黩"风貌近似的作品。为证实上节末段所述的观点,这里从其未编年及编年词中各举二首:

邃院重帘何处,惹得多情,愁对风光。睡起酒阑花谢,蝶乱蜂忙。今夜何人,吹笙北岭,待月西厢。空怅望处,一株红杏,斜倚低墙。　羞颜易变,傍人先觉,到处被著猜防。谁信道，些儿恩爱，无限凄凉。好事若无间阻，幽欢却是寻常。一般滋味，就中香美，除是偷尝。（《雨中花慢》，《东坡乐府》，《彊村丛书》本，上海古籍出版社，1989 年。下引苏词均据此本）

嫩脸修蛾，因甚化作行云，却返巫阳。但有寒灯孤枕，皓月空床。长记当初，乍谐云雨，便学鸾凰。又岂料，正好三春桃李，一夜风霜。　　丹青□画，无言无笑，看了漫结愁肠。襟袖上，犹存残黛，渐减余香。一自醉中忘了，奈何酒后思量。算应付你，枕前珠泪，万点千行。（《雨中花慢》）

这两首未编年词，意境、情味与柳词颇为相似，所以有人认为其“不类坡词”[①]。其实，相似的又不止于意境和情味，其中还有借用或化用柳句之处。如次首第一句“嫩脸修蛾”，即出自柳永《尉迟杯》词：“宠佳丽，算九衢红粉皆难比。天然嫩脸修蛾，不假施朱描翠。”（据《全宋词》，下同）又“算应付你”三句亦从柳词《忆帝京》“系我一生心，负你千行泪”化出。这两首词确有理由怀疑是苏轼早年学柳时留下的习作。

别酒劝君君一醉，清润潘郎，又是何郎婿。记取钗头新利市，莫将分付东邻子。　　回首长安佳丽地，三十年前、我是风流帅。为向青楼寻旧事，花枝缺处余名字。（《蝶恋花》）

香叆雕盘，寒生冰箸，画堂别是风光。主人情重，开宴出红妆。腻玉圆搓素颈，藕丝嫩，新织仙裳。歌声罢，虚檐转月，

① 朱祖谋《东坡乐府·凡例》：“如《意难忘》之‘花拥鸳房’、《雨中花慢》之‘邃院重帘’、‘嫩脸修蛾’二首，不类坡词，苦无显证。”（《彊村丛书》本）虽以为不类，因无显证而仍之，态度审慎。曹树铭《苏东坡词·附录》却云：“此二首之意境，与东坡之人格不类。铭意旁证不如径从文字意境直寻。今断定此二词非东坡所作。”这就未免草率了。

> 余韵尚悠扬。　　人间，何处有，司空见惯，应谓寻常。坐中有狂客，恼乱愁肠。报道金钗坠也，十指露，春笋纤长。亲曾见，全胜宋玉，想像赋《高唐》。（《满庭芳》）

这两首词，亦有怀疑其为伪作者。南宋人费衮《梁谿漫志》卷九载程子山《跋东坡〈满庭芳〉词》云：

> 予闻之苏仲虎云，一日有传此词，以为先生作，东坡笑曰："吾文章肯以藻绘一香篆盘乎？"然观其间如"画堂别是风光"及"十指露"之语，诚非先生肯云。（上海古籍出版社，1985 年）

又《蝶恋花》词，曹树铭《苏东坡词·附录》谓："如依此词下片，'回首长安佳丽地，三十年前我是风流帅'，上溯 30 年，时东坡尚在眉山故里，未举进士。"然前首苏仲虎语可靠与否尚难确知，故程子山亦转引词句推证，则此孤证固不足以证其为伪。至于曹氏所论，则甚不妥当。须知词人属辞，乃凭兴会，非自撰履历表也。前词已收入成书于南宋绍兴初年的傅干《注坡词》（见刘尚荣校证《傅干注坡词》，巴蜀书社，1993 年），淳祐间编《唐宋诸贤绝妙词选》的黄升也确认其为东坡所作（说详下），可谓流传有自，不必怀疑。后词见诸成书于绍兴 27 年（1157）的《能改斋漫录》卷 16，亦应可信。前词宋翔凤《乐府余论》谓之"其词恣亵，何减耆卿"（《词话丛编》本），后词以此二句评之，似更恰当。不仅花间樽前的内容、浓艳俚俗的格调与柳词如出一辙，同前引两词一样，也有袭用柳词成句者。"腻玉圆搓素颈"一句，见于柳永《昼夜乐》："秀香家住桃花径，算神仙，才堪并。层波细剪明眸，腻玉圆搓素颈。"正因苏轼的借用，黄升将柳永这首并不高明的作品选入所编《唐宋诸贤绝妙词选》中，并在词后附注："此词丽以淫，不当入选。以东坡尝引用其语，故录之。"（《四部丛刊》本）可知古人对苏、柳这两首词的相似以及沿承关系早已看得很清楚。

然而,若谓苏词学柳仅仅表现或曰局限在冶荡旖旎一路,不仅失之片面,对于苏轼来说,实在也是不公正的。

我们知道,柳永在词史上的一大贡献,是对慢词艺术的扩展与推动。他不仅是北宋词人中大量写作慢词的第一人,更重要的是他对慢词艺术特质的探索与把握。他汲取民间新声,对旧有的曲调加以改革,并在结构安排、表现手法上大胆创新,改变了他以前个别文人词家偶尔写作慢词"用小令作法"(夏敬观手批张子野词语,见《张子野词》卷末,《彊村丛书》本)的状况。他在慢词创作上取得的成功和留下的经验,才是苏轼真正受益的地方。

在一般人看来,"腻柳豪苏",苏词迥异于以及高出于柳永之处,在其豪放高健一类作品。殊不知,苏轼这类被人们交口称赞的作品,不论其是否有意为反对柳永而别立,都是依赖于柳永开创的慢词形式而创成的。即使对苏、柳关系持"敌视"说的前辈学者,对这一点的认识也很清楚。

在本文首节曾加援引的两文中,龙榆生先生不是说"东坡在当世词坛对柳永最为敌视"吗?可他接着又说:"东坡之豪放,非于柳永拓展词体之后,恐亦不易发展其天才也。"(《东坡乐府综论》)郑振铎先生不是说苏轼是"与他(柳永)抗立的大词人"吗?可也说:"东坡词虽取境取意与柳七绝异,然在奔放铺叙一方面,当也是暗受耆卿势力的笼罩的。"(《插图本中国文学史》第35章)这些见解确有见地,在苏词对柳词的革新中看到了继承的一面。揆诸苏词创作的实际,很多作品能够证明这一点。即如被视作突破"词为艳科"藩篱、转变词风标志的《沁园春》(孤馆灯青)一词,在铺陈景物的手法、委婉回环的风格上,便与柳永的羁旅行役词有明显的相似。包括这首词在内的许多长调,一改摹借歌女声吻的代言体为直抒胸臆的立言体,也与柳永作为先行者的作用分不开。

最后,对于苏轼的学柳,我们还不应忘记他对柳永《八声甘州》"不减唐人高处"的赞扬。有人将这种赞扬看成是对婉约派的宽容,这是不妥当的。因为苏轼这里所赞扬的,明明是不同于其大多数婉约妩媚之作的具有雄浑、博大气象的作品。由此,我们应该承认,柳词虽然以旖旎婉曲为其基调,其中也具备一类作品,这类作品有开阔的意境、充足的气势和高远深沉的格调。正是这类作品,在某种程度上为苏词的改革词风提供了一种示范的作用。

关于这一点,可引叶嘉莹先生《论柳永词》的一段论述。她虽然一面称苏轼受有柳永之影响为"臆测之说",一面却又认为"苏轼所赞美之柳词'不减唐人高处'者,亦即正为他之有得于柳词之处"。她说:

> 柳词之"不减唐人高处"者,如其《八声甘州》诸作,其特色盖在于一则表现有开阔博大之景物形象,二则表现有雄浑矫健之声音气势,因此足以传达一种强大的感发之力量。而在苏轼的词中,便有不少作品,正都具有此种特色。即如他自己所写的同调的《八声甘州》词之"有情风万里卷潮来"一首,便亦正复具有此种开阔博大之景象与夫雄浑矫健之音节,而且足以传达一种强大的感发之力量。这种激发和影响的关系,我以为乃是明白可见的。

美籍学者周策纵先生对此有更为实用化的研究。他在《苏轼〈念奴娇〉赤壁词格律与原文试考》(载《大江东去——苏轼〈念奴娇〉正格论集》,香港中文大学中国文化研究所吴多泰中国语文研究中心,1992 年)一文中,从语源角度探讨苏轼名作《念奴娇·赤壁怀古》的异文问题。他发现该词与柳永《双声子》(晚天萧索)词主题相似,情感相似,遣辞和意象相似甚至相同,认定苏词"很受了柳永《双声子》一词的极大影响"。更根据柳词"云涛烟浪"一语,推断苏词"乱石穿空,惊涛拍岸"句中之"穿空"二字,当取另一异文"崩云"而替代之。因为"'崩云'和'惊涛'连用,恰好与柳词'云涛'字相合"。又根据柳词中"繁华处,悄无睹"的"悄"字,推断苏词之"浪淘尽""自亦可能用'浪声沉'了"。这的确是发前人所未发之新见。虽然我以为文学的影响和传承更多的具有创作取向和艺术技法层面的意义,不能过于坐实或牵强,尤其在处理类似异文的具体问题上,更重要的是依靠校勘学的实证。但无疑,周文所举出的"还未受到前人注意"的《念奴娇》与《双声子》的诸端相似,为我们上文"示范的作用"说提供了一个很好的实例。

综上所述,苏轼的学柳是多方面的,柳词对苏轼词的创作是产生了相当影响的。至于说这种影响的重要性,不仅体现在它是苏轼一直关注的学习对象,更体现在它终至成为导致苏轼"以诗为词",走上与柳永相对立的创作道路的一个重要原因。

由苏柳关系看苏词创作的心理因素

苏轼既然曾经着意向柳词学习,为什么又最终走上一条与柳永大相径庭的创作道路,并在这条道路上形成与柳词迥然不同的风貌特色,以至于被世人目为与柳永所代表的"本色当行"正格派相对立的"以诗为词"变体派的代表呢?这就要联系前面列举的苏轼涉及柳永的有关言论,挖掘其中透露出的苏轼对于柳永的真实心态,从中寻味出苏轼最终走上"以诗为词"这条背离传统道路的心理因素。

我们知道,苏轼是一个才分高瞻、抱负宏远的人物,不论在政治上,还是在艺文上,都是如此。他只要涉及哪个领域,就会在哪个领域放射光彩,统领风骚。遑论诗、文、书、画,就连他最为坎坷的官宦生涯,也曾经到达过辉煌的高峰——素有“内相”之称的翰林学士。

同样,在属于文苑领地的词坛上,苏轼自然也没有甘居人后之理。当他嘉祐二年(1057),年方 22 岁,随父亲至汴京进士及第,开始步入文坛时,柳永谢世不过数年,其词作四方传唱,声势煊赫。年少俊发的苏轼,不会不受到这种风气的感染,对柳词深加关注,颇为钦羡,从而将之当成了自己词作起步阶段的摹仿、效法的对象。具体的论证已如上述。

但是,苏轼可以并且也乐于借鉴其创作经验,却不会以永远的追随为满足。也许就在青年时代,刚开始尝试着作词,以柳词作为入门之径的时候,他的意识深处便开始将这位词坛耆宿当成了自己竞争的对手和赶超的目标,一意以压倒和超过柳永为成功的标志。

就词创作来说,这种意识或潜意识似乎伴随了苏轼的一生。何以若干年后,熙宁七年(1074),他刚开始创作出自认为是“自是一家”的词作之后,就兴奋地告诉朋友:“近却颇作小词,虽无柳七郎风味,亦自是一家。呵呵!”(《与鲜于子骏》)原因就在于此。其言辞之中表现出的,尤其是“呵呵”笑声中传达出的那种自负、自得的天真神情,900 余年后的我们依然那样真切地感受到了。

又过了 10 数年,苏轼在词坛上“自是一家”的面貌已经形成。遗憾的是其地位却没有得到人们的普遍承认,因为人们固难接受他这种“以诗为词”对于传统的叛逆[①]。与此相反，柳永这一词坛大纛依然挺立在当时的词坛，它所投下的阴影依然笼罩着苏轼。所以他仍然乐于与柳永斤斤计较。元祐元年（1086）至四年（1089），他在翰林学士位时与幕士之间那段极有名也极有趣的关于“关西大汉”和“妙龄女郎”的对话，就是这种情形的生动记录。

当我们了解了上面所说的背景，怎么能够再同意它所反映的不是一种由艳羡到竞争的心理，而是一种纯然的蔑视和敌视呢？如果不是这种意欲与之一比高低的竞争心理在支配着他，以他的翰林学士之尊、文坛盟主之大，又何需去提起那个在生前就困顿、卑微，何况已死去多年的小人物，并且还要将之与自己相比较呢？

大家知道，南宋初年的张孝祥是有意学苏的一位“豪放”词人。据叶绍翁《四朝闻见录》乙集记载，他“尝慕东坡，每作为诗文，必问门人曰：‘比东坡何如？’门人以过东坡称之”（中华书局，1989 年）。张孝祥与苏轼角胜负，也能说他是藐视、敌视苏轼吗？

应该说，张之较苏与苏之较柳，从心理意识来说是没有二致的。他们所乐于与作比较的，都是自己心中所存有的一种偶像，一种榜样，一种意欲与之竞争的目标。要说有不同，那就是他们对待榜样的态度与竞争方式。一种是以其追求为追求，以其目标为目标；一种是独立门径，另辟新境，使自己在日后也能成为他人追循

① 苏轼之同时及其后，与之私交甚洽或对之甚为敬重的人继武“以诗为词”的也不多，公开反对的却不少。不仅世人以“词如诗”讥之，苏门四学士中的陈师道也批评其“要非本色”（均见《后山诗话》，《历代诗话》本，中华书局，1982 年），晁补之、张耒同样以“小词似诗”之语进行规讽（《苕溪渔隐丛话》前集卷 42 引《王直方诗话》），随后的李清照更进一步正面打出“别是一家”（《苕溪渔隐丛话》后集卷 33 引）的主张，公开强调诗词分脉。可见诚如刘熙载《艺概 · 词曲概》所言：“东坡词在当时鲜与同调。”（上海古籍出版社，1978 年）

的目标和崇拜的偶像。这正见出二人气魄与抱负的不同，也是张氏最终视苏氏瞠乎难及的原因。

关于《与鲜于子骏》，就闻见所及，在古今研究者中，唯有刘熙载对其字面透露的微妙心理有所察觉。他在《艺概 · 词曲概》中说："东坡《与鲜于子骏》书云：'近却颇作小词，虽无柳七郎风味，亦自成一家。'一似欲为耆卿之词，而不能者。"他这种着意涵咏文意的细心是值得欣赏的，可惜他的这种体味并不十分正确。苏轼不是不能为柳词，以此为憾事，而是在既为柳词之后，着意于另辟蹊径，以求与之分庭抗礼，乃至超乎其上。更可惜的是刘熙载连这一不十分正确的感受也没能坚守住。在这两句之后，紧接着又道："然坡尝讥秦少游《满庭芳》词学柳七句法，则意可知矣。"实际上又回到理解的老路上去了。

或许有人问，如果说苏轼背离传统，走上"以诗为词"的道路，是因其存有同柳永攀比的心理和竞争意识，非但不是轻视柳词，相反正是心存柳词、重视柳词的表现，如何解释《高斋诗话》和《避暑录话》中苏轼对秦观的批评？能够说苏轼对柳永没有不满之处，苏轼"以诗为词"就没有其他原因吗？

当然不能。

这里所谓的"心理因素"，不过是从一个特定角度对苏轼"以诗为词"的动因所作的一种分析。苏轼所以要选择"以诗为词"这样一条创作道路，除"心理因素"以及"性格因素"①这两条属于作者自身的因素之外，自然还有社会环境的客观原因，那就是在当时的文坛上，改革是一种时代趋势。诗和文的革新运动都已蓬勃展

① 参本书《从苏轼"以诗为词"的内因论到苏辛之别》一文。

开,并取得了可观的成效。唯独文坛之中的词坛,似乎独立于这一历史潮流之外,不曾受到多少冲击。

虽然我以为,晚唐五代词的出现,不仅不应如通常的观点,将之看作是一种文学史的反动,是词体发展走上的歧路,而且恰恰相反,是为词寻找并建立了最适宜于自己的文体特性,为词奠定了作为一种独立文体向前发展的基础——必须看到,从此以后,哪怕是刻意于词体改革的词家,他们的改革也是在这一基础上进行的。他们所以要改革,也是受这一基础的影响而引发的。何况,虽然他们也许愿意,却再也不可能使词回到晚唐五代以前诗词不分或质木少文的状态。并且,他们自己的创作中,往往就有他们所反对的那类作品。——但是,同时也应该承认,晚唐五代以及沿袭晚唐五代的北宋前期词人中,确有这样一些人,他们的抱负不大,境界不高,创作出的作品往往存在情调软靡、格调低下的毛病。柳永则是这些人中较为突出的一个。前人评他"词语尘下"(李清照语,《苕溪渔隐丛话》后集卷33引)、"词多媟黩"(冯煦《宋六十一家词选·例言》(光绪丁亥冶城山馆刊本)、"格固不高"(陈振孙《直斋书录解题》卷21,武英殿聚珍本)、"风期未上"(刘熙载《艺概·词曲概》等等,所指即此。精神意志、气度襟抱都与之迥异的苏轼,对此自然是格格不入的。因而他在不废模鉴的同时加以创革,自是情理之中的事。

可惜的是,苏轼选择的提高词格、提高词的地位的途径,并未能使其真正达到目的。相反,他引诗入词,以诗为词,循着这个方向走下去,最终的结果只能是对词这种文体的破坏。他的一些隐括词、集句词、嵌字词、回文词、谈禅说理词,游戏笔墨,情意俱欠,已经出现了这样的倾向。到了他的后来者,便将这一步走完了。

南宋人仇远云："又怪陋邦腐儒，穷乡村叟，每以词为易事。酒边兴豪，即引纸挥笔，动以东坡、稼轩、龙洲自况。"（《玉田词题辞》，《山中白云词》附，中华书局，1983 年）我们尽可以把责任归于学者不善学之过，像《白雨斋词话》卷一所说的那样："不善学之（此"之"字指辛弃疾——引者），流入叫嚣一派。"（上海古籍出版社，1983 年）或《宋六十一家词选 · 例言》所说的那样："里俗浮嚣之子，亦靡不推波助澜，自托辛、刘，以屏蔽其陋，则非稼轩之咎，而不善学者之咎也。"但是，对于研究词史发展、衍变历程的我们来说，平心而论，苏轼是否也确实起了一些始作俑者的作用呢？扩而言之，对于苏轼所开启的"以诗为词"的创作法门，是否应该给予全面的实事求是的评价呢？当然，对于本文所要讨论的问题而言，这些已属于题外话了。

总之，苏轼最终走上"以诗为词"这条有悖传统的创作道路，除诸种外部原因外，他对柳永所存有的由艳羡到攀比的竞争心理是很重要的一个内部原因。领会了这一内部原因，反过来又能使我们更准确和更真切地把握苏轼对柳永的真实心态。这对研究苏轼和研究柳永来说，都是有意义的。

众所周知，在今天，苏轼和柳永所获得的评价，褒贬毁誉，至为悬殊。可实际上他们二人不但都是影响一代的大家，而且二人之间也正存在着一种复杂微妙的密切联系。柳永对于词史的贡献，人们在单论柳永时尚能有所公论。但将苏、柳联系起来时，柳永便成了苏轼的对立面，他的成就、贡献、地位也随之被淡化、抹杀了。这实在是文学史上一件不大不小的冤假错案。

本文不奢望起到判决报告的作用，如果能为本案最终的公正判决提供一点有用的辩词，就算是达到它的目的了。当然，我知道，这类学术史上的公案，也许根本不会有判决的一天，不论这一判决是公正的也好，冤屈的也罢。

注一：曾慥《高斋诗话》此段记载，迻自清人沈雄《古今词话·词话上卷》（《词话丛编》本）。张宗棣《词林纪事》（成都古籍书店，1982年）卷六有相同记载，亦云出《高斋诗话》。按，《高斋诗话》，郭绍虞先生有考证。《宋诗话考·高斋诗话》（中华书局，1979年）谓："是书不见诸家著录，而如《渔隐丛话》、《野客丛书》、《韵语阳秋》以及《诗人玉屑》、《竹庄诗话》诸书均曾称引。《渔隐丛话》前集成于绍兴18年（1148），则是书之成必在是年以前。初不知撰者为谁，以《韵语阳秋》卷十六有'曾端伯《高斋诗话》之语，始知为曾慥所撰。慥有《高斋漫录》，是书以高斋名，其为曾著无疑。"按曾慥活动于南宋绍兴（1131—1162）年间，绍兴六年（1136）编成《类说》60卷（据《四库全书总目》，中华书局，1983年），绍兴21年（1151）编成《东坡先生长短句》上下二卷，拾遗一卷（收于明吴讷《唐宋百家词》中，据其拾遗卷目录下所附跋语可知）。

此段记载，又见于南宋黄升《花庵词选》卷二，苏轼《永遇乐·夜登燕子楼梦盼盼》题下注，语稍有增益。研究者往往据此称引。例见唐圭璋《宋词三百首笺注》（上海古籍出版社，1979年）、曹树铭《苏东坡词·序论》（台北商务印书馆，1983年）、徐培均《淮海居士长短句》（上海古籍出版社，1985年）及叶嘉莹《论柳永词》（载《灵谿词说》，上海古籍出版社，1987年）等等。然考诸黄升《诗人玉屑·序》（上海古籍出版社，1978年）及《中兴以来绝妙词选·序》（《四部丛刊》本），知黄升南宋淳祐（1241—1252）前后在世。是黄升晚于曾慥百年左右。故使用此段材料，似不当引《花庵词选》。

注二："东坡云"一段，又见于吴曾《能改斋漫录》（上海古籍出版社，1979年）卷16、胡仔《苕溪渔隐丛话》（人民文学出版社，1981年）后集卷33、魏庆之《诗人玉屑》卷21。然皆以为晁补之（无咎）语。考《能改斋漫录》成书于宋高宗绍兴27年（1157，据作者自序），《苕溪渔隐丛话》后集成书于孝宗乾道三年（1167，据作者自序）。《诗人玉屑》成书于理宗淳祐（1241—1252）间（据作者友人黄升序。《四库全书总目》卷195"诗人玉屑"条下云"庆之书作于度宗时"，似误），均为南宋人著作，而赵令畤（1051—1134）与苏轼同时，且与之游，关系友善。《苏轼文集》卷52有与赵书札17通。卷10《赵德麟字说》称其为人“博学而文,笃行而刚”。《侯鲭录》中有关苏轼事颇多,其所记载,当有所据,宜从之。“世言柳耆卿曲俗”云云,应为苏轼之言。

又今人用此语亦多据《侯鲭录》而属之苏轼。叶嘉莹《论柳永词》并谓:“吴曾的《能改斋漫录》卷16亦有相似之记载。只不过将东坡之言记为晁无咎之言而已。但晁氏原为苏门四学士之一,则其所说,或亦有闻之于苏氏之可能。”周策纵《苏轼〈念奴娇〉赤壁词格律与原文试考》(载黄坤尧、朱国藩编《大江东去——苏轼〈念奴娇〉正格论集》,香港中文大学中国文化研究所吴多泰中国语文研究中心,1992年)亦云:“补之少时即受知于东坡,为苏门四学士之一,是此语源于苏,仍有可能。”

《中华文史论丛》第56辑(1998年)

苏轼词辑佚和辨伪的历史考察

苏词版本的系统不算复杂,但不同的本子仍有十数种之多。通过对现存苏词主要版本的稽考比勘发现,历代苏词版本的沿革变迁,同时也是辑佚和辨伪并举的一个历史过程。考察这一历史过程,可以清楚地掌握苏词在历代的流行传布情况,对于今天的辑佚和辨伪工作也能有所帮助。

一

苏词现知的本子,以傅干《注坡词》为最早。此书有北京图书馆藏清抄本、中华书局藏民国间赵尊岳珍重阁抄本(据徐积余藏沈德寿授经楼旧抄本过录)等四种抄本[①]。傅干生平无考,然书前有其叔竹溪散人傅共序。珍重阁本卷首徐积余据《仙溪志》考订,傅共绍兴二年张九成榜特奏名,是则傅干亦当为南宋绍兴间人。洪迈《容斋随笔》卷15:"绍兴初,又有傅洪("洪"当为"干"——引者)秀才《注坡词》,镂版钱塘。"(上海古籍出版社,1978年)可知此书南宋初年既已付梓,时距东坡去世不过数十年。

---

① 刘尚荣先生以前者为底本,整理出版《傅干注坡词》(巴蜀书社,1993年)。昔日撰此文时,该书尚未出版,蒙刘先生惠示手抄珍重阁本,距今10余年矣。作者校时补记,2002年冬日。

虽然如此,傅干编此集时已作了大量的辑佚工作。这应当是经过北宋元祐党争,东坡作品因禁毁而散佚之故。傅共序中称,傅干编注东坡词时广辑散佚之作,“益之以遗佚者百余”。今传抄本内容有残缺,目录尚完全。据清抄本目录统计,《注坡词》凡12卷,收词273首(卷12所收之《调笑令》“渔父渔父”、“归雁归雁”两首原误合为一首)。不足300首中竟有百余首为傅干所辑,可见其时苏词亡佚之严重,亦可见傅干实为保存、传播坡词之第一功臣。可惜今天已无从得悉哪些词是他所辑了。

南宋绍兴年间,又有曾慥所编《东坡先生长短句》一部,上下二卷,拾遗一卷。此书今虽不存,幸为明吴讷(1368—1454)《唐宋名贤百家词》(天津古籍出版社影印天津图书馆藏明红丝栏抄本,1989年)全本收入。从拾遗卷目录下所附曾慥跋语,可知刊版于绍兴21年(1151),较《注坡词》略迟。

编此集时,曾慥同样做了重要的辑佚工作。其跋语云:“《东坡先生长短句》既镂版,复得张宾老所编并载于蜀本者悉收之。”是则现存拾遗一卷均为曾氏辑佚成果。

据《百家词》抄本统计,曾本上卷收词114首,下卷157首,拾遗卷41首。拾遗卷中有八首与前二卷重出,为:《浣溪沙》(勺药樱桃两斗新),见下卷;《醉桃源》(暗香浮动月黄昏),见下卷,调作《阮郎归》;《小秦王》(济南春好雪初晴),又(暮雨收尽溢清寒),又(受降城下紫髯郎),见下卷,调作《阳关曲》;《画堂春》(银塘朱槛曲尘波),见上卷,调作《少年游》;《玉楼春》(知君仙骨无寒暑),见上卷,调作《木兰花令》;《西江月》(旧誉蔼闻京口),见上卷,文字出入较大。是则实辑佚词33首。曾本收词凡304首。

将曾傅二本对勘,曾本前二卷收词271首,均见于傅本。唯傅本更多《浣溪沙》(入袂轻飘不破尘)及《天仙子》(走马探花花发未)二首。而前一首实见于曾本拾遗卷。是则傅本多曾本《天仙子》一首,而曾本多傅本32首(即拾遗卷33首中减去“入袂轻飘”一首),此32首即曾本在傅本辑佚基础上增补的佚词。它们是:《渔家傲》(些小白须何用染),《江城子》(银涛无际卷蓬瀛),又(前瞻马耳九仙山),又(墨云拖雨过西楼),又(南来飞燕北归鸿),《南乡子》(未倦长卿游),又(绣鞅玉镮游),《菩萨蛮》(娟娟侵鬓妆痕浅),又(涂香莫惜莲承步),又(玉镮坠耳黄金饰),《蝶恋花》(别酒劝君君一醉),又(泛泛东风初破五),《浣溪沙》(几共查梨到雪霜),又(山色横侵蘸晕霞),《减字木兰花》(神闲意定),又(银铮旋品),又(柔和性气),又(莺初解语),又(江南游女),又(娇多媚煞),又(双鬟绿坠),又(天真雅丽),《南歌子》(见说东园好)、《如梦令》(城上层楼叠巘),《瑞鹧鸪》(城头月落尚啼乌),《临江仙》(谁道东阳都瘦损),《少年游》(玉肌铅粉傲秋霜),《沁园春》(小阁深沉),《一斛珠》(洛城春晚),《点绛唇》(闲倚胡床),又(红杏飘香),《虞美人》(持杯遥劝天边月)。

元代延祐七年(1320)叶曾刻《东坡乐府》(云间南阜书堂本),为今存最早的苏词刻本。据叶曾自序,乃其“用家藏善本,再三校正”而成。此本上下二卷,共282首(其中《调笑令》二首原误作一首)。用元本与傅本相较,元本全录傅本所收之词,又多傅本九首。而此九首亦为曾本上下二卷及拾遗卷均所不载,可视为叶曾编《东坡乐府》时新辑得之佚词。其目为:《满庭芳》(归去来兮,清溪无底),《南乡子》(千骑试春游)、《浣溪沙》(缥缈红妆照浅溪),又(阳羡姑苏已买田),《减字木兰花》(空床响琢),又(回风落景),又(海南奇宝),《行香子》(北望平川),《画堂春》(柳花飞处麦摇波)。

值得说明的是，与曾本比较，元本收词虽有曾本所不载者，但总数却较曾本为少。后出转少，是因为曾本多拾遗一卷。而赵万里先生元本跋语（见古典文学出版社影印元本《东坡乐府》卷尾，1957 年），谓元本原亦应有此拾遗一卷。何由知之？明毛晋汲古阁刻《东坡词》凡调下注“元刻逸”或“元刻不载”诸作，如《好事近》（烟外倚危楼）一阕、《玉楼春》（元宵似是欢游好）等三阕、《临江仙》（昨夜渡江何处宿）一阕、《蝶恋花》（记得画屏初会遇）等五阕、《渔家傲》（临水纵横回晚鞚）一阕等等，此本均未收，知毛氏所谓元刻，即为此本。曾编拾遗卷所收 41 首，毛本除《江城子》（南来飞燕北归鸿）一阕系秦观作，不复出外，其余 40 首均散编各调下，未注“元刻逸”或“元本不载”字样，可证毛氏所见元本，当有此拾遗 41 首，今传本乃因年久而失去。

明代万历年间，茅维编《东坡先生全集》（文盛堂藏版）75 卷，末二卷收词 320 首。卷末附曾慥跋语，又词调编排顺序及同调内各首词排列次序悉同曾本，可知乃以曾本为基础编成。其中“济南春好雪初晴”一首以《阳关曲》和《小秦王》调重出，“暗香浮动月黄昏”一首以《阮郎归》和《醉桃源》重出，故实收词 318 首。

取茅本与曾本校，茅本多曾本 14 首。除《满庭芳》（归去来兮，清溪无底）及《行香子》（北望平川）已见于元本外，余 12 首均为茅维新增补的佚词。目如次：《念奴娇》（凭高眺远），《南歌子》（云鬓裁新绿），《蝶恋花》（春事阑珊芳草歇），《虞美人》（冰肌自是生来瘦），又（深深庭院清明过），又（落花已作风前舞），《祝英台近》（挂轻帆），《浣溪沙》（花满银塘水漫流），又（玉腕冰寒滴露华），《瑶池燕》（飞花成阵），《浪淘沙》（昨日出东城），《占春芳》（红杏了）。

明代后期，焦竑批点《苏长公二妙集》（徐氏曼山馆刊本）22

卷,末二卷为《东坡先生诗余》。前卷收词135首,后卷202首(其中《调笑令》仍误作一首)。然“暗香浮动月黄昏”一首以《阮郎归》和《醉桃源》调重出,故实收词336首。

焦本以茅本为基础编成,与茅本比勘,焦本缺《沁园春》(小阁深沉)一首,增补新辑得之佚词凡19首:《水龙吟》(小沟东接长江),又(露寒烟冷蒹葭老),《满庭芳》(北苑龙团),《雨中花慢》(邃院重帘何处),又(嫩脸修蛾),《木兰花令》(元宵似是欢游好),又(经旬未识东君信),又(高平四面开雄垒),《临江仙》(昨夜渡江何处宿),《渔家傲》(临水□□回晚控),《好事近》(烟外倚危楼),《江神子》(腻红匀脸衬檀唇),《蝶恋花》(记得画屏初会遇),又(昨夜秋风来万里),又(帘幕风轻双语燕),又(梨叶初红蝉韵歇),又(玉枕冰寒消暑气),又(雨霰疏疏经泼火),又(蝶懒莺慵春过半)。

明万历36年(1608)《重编东坡先生外集》(康丕扬刻本)86卷,卷82至85选收坡词,凡162首。其中有三首不见此前各本:《沁园春》(情若连环),《定风波》(痛饮形骸骑蹇驴),《殢人娇》(解了痴绍)。

明末,毛晋刻《宋六十名家词》(汲古阁刻本),中收《东坡词》不分卷,据卷后跋语,知以“金陵本子”即焦本为底本,又以元本作校本编成,共收词329首(其中《调笑令》亦误为一首)。收词数少于底本,乃因有定为伪作而删去者。毛氏自己所辑补者仅三首:《浣溪沙》(晚菊花前敛翠娥),《意难忘》(花拥鸳房),《永遇乐》(天末山横)。

民国初年,朱祖谋先生编《彊村丛书》(1922年第三次校补本),中有《东坡乐府》三卷,其《凡例》云:“(元本)中有十首为汲古所未载,而汲古多于元刻者六十一首。今以元刻为主,毛本异文著于词后,元刻之确为讹缺者则依毛本正之。"然据实统计,元本中有13首为汲古阁毛本未载(其中删五首,漏载八首),而毛本多于元刻者仅60首。朱本删元本六首(依毛本删五首,又列《水调歌头》"离别一何久"入附录),实收276首。又从诗集添入元本、毛本俱无者五首,加上毛本多于元本者59首(删毛本《瑶池宴》一首),共收词340首(卷一106首,卷二98首,卷三136首)。自诗集所辑五首为:《渔父》(渔父饮),又(渔父醉),又(渔父醒),又(渔父笑),《醉翁操》(琅然)。

1936年,龙榆生先生出版《东坡乐府笺》(商务印书馆)三卷,凡344首(卷一106首,卷二100首,卷三138首)。龙笺以朱本为底本,唯增朱本定为伪作而删之词四首:《瑶池燕》(飞花成阵),《浣溪沙》(风压轻云贴水飞),《点绛唇》(醉漾轻舟),又(月转乌啼),余全同。然此四词已见前列各本,故龙本实未辑得佚词。

1965年,唐圭璋先生新版《全宋词》(中华书局)问世。内中所收坡词乃综合各本并多方辑佚而成,收词350首,居各家之冠。不见于各本而为其辑补之词为:《奉安神宗皇帝御容赴景灵宫导引歌词》(帝城父老),《迎奉神宗皇帝御容赴西京会圣宫应天禅院奉安导引歌词》(经文纬武),《千秋岁》(岛边天外),《减字木兰花》(凭谁妙笔),《菩萨蛮》(湿云不动溪桥冷),《踏青游》(□火初晴),《阮郎归》(歌停檀板舞停鸾),《西江月》(马趁香微路远),《踏莎行》(山秀芙蓉),又(这个秃奴),《鹧鸪天》(罗带双垂画不成),《西江月》(碧雾轻笼两凤),凡12首。又辑断句11条:《失调名》(高安更过几重山),又(过湖携手屡沾襟),又(谁教幽梦里,插他花),又(拚沉醉,金荷须满。怕年年此际,催归禁籞,侍黄柑宴),又(寂寂珠帘蛛网满),《定风波》(闲卧藤床观社柳),又(子瞻书困点新茶),

又(唤起离情,慵推孤枕),又(山头望,波光泼眼),《水调歌》(我歌月徘徊,我舞影凌乱),《失调名》(揭起裙儿,一阵油盐酱醋香)。

1983 年,澳门学者曹树铭先生再版校笺本《苏东坡词》(台湾商务印书馆)。此本以龙本作底本,校以元本、毛本、朱本等。其所增补而为其他各本不载的词有 11 首:《履霜操》(桓山之上),《木兰花令》(乌啼鹊噪昏乔木),又(春云阴阴雪欲落),又(垂柳阴阴日初永),又(新愁旧恨眉生绿),又(霜叶萧萧鸣屋角),《忆江南》(楚水别来十载),又(湖目也堪供眼),又(人在画屏中住),又(生计曾无聚沫),又(弱累已偿俗尽)。

以上所述,即现今所存各本苏词收词以及辑佚情况。从中可以看出,凡后出之本相对于前本,收词多有增加,辑佚多有所获,于苏词之保存与传布,功莫大焉。但其中并非没有问题。有些本子后出,较前本虽有辑补,前本之词失收者亦有之。究其原因,除因辨伪而有意拒收外,恐实属搜辑不广或粗心大意而遗漏。

比如元本中有 13 首为毛本不载,其中仅五首注明为他人之作而删,余八首自当视为毛本漏收。即《减字林兰花》(空床响琢),《画堂春》(柳花飞处麦摇波),《浣溪沙》(缥缈红妆照浅溪),《南乡子》(千骑试春游),《浣溪沙》(阳羡姑苏已买田),《减字林兰花》(回风落景),又(海南奇宝),《天仙子》(走马探花花发未)。毛本所以漏收,盖在其以"金陵本子"即焦本为底本,而焦本以及与之同系统的茅本又均据曾本而来,曾本在元本前,无此八首。然焦本、茅本与毛本失收情况尚有不同,焦茅二氏殆因其未见元本,而毛本明明以元本作校却致漏收。前引赵万里先生元本跋语谓"毛本编刊时未将此本细细对看","疏误百出",实非无据之语也。

然而,历代编纂坡词者更严重的问题还不在辑佚不全,而在辨伪不严。辨伪虽为人们素所留心，但兹事复杂，以一人之力往往难以周全。

二

由于东坡文名宏大，伪造或窜易其作品的情况在其生前已经出现。观本集《答刘沔都曹书》："世之蓄轼诗文者多矣，率真伪相半，又多为俗子所改窜，读之使人不平。"（《苏轼文集》卷49，中华书局，1986年）及《答陈传道》："某方病市人逐于利，好刊某拙文。……今所示者，不唯有脱误，其间亦有他人文也。"（卷53）可知。伪造改窜者不限诗文，词亦如此。所以对其词作的真伪之辨同样在其生前就已开始。

如《醉落魄》（醉醒醒醉）一词。此词傅、曾、元、焦各本均加收录，然黄山谷《醉落魄·陶陶兀兀》词序却云："此曲亦有佳句，而多斧凿痕，又语高下不甚入律。或传是东坡语，非也。与'蜗角虚名'、'解下痴条'之曲相似，疑是王仲父作。"（上海古籍出版社影印博古斋影明汲古阁《宋六十名家词》本，1989年。又见《能改斋漫录》卷17引）以其语出山谷，颇得后人重视。《全宋词》即因之于东坡及王仲甫名下两收之，不作决断，以示存疑。

又如《虞美人》（波声拍枕长淮小）。此词各本亦收录，然又有传为贺铸作者。《冷斋夜话》辨云："（坡）与少游维扬饮别，作《虞美人》曰（略）。世传此词是贺方回所作，虽山谷亦云。大观中于金陵见其亲笔，醉墨超放，气压王子敬，盖东坡词也。"（《苕溪渔隐丛话》前集卷50引，人民文学出版社，1981年。今本无）傅本、曾本、焦本均在调下注引此段，遂成定论。唯王文诰《苏文忠公诗编注集成总案》卷24云:“此词作於淮上,词意甚明,而《冷斋夜话》以为维扬饮别者,误。”(巴蜀书社影印清嘉庆刻本,1985年)虽系时不同,以之为坡词固无异议。

还有些词,为真为伪,争议颇大,久不能决,反映出人们对苏词的特殊关心和爱护,可称为苏词辨伪史上的佳话。

如《戚氏》(玉龟山)一词。苏轼门人李之仪《姑溪居士文集》卷38有《跋戚氏》一文云:

> 元祐末,东坡老人自礼部尚书以端明殿学士加翰林院(原本作“除”,据文意改)侍读学士,为定州安抚使。开府延辟,多取其气类,故之仪以门生从辟,而蜀人孙子发实相与俱。于时海陵滕兴公,温陵曾仲锡为定倅。五人者,每辨色,会于公厅领所。事竟,按前所约之地,穷日尽欢而罢。或夜,则以晓角动为期。方从容醉笑间,多令官妓随意歌于坐侧,各因其谱,即席赋咏。一日,歌者辄于老人之侧作《戚氏》,意将索老人之才于仓卒,以验天下之所向慕者。老人笑而颔之。邂逅方论穆天子事,颇摘其虚诞,遂资以应之。随声随写,歌尽篇就,才点定五六字尔。坐中随声击节,终席不间他辞,亦不容别进一语。临分曰:“足以为中山一时盛事,前固莫与比,而后来者未必能继也。”方图刻石以表之而谪去,宾客皆分散。政和壬辰八月二十日夜,葛大川出此词于宁国庄,姑溪居士李之仪书。(《丛书集成初编》本)

当时人书当时事,该无疑问矣。是又不然。南北宋之交的费衮《梁谿漫志》卷九谓:

> 予尝怪李端叔谓东坡在中山,歌者欲试东坡仓卒之才,于其侧歌《戚氏》,坡笑而颔之。……然予观其词,有曰“玉龟

> 山，东皇灵媲统群仙"，又云"争解绣勒香韀"，又云"銮辂驻跸"，又云"肆华筵，闲作翠管鸣弦，宛若帝所钧天"，又云"尽倒琼壶酒，献金鼎药，固大椿年"，又云"浩歌畅饮"、"回首尘寰"、"烂漫游、玉辇东还"。东坡御风骑气，下笔真神仙中语。此等鄙俚猥俗词，殆是教坊倡优所为，虽东坡灶下老婢亦不作此语，而顾称誉若此，岂果端叔之言邪？恐疑误后人，不可以不辨。（上海古籍出版社，1985年）

后来又有陆游不同意此说，在《老学庵笔记》卷九中云：

> 东坡先生在中山作《戚氏》乐府词，最得意。幕客李端叔跋三百四十余字，叙述甚备。欲刻石传后，为定武盛事。会谪去不果。今乃不载集中。至有立论排诋，以为非公作者。识真之难如此哉！（中华书局，1979年）

至金代观点仍不能统一，绛人孙镇《东坡乐府注》以为伪作，元好问则反之，编《东坡乐府集选》将其收入，然又因孙镇之论，列于卷末。云：

> "玉龟山"一篇，予谓非东坡不能作。孙以为古词删去之，当自别有所据，姑存卷末，以候更考。（《东坡乐府集选引》，《遗山先生文集》卷36，《四部丛刊》本）

是又首鼠两端，自疑不决矣。

由此可见，苏轼曾谓"识真者少"，其言诚为不谬也。

虽然如此，历代编辑苏词者大都留意辨伪之事。他们在广搜佚词的同时，也努力做到删伪存真。虽然难免有删伪不尽和不伪而删的情形，但他们的许多辨伪成果为今人接受，为苏词研究作出了很大贡献。

现存最早的东坡词集《注坡词》，作者傅干在注释坡词之前，便作过一番整理工作。除“益之以遗佚者百余”外，又“削其附会者数十”。傅共序中记下了部分经他定为伪作而删去的篇目，有《更漏子》（柳丝长）、又（春夜阑）、《鹊踏枝》（一霎秋风）、又（紫菊初生）等。此四词唐圭璋先生《全宋词》本已据之定为“确知其误者”而归入存目。惜乎傅氏删削未尽，集中仍窜入苏辙《水调歌头》（离别一何久）及黄庭坚《鹧鸪天》（西塞山边白鹭飞）两首。

曾慥编《东坡先生长短句》，最大功绩在于保存了“张宾老所编并载于蜀本”之词，即今日所见“拾遗”一卷。但曾编此集似嫌草率，不仅表现在疏于检核，拾遗卷中有八首与前二卷重出，更表现在他只注重辑佚，而忽略辨伪。上述苏辙、黄庭坚二词既仍羼入，所辑32首佚词中又混入叶梦得《江城子》（银涛无际卷蓬瀛）、秦观《江城子》（南来飞燕北归鸿）、无名氏《沁园春》（小阁深沉）凡三首。

金代，孙镇作《东坡乐府注》，事先也对当时流行的坡词加以甄别。据元好问《东坡乐府集选引》：

> 绛人孙安常（镇——引者）注坡词，参以汝南文伯起《小雪堂诗话》，删去他人所作《无愁可解》之类五十六首。其所是正处无虑数十百处，坡词遂为完本。

56首之数可谓不小，可惜除《无愁可解》（百景百年）及前述《戚氏》（玉龟山）二词外，无从得知其所删者为何。《无愁可解》乃陈慥词，确非坡作，见《山谷题跋》卷九，《全宋词》已移编陈慥名下。

又据元氏《引》文，元好问据孙注本录取75首，编成《东坡乐府集选》。此本与孙本俱佚，详情难知。然《引》中称《沁园春》（孤馆灯青）一篇，“极害义理，不知谁所作，世人误为东坡，而小说家又以神宗之言实之，云神宗闻此词不能平，乃贬坡黄州，且言教苏某闲处袖手，看朕与王安石治天下。安常不能辨，复收之。集中如‘当时共客长安，似二陆初来俱妙年。有胸中万卷，笔头千字，致君尧舜，此书（“书”字据苏词各本当作“事”——引者）何难。用舍由时，行藏在我，袖手何妨闲处看’之句，其鄙俚浅近，叫呼炫鬻，殆市驵之雄，醉饱而后发之。虽鲁直家婢仆且羞道，而谓东坡作者，误矣。”可知元氏在孙氏辨伪 56 首之外，至少又添此一首。然元氏辨伪无据，此词南宋傅藻《东坡纪年录》及苏词各本皆载，后人评价甚高，皆以元氏所辨为非是。

今本元刊《东坡乐府》，因所附拾遗卷佚去，无从得知其中有否伪作。唯卷上亦收入苏辙《水调歌头》、陈慥《无愁可解》、黄庭坚《鹧鸪天》三词，自当删去。

明代茅、焦二本，在辑佚方面成绩斐然。毛晋汲古阁本长期流行，收词较傅、元、曾各本为多，人皆以为毛氏之功，其实均从二本而来。其所增补者仅三首，且尽是伪作。然二本于辨伪之事用力亦不甚勤。虽然无名氏《沁园春》（小阁深沉）一首，茅本列作附录，焦本径自删去，然其他伪作却既未遑删削（如前举苏辙《水调歌头》、陈慥《无愁可解》、黄庭坚《鹧鸪天》三首、叶梦得《江城子》、秦观《江城子》），所增佚词中又羼入了新的伪作。茅本所辑词中有《虞美人》（落花已作风前舞），系叶梦得词；《浣溪沙》（玉腕冰寒滴露华），系晏殊词。焦本除沿续此二首外，新增词中又有《满庭芳》（北苑龙团），黄庭坚作；《蝶恋花》（帘幕风轻双语燕），又（梨叶初红蝉韵歇），又（玉枕冰寒消暑气），晏殊作。此皆辨伪不力之具体表现。

与焦本同时的《重编东坡先生外集》，虽仅选收词 162 首，然亦沿前本误收《满庭芳》（北苑龙团）、《沁园春》（小阁深沉）、《蝶恋花》（帘幕风轻双语燕）、又（梨叶初红蝉韵歇）、又（玉枕冰寒消暑气)诸首。而为其新增补之三首作品《沁园春》(情若连环)、《定风波》(痛饮形骸骑蹇驴)、《殢人娇》(解了痴绍),真伪亦难确定。后二首尤为可疑。《定风波》一首,调下又有"《阑畹集》云王圣与作,未知孰是"云云;《殢人娇》一首,黄山谷《醉落魄》(陶陶兀兀)序以为非坡作,故《全宋词补辑》均列为无名氏作,唯《沁园春》一首归入苏轼名下。

值得注意的是,此前各本误收的另外一些词作,苏辙《水调歌头》、陈慥《无愁可解》、黄庭坚《鹧鸪天》、叶梦得《江城子》、秦观《江城子》、叶梦得《虞美人》、晏殊《浣溪沙》等,《外集》均未收入。因其本为选本,故难断知是否以为伪作而删。然坡集中《水调歌头》凡五首,《外集》录四首,唯混入之苏辙一首不录,从中似可见其有意删伪之意。

明末,毛晋汲古阁本《东坡词》出。毛氏于辨伪之事似颇留意,卷末《跋》语云:"东坡诗文不啻千亿刻,独长短句罕见。近有金陵本子,人争喜其详备。多混入欧、黄、秦、柳作,今悉删去。"然揆诸实际,除晏殊《浣溪沙》(玉腕冰寒滴露华)、黄庭坚《鹧鸪天》(西塞山边白鹭飞)、晏殊《蝶恋花》(帘幕风轻双语燕)、又(梨叶初红蝉韵歇)、秦观《江城子》(南来飞燕北归鸿)、黄庭坚《满庭芳》(北苑龙团)数首当删而删外(其中《满庭芳》作者黄庭坚误为秦观),当删不删和不当删而删的情况都很突出。当删而未删之词是:叶梦得《虞美人》(落花已作风前舞)、晏殊《蝶恋花》(玉枕冰寒消暑气)、叶梦得《江城子》(银涛无际卷蓬瀛)、苏辙《水调歌头》(离别一何久)、陈慥《无愁可解》(光景百年)。更严重的是,毛氏新补入的三首词《浣溪沙》(晚菊花前敛翠娥)、《意难忘》(花拥鸳房)、《永遇乐》(天末山横),分别是朱敦儒、程垓、叶梦得所作,不当收入。不当删而删之词是:《点绛唇》(醉漾轻舟),又(月转乌啼),《浣溪沙》(风压轻云贴水飞),《醉落魄》(醉醒醒醉)。

按此四词,前二首毛注云:"考'醉漾轻舟',又'月转乌啼',俱系秦淮海作。或云此二词东坡有手迹流传于世,遂编入东坡词。然亦安知非秦词苏字耶?今依宋本删去。"然二词傅本及曾本均赫然在目,不知毛氏所谓"宋本"者何指。傅本见卷八,词后注云:"洪甫云,亲见东坡手迹于潮阳吴子野家。"曾本见卷下,调下注同此。故龙榆生《东坡乐府笺》卷三据之补入。然二词确又见于宋本《淮海居士长短句》,故《全宋词》两收之。《浣溪沙》一词,毛氏谓李后主作,然傅、曾二本亦均收入。唯明嘉靖戊戌分类本《草堂诗余》卷上及明陈耀文所编《花草粹编》卷二作中主李璟(非后主煜)词。故龙本虽疑之,仍录入。《全宋词》则明谓作李璟词误。《醉落魄》词已见前述,不赘。总之,此四词真伪尚难确定,径删之未免武断。

顺带一提,《四库全书总目》卷198"东坡词"条批评毛本"刊削尚有未尽者"(中华书局,1983年),诚然。然所举之例乃《阳关曲》三首,谓其非词而诗,"收之词集,未免泛滥"。是又不妥。《阳关曲》自当为词,苏词各本及《词律》、《词谱》均无异议。不得因其编于诗集而以非词视之。

1910年,朱祖谋校笺《东坡乐府》三卷,虽于《凡例》中专条论及辨伪之事,然其唯毛本是依,疏误亦多。该本依毛本删去元本中词五首,除《鹧鸪天》(西塞山边白鹭飞)外,其余《点绛唇》等四首已见上述,均不当径删。同时,朱氏又将毛本多于元本之词60首几乎尽数收入(唯删《瑶池燕》一首),因而前举毛本当删未删之词数首,包括毛氏本人误补三首亦均阑入(其中唯苏辙《水调歌头》列作附录)。

朱氏辨伪亦有谨慎一面。其《凡例》云："《意难忘》之'花拥鸳房'，《雨中花慢》之'邃院重帘'、'嫩脸修蛾'二首，不类坡词，苦无显证。"因"无显证"而仍之，较之后人态度持稳；又据本集证《瑶池燕》（飞花成阵）为伪作而删去，亦颇允当。

按《瑶池宴》一词，出北宋赵令畤《侯鲭录》卷三：

> 东坡云："琴曲有《瑶池宴》，其词不协，而声亦怨咽。变其词作《闺怨》寄陈季常云：'此曲奇妙，勿妄与人。'"

宋本、元本均不载，至明茅本始据之载入。焦本、毛本沿之。茅本、焦本调下均注："《侯鲭录》：'东坡云，琴曲有《瑶池宴》，变其词作《闺怨》，赠陈季常。"毛本删前六字，遂成词序。《东坡乐府笺》、《全宋词》亦据《侯鲭录》补入。

然此词曾慥《乐府雅词》拾遗卷上收入，作者标廖正一（明略）。如前所述，曾慥编《东坡先生长短句》，且于辑佚用力甚勤，至于阑入伪作不少。而其不以《瑶池宴》为坡作者，必有所据。更有说者，东坡《杂书琴曲赠陈季常》："琴曲有《瑶池宴》，其词既不甚佳，而声亦怨咽。或改其词作《闺怨》云（词略）。此曲奇妙，季常勿妄以与人。"（《苏轼文集》卷71）与《侯鲭录》比勘，知其所载"东坡云"一段即出此节，然删去"或改其词"中至关紧要之"或"字，遂成东坡作《闺怨》矣。东坡此文，《苕溪渔隐丛话》前集卷16曾加引用，"改其词"前亦有"或"字，此又可为《侯鲭录》之误添一佐证。

清人张德瀛《词征》卷五云："东坡《瑶池宴》词，《侯鲭录》及《古今乐录》并载焉。曾伯端（慥）以为廖明略作者，误也。"（《词话丛编》本，中华书局，1986年）然据清沈雄《古今词话·词辨上卷》（《词话丛编》本）所引《古今乐录》引此段亦作"或改之别作《闺怨》"（唯将东坡语误作黄庭坚），非东坡作甚明。不知张氏何所据而出此言。

龙榆生《东坡乐府笺》以朱本为底本，补入朱本所删六词中的四首：《瑶池燕》（飞花成阵）、《浣溪沙》（风压轻云贴水飞）、《点绛唇》（醉漾轻舟），又（月转乌啼）。后三首（包括未补入的《醉落魄》“醉醒醒醉”一首）诚当恢复，前一首则可别议。龙本的最大问题是未对朱本所收词先作甄别，故朱本沿毛本所收七首他人之作亦均如数收入。

《全宋词》本在各本之中后出，于订伪之事极有发明。该本将此前各本窜入之晏殊、苏辙、秦观、黄庭坚、陈慥、叶梦得、程垓、无名氏等十余词尽皆删归“存目”，可谓对长期混行于苏词中伪作的一次大清扫。可惜袪疑除伪的同时又收入不少伪作，这可能与《全宋词》的编纂动机有关。该书《凡例》开篇即云：“是编旨在汇辑有宋一代词作，供研究工作者参考之资，故网罗散失，虽断章零句，亦加摭拾。”所以其于多方搜得之佚词残句无不珍视，以至明知可疑亦一并阑入。

《全宋词》本所增12首苏词中，据《全芳备祖》所补《菩萨蛮》（湿云不动溪桥冷）一首，附注云：“案此首亦见朱淑真《断肠词》，但《断肠词》颇多讹误，疑以《备祖》所载为是。”而朱淑真词中又列入。《订补附记》中朱希真互见词下又谓：“朱淑真作，见《断肠词》。”可见又定为朱作矣。据《事林广记》所补《踏莎行》（这个秃奴）一首，附注云：“案《事林广记》所载多出傅会或虚构，此首未必为苏轼作。”据《词林万选》所补《鹧鸪天》（罗带双垂画不成）和据杨金本《草堂诗余》所补《西江月》（碧雾轻笼两凤）两首，附注云：“案此二首疑非苏轼作。”查《全宋词·凡例》：“明人选本如《词林万选》、《续草堂诗余》等，载苏轼、黄庭坚、杜安世、谢逸佚词，迹属可疑,然文献不足,无从断其真伪。凡此亦径行收入其人名下,不注存疑。"上二首显然即属此类。据《全芳备祖》所补《踏青游》(□火初晴)一首,朱本《凡例》已定为"托名公作",当无疑义。据《东坡内制集》所补《奉安神宗皇帝御容赴景灵宫导引歌词》及《迎奉神宗皇帝御容赴西京会圣宫应天禅院奉安导引歌词》两首,决非词体,收入词集,殊觉不当。至于其所辑补之断章残句,疑伪更多,不遑备述。

曹树铭先生校编《苏东坡词》,于各本之中最重辨伪之事。该本对朱本和《全宋词》本明知伪作或迹属可疑,却因"文献不足"、"苦无显证"而仍之的作法深致不满,主张"宁严毋滥"、"凡在意境方面与东坡之为人及东坡词不类者,尤其现已阑入之伪作,必须竭忠尽智,予以揭发"(《新增校编说明》)。本此精神,他将36首词作定为伪作,编入附录"误入词",并认为此类词"俱可删削,然兹事体大,未便专擅,为保存龙本及现存各本之面目起见,目前仅为不删削之删削"。其目为:《蝶恋花》(别酒劝君君一醉),《雨中花慢》(邃院重帘何处),又(嫩脸羞蛾),《三部乐》(美人如月),《乌夜啼》(莫怪归心速),《临江仙》(昨夜渡江何处宿),《定风波》(莫怪鸳鸯绣带长),《菩萨蛮》(娟娟侵鬓妆痕浅),又(涂香莫惜莲承步),又(玉镮坠耳黄金饰),《浣溪沙》(山色横侵蘸晕霞),《浣溪沙》(晚菊花前敛翠蛾),又(风压轻云贴水飞),《南歌子》(笑怕蔷薇罥),《江城子》(墨云拖雨过西楼),又(腻红匀脸衬檀唇),《蝶恋花》(记得画屏初会遇),又(昨夜秋风来万里),又(玉枕冰寒消暑气),又(雨霰疏疏经泼火),又(蝶懒莺慵春过半),《行香子》(三入承明),《点绛唇》(红杏飘香),又(醉漾轻舟),又(月转乌啼),《虞美人》(冰肌自是生来瘦),又(深深庭院清明过),《诉衷情》(小莲初上琵琶弦),《意难忘》(花拥鸳房),《菩萨蛮》(落花闲院春衫薄),又(火云凝汗挥珠颗),又(峤南江浅红梅小),又(翠鬟斜幔云垂耳),又(柳庭风静人眠昼),又(井桐双照新妆冷),又(雪花飞暖融香颊)。

曹先生辨伪的指导思想乃在"意境方面与东坡之为人及东坡词"相类与否。考其定为伪作的 36 首词中,"按此词意境与东坡词不类,断非东坡所作,今移列误入词"之类断语不少,又有"铭意旁证不如径从文字意境直寻"之论。这就难免主观臆断,造成"扩大化"的弊端。我们不应忘记元好问对《沁园春》(孤馆灯青)的大加挞伐,那就是"铭意旁证不如径从文字意境直寻"的前车之鉴。

另外,曹氏辑补佚词 11 首。除《木兰花令》(乌啼鹊噪昏乔木)外,其余 10 首均据诗集补入。然《履霜操》、《忆江南寄纯如五首》于词律无征,决非词体。《四时词四首》与《木兰花令》不合,是否词作,亦可怀疑。

通过上面的考察可以知道,历代苏词整理和纂集者对苏词的辨伪是卓有成效的,但其中漏删与滥删者亦复不少。有些词作真伪难明,在没有确凿证据前,存疑可,轻下断论则不可。辨伪的目的既是为文学研究提供一个可靠真实的对象,就应该尽量避免主观用事,否则,很可能与这一目的背道而驰。

《文献》1992 年第三期

“以诗为词”的判断标准

一

“以诗为词”这一命题最早针对苏轼提出，见于“苏门六君子”之一陈师道的《后山诗话》：

> 退之以文为诗，子瞻以诗为词，如教坊雷大使之舞，虽极天下之工，要非本色。（《历代诗话》本，中华书局，1982 年。注一）

自此以后，苏轼“以诗为词”，改变传统词的创作道路，成为词学史上公认的观点。

公认不等于赞同。对这种做法，自苏轼同时代开始，就有否定和肯定两种态度。

总的看来，在苏轼的当时及稍后，以否定“以诗为词”的人居多。否定的人中包括了“以诗为词”的提出者陈师道本人，他以“要非本色”四字表明了自己的立场。名列“苏门四学士”的晁补之、张耒以及当时的普遍舆论也对此加以规讽。前者见于《王直方诗话》的记载：

> 东坡尝以所作小词示无咎、文潜，曰：“何如少游？”二人皆对云：“少游诗似小词，先生小词似诗。”（《苕溪渔隐丛话》前集卷 42，人民文学出版社，1981 年）

后者则据《后山诗话》所引“世语”之论：

> 世语云：“苏明允不能诗，欧阳永叔不能赋；曾子固短于韵语，黄鲁直短于散语；苏子瞻词如诗，秦少游诗如词。”（《苕溪渔隐丛话》前集卷38亦据该书载入）

至如随后的李清照公开强调诗词分畛，进一步正面打出词“别是一家”（《苕溪渔隐丛话》后集卷33引）的主张，则是词学史上众所周知的事实。

大约从南宋初年开始，情况发生变化。活动在高宗绍兴年间（1131—1162）的王灼为苏轼“以诗为词”大张其目：

> 东坡先生以文章余事作诗，溢而作词曲。高处出神入天，平处尚临镜笑春，不顾侪辈。或曰长短句中诗也。为此论者，乃是遭柳永野狐涎之毒。诗与乐府同出，岂当分异。
>
> 长短句虽至本朝盛，而前人自立，与真情衰矣。东坡先生非心醉于音律者，偶尔作歌，指出向上一路，新天下耳目，弄笔者始知自振。今少年妄谓“东坡移诗律作长短句”，十有八九，不学柳耆卿，则学曹元宠，虽可笑，亦毋用笑也。（《碧鸡漫志》卷二，《词话丛编》本，中华书局，1986年）

如果说这两段对批评苏轼“移诗律作长短句”、嘲讽东坡词为“长短句中诗”的人的批评与嘲讽，表现出王灼对“以诗为词”的肯定，透露出其思想中诗词一体的意识，那么它们在后世、尤其在近数十年词学界的一再被称引，则进一步显现了研究者在对待“以诗为词”问题上与这一命题的提出者及其同时人根本相反的一种评价。

这里举出这种评价中具有代表性的一例，出自夏承焘先生数十年前的《评李清照的“词论”——词史札丛之一》：

> 李清照词论里一个主要问题，是北宋末年词和诗分合的

> 问题，这是词史上一个长久争论的问题。这问题起于苏轼；他继承欧、梅改变文风诗风之后，崛起而改变词风，他打破诗词的界限，一举而为词拓境千里！而当时纷纷落后保守的文士，却强调“尊体”之说，拿“教坊雷大使”的教舞作比喻，讥笑他“虽极天下之工要非本色”（见陈师道《后山诗话》）。这种落后保守的势力在当时相当大，李清照的词论就是这种势力影响之下的产物。（《光明日报》，1959年5月24日）

更激烈的话还在下面两句：

> 在李清照那个时代，词的发展趋势已进入和诗合流的阶段，不合流将没有词的出路。（同上）

王灼的观点在这里被推进到了无以复加的极致。

二

对一种主张、倾向、现象的评价不同，在文学史研究中是十分平常的现象，不足为怪。值得注意的是，对苏轼“以诗为词”这一史实，有人不予承认。郑文焯先生在东坡词《江城子》（梦中了了醉中醒）及《鹧鸪天》（林断山明竹隐墙）的批语中分别写道：

> 读东坡先生词，于气韵格律并有悟到。空灵妙境，匪可以词家目之，亦不得不目为词家。世每谓其以诗入词，岂知言哉！（《大鹤山人词话》，龙榆生据徐积余藏《彊村丛书》本《东坡乐府》郑氏批语辑，载《词学季刊》第一卷第三号，民智书局，1933年）

> 论者每谓坡公以诗笔入词，岂审音知言者？（同上）

仅凭对几首作品的直观感受，便将历代论家对苏词创作总体特色的评论遽尔否认了。这促成我写下这篇文章,以苏轼为例,细致地探讨一下判断“以诗为词”的标准。因为如何评价是一回事,评价前的事实认定又是一回事。前者的主观性较强,后者应当有较为客观的标准。

诗与词是古代两种重要的韵文形式。词后于诗产生,却成为与诗分庭抗礼的最有影响的文学体裁之一。不同的文学体裁,外有不同的形式表征,内有不同的艺术特性,本不易混淆。可对诗词来说,因其种种天然的相近,以及词之为体,其文体特征在发展过程中的移易,彼此之间发生了较之于与其他任何一种文体密切得多的纠互缠绕。这种纠互缠绕给学术工作增添了不少困难。

比如在词总集的编纂中就能看出这种困难。翻开唐圭璋先生的《全宋词》,其《凡例》第二条开端即言:“是编严诗词之辨。”(中华书局,1980 年)张璋、黄畬二先生亦在《全唐五代词·后记》中要求“严诗词之辨”,并困惑于“诗词的分界,各家在去取上,宽严颇不一致”(上海古籍出版社,1986 年)。凡此之类,正表明诗词之间的界限难明。

判断“以诗为词”的标准所以成为问题,也是由于同样的原因——如果诗词界限划然,那就或者不会有“每谓”东坡“以诗入词”的“论者”,或者不会有指摘“每谓”东坡“以诗入词”为“岂知言者”的“论者”。

由此可以看到,判定一个作家是否“以诗为词”,首先要确立判断“以诗为词”的标准。要确立判断“以诗为词”的标准,就无异于要求解决这样一个问题:作为两种不同的文学体裁,诗与词的区别在哪里。“以诗为词”的命题本来是建立在“诗词有别”的观念上的,或者说以“诗词有别”的观念作为前提。

从人类文艺的起点来看,诗乐(包括舞)本为一体,未可分割。随时变迁,徒诗渐兴,与歌诗分离。这样,诗歌发展的天地里便存在了两大系统:语言文学与音乐文学。语言文学不能入乐,不被歌唱,只供案头阅读,是为诗;音乐文学的文辞自然是诗,但职能是配合音乐,加以演播,供人欣赏,是为歌。

从根本上说,“诗”与“词”的区别,也就是语言文学和音乐文学的区别,在于联系声乐与否。问题在于,后人所称为“诗”的,不仅指与音乐无涉的语言文学,还包括了部分原本属于音乐文学范畴的内容,比如《诗经》、汉魏六朝的乐府诗等。在这种情况下,便需再进一步,追究音乐文学内部词与其他入乐歌诗的区别何在。

这样就涉及词的起源问题。一种事物的兴起,必然会有、也必须要有其他事物所不具备的新因素。这种新因素,既是它与其他事物的区别所在,也是其自身出现、形成的标志。在这个意义上,词的起源与诗词之别,实在只是一个问题的两种说法而已。

那么词的起源何在?在于音乐。与其他入乐歌诗的区别何在?在于所入音乐的不同。

历史上各代歌诗所用音乐的情况,由于音乐这门艺术的特殊性,今天已无法复其原而究其详,但其大概之别,仍可从有关记载中获知。宋人沈括《梦溪笔谈》卷五是这些记载中既简明又重要的一条:

> 自天宝十三载始诏法曲与胡部合奏,自此乐奏全失古法。以先王之乐为雅乐,前世新声为清乐,合胡部者为宴乐。(胡道静校证本,上海古籍出版社,1987年)

粗读似有难解之处。比如,雅乐指用于郊庙、祭祀的典礼音乐,显然不可能仅存于“先王”之时,代代内容虽有不同,代代有之自无疑问。又雅乐与俗乐相对，“先王”时既有雅乐，必会有俗乐，《诗经》中的郑卫之音，悦耳娱人，非俗乐为何，何得仅言“以先王之乐为雅乐”？其实沈氏是就各时代官方音乐机关执掌的主要音乐而言。清乐乃魏晋南朝时本土旧有之乐，乐府诗多用之。隋代开始，出现宴乐。宴乐又作“燕乐”，宴饮酬宾之乐也。天子诸侯所用，其名始见于《周礼》[①]。既然如此，当亦各朝皆有之。所以说隋代始出现者，乃以此时宴乐内容发生了较显著的变化，那就是大量引进以“胡乐”统称的众多外乐。

隋代音乐，兼具南北，既有梁陈“吴楚之声”，又有周齐“胡虏之音”[②]。具体说来有九部乐：讌乐、清商、西凉、扶南、高丽、龟兹、安国、疏勒、康国，仅前二种为华夏传统音乐，余皆外来者。入唐以后，高祖武德年间(618—626)尚“因隋旧制，奏九部乐”，至太宗贞观16年(642)始增为十部(见《通典》卷146《乐六·坐立部伎》)。但十部之中，仍只有前二部(燕乐及清乐)为传统旧乐。《唐六典》(中华书局，1992年)卷14载其细目为：燕乐，清乐，西凉，天竺，高丽，龟兹，安国，疏勒，高昌，康国。

外来胡乐与本土音乐的融合，产生出隋唐以来的新型音乐。这种新型音乐，后人即借九部或十部乐中的第一部“燕乐”(宴乐)之名统称之(注二)。前引沈括“合胡部者为宴乐”，即为一例。

新的音乐既已产生，需要配以新的歌辞加以演唱。配合新乐的新歌辞，就是后来蔚成大国的“词”。王灼《碧鸡漫志》卷一称：

---

① 《周礼·春官·磬师》：“教缦乐、燕乐之钟磬。”又《钟师》：“凡祭祀飨食，奏燕乐。”又《笙师》：“凡祭祀飨射，共其钟笙之乐，燕乐亦如之。”(《十三经注疏》本，中华书局，1982年)

② 杜佑《通典》卷142《乐二·历代沿革下》：“隋氏所传南北之乐，梁陈尽吴楚之声，周齐皆胡虏之音。”(中华书局，1984年)

“盖隋以来，今之所谓‘曲子’者渐兴，至唐稍盛。”上文所述就是这段话所包含的历史背景。

由上面简略的陈述可以看出，作为两种不同的文学体裁，“诗”、“词”之间的区别从根本说来仅在音律一项。就词与徒诗来说，在于合不合乐，就词与其他合乐诗（如乐府）来说，在于合什么乐。要之皆是音乐的区别，与后来人讨论“以诗为词”时经常论及的其他诸项如风格、题材等，初无关涉。

还诸词体发展的历史，也可以证明这一点。比如从题材来看，后人常谓诗阔词窄。事实是词在产生的初期，所表现的内容极为广泛，完全不限于以婉约之体，言柔媚之情。早期的歌词，词牌与内容一致的情况较为普遍，那么从唐人崔令钦《教坊记》（涵芬楼据明抄本排印《说郛》本，上海古籍出版社，1989 年）卷 12 所列盛行于开元、天宝年间的三百余首曲名中，可以推想其时歌词反映面的宽广：《拾麦子》写农民，《鱼歌子》写渔父，《赞普干》写番将来朝，《静戎烟》、《叹疆场》反映战争……。而在初期文人词及敦煌词中，这种“推想”成了确凿的实证。初期文人词如李景伯《回波乐》、刘长卿《谪仙怨》、窦弘余《广谪仙怨》、韦应物《调笑令》、戴叔伦《调笑令》、白居易《忆江南》、张志和《渔父》和刘禹锡《竹枝词》等等，皆是其例；敦煌词则可举出两位敦煌学家对所辑敦煌词的两段概括。

王重民先生《敦煌曲子词集·校录》：“今兹所获，有边客游子之呻吟，忠臣义士之壮语，隐君子之怡情悦志，少年学子之热望与失望，以及佛子之赞颂，医生之歌诀，莫不入调。”（商务印书馆，1950 年）任二北先生《敦煌曲初探》第五章《杂考与臆说·内容》：“综观五百余辞内，国计民生所系，人情物理所宣，范围已不为不广：儒释道三教皆唱也，文臣、武将、边使、番酋、侠客、医师、工匠、

商贾、乐人、伎女、征夫、怨妇，……无不有辞也。”（上海文艺联合出版社，1955 年）

请看，“诗”、“词”之别何曾有呢？

所以说，“诗”与“词”的根本区别既在合乐与否，一个词家是否“以诗为词”，混淆了诗词的界限，也即当以此为标准，于音律上求之。而苏轼词究竟是否合乐，虽然代有争论，我则认为“多不入腔”、“多不谐音律”这一类当时人的评价确为事实，堪称定谳[1]。正是使用这一标准，可以判定东坡确属“以诗为词”。

三

然而是否“以诗为词”的含义只限于不协音律一项，若历代论者多从风格、体制诸方面追究诗词之别，并据以确认苏轼“以诗为词”，就是不正确呢？事理又不尽然。

如上所说，诗与词的最初分手是在音乐、具体说来是在燕乐的门口，与其他诸事无关。然而既入燕乐之门，词的其他方面却不得不连带着发生一系列变化。

原因在于，词既成为一种“声学”（刘熙载《艺概·诗概》语，上海古籍出版社，1982 年），既是为配合燕乐而创作，就必须服从于燕乐的需要。这种需要，一在燕乐的律调，一在燕乐的情调。而要服从这两点，自然就不可能再像诗先乐后的《诗经》、采诗入乐的汉乐府，尤其是根本不入乐的徒诗那样随心所欲，而是必然地要在题材、表现手法与方式、风格、外部形式等各方面受到种种的限制

① 参本书《苏轼词的音律问题》一文。

与束缚。

这里且不论词怎样在燕乐以繁复、灵活、曲折为特征的律调的支配下,外部形式从与诗无别的齐言向长短不齐的杂言转化,主要看看词的风格如何为了适应燕乐情调的需要进行调整,并终至与诗由混同到分离,借以说明词在后来的发展中,与诗歌在除音乐之外的文学因素方面也产生了区别,成为了判定"以诗为词"与否的新标准。

燕乐的情调怎样?这要在与它之前的中国本土音乐的比较中才能看得清楚。

隋唐以前,汉魏六朝时的传统音乐是清乐。《隋书·音乐志下》云:"清乐其始即清商三调是也,并汉来旧曲。"(中华书局,1973年)乐调以清雅平和为主,"高祖听之,善其节奏,曰:'华夏正声也'。"(同上)南朝时,吴声、西曲等民歌小调盛行一时,抒情意味较为显著,当时便被人目为"新哇",指为"排斥典正,崇长烦淫","流宕无涯"(《宋书·乐志一》引王僧虔语,中华书局,1987年)。即使这样,其清雅平和的基本特征仍未改变,故杜佑《通典》卷146《乐六·清乐》云:"沈约《宋书》恶江左诸曲哇淫,至今其声调犹然。观其政已乱,其俗已淫,既怨且思矣,而从容雅缓,犹有古士君子之遗风。"

隋代兴起的胡乐却大不相同了。前述隋、唐两代的诸部胡乐中,龟兹一地既是中外音乐融汇的枢纽,龟兹乐本身又是胡乐的精华,最能反映胡乐的特点。从《隋书·音乐志下》关于龟兹乐的一段记载中,可以窥见胡乐特征的一斑:

开皇中,其器大盛于闾闬。时有曹妙达、王长通、李士衡、郭金乐、安进贵等,皆妙绝弦管,新声奇变,朝改暮易,持其音技,估炫公王之间,举时争相慕尚。高祖病之,谓群臣曰:“闻公等皆好新变,所奏无复正声,此不祥之大也。……乐感人深,事资和雅,公等对亲宾宴饮,宜奏正声;声不正,何可使儿女闻也!”

清乐“和雅”,故为“正声”;胡乐“新声奇变,朝改暮易”,便为“不正”。这当然是居于政治教化立场正统保守的观点。殊不知,随时变易,和雅舒缓的清乐正声已逐渐失去活力,代之而起的,正是这具有强大动人力量的“不正”的“胡声”:

琵琶、五弦、箜篌、胡篁、胡鼓、铜钹、打沙罗,胡舞,铿锵镗鎝,洪心骇耳,抚筝新靡绝丽,歌响全似吟哭,听之者无不凄怆。……感其声者,莫不奢淫躁竞,举止轻飚,或踊或跃,乍动乍息,跻脚弹指,撼头弄目,情发于中,不能自止。(《通典》卷142《乐二·历代沿革下》)

大量结合胡乐形成的燕乐,其情调与传统音乐的不同,显然可见。《隋书·音乐志下》责备隋炀帝“大制艳篇,辞极淫绮”。其实在这样“新靡绝丽”、“奢淫躁竞”的乐调下,隋炀帝炮制出的若不是“辞极淫绮”的“艳篇”,反倒是奇怪的事了。

那么,词适应燕乐的这种情调改变自己的文辞风格,在风格上与诗逐渐分道扬镳的变化过程何在?从时间说,在从隋唐到唐末五代;从作者说,在从民间词作到文人词作。完成这种分道扬镳的标志,则在“花间”词风的出现。

取《花间集》与敦煌词及有唐初盛中期文人词相比,其风格的变化是显而易见的。敦煌词、初盛中唐文人词作,其题材既与诗歌同样广泛,风格和诗歌也无明显区别,已见前述。而至“花间”词,则已然形成了与诗风迥不相同的词风。这种词风,后来的人们褒之者称为“婉约”（张綖语，见《诗余图谱·凡例》，北京图书馆藏明刊本）、“清切婉丽”（纪昀语，见《四库全书总目·东坡词》，中华书局，1983年），贬之者呼作“流宕”（陆游《跋〈花间集〉》，《渭南文集》卷30，台北商务印书馆影印文渊阁《四库全书》本，1986年）、“绮罗香泽”（胡寅《向芗林〈酒边集〉后序》，《斐然集》卷19，《四库全书》本），要之既不同于敦煌词、初盛中唐文人词，更有异于历代诗风。因而，它便自然成为分辨诗词之别的一个重要标准。

词这种独特风格的形成，其动因固然是身为燕乐歌辞，不得不与燕乐的情调相配合、相适应；而就其所以能够形成一面而言，又是调动多种手段，着意为之的结果。因为风格本身不是一个实体，是作品命意、取材、设语、选择表现方式等诸种因素综合而后呈现出的一种整体艺术面貌。为了实现上述那种婉丽流宕、含蕴深微的独特艺术风格，自然要求从选择、安排、营造这些因素入手。这样就为词在体制方面带来一系列的规范与限制。

翻翻自宋时兴起的词学专著，从王灼《碧鸡漫志》、张炎《词源》、沈义父《乐府指迷》开始，直到明清人的词论、词话，其中大量充斥着关于句法、字法、制曲、用事、结构、立意等词作技法的论述。随手举一例，在选词造句上，所谓“词中句法，要平妥精粹”（张炎《词源·句法》，《词话丛编》本），“词中一个生硬字用不得”（同前），“短句须剪裁齐整，遇长句须放婉曲，不可生硬”（沈义父《乐府指迷·论造句》，同前），“语欲浑成”（王又华《古今词论》，同前），“句欲敏，字欲捷”（朱承爵《存余堂诗话》，《历代诗话》本），“腐者、哑者、笨者、弱者、粗俗者、生硬者、词中所未经见者，皆不可用”（沈祥龙《论词随笔》，《词话丛编》本），等等，不一而足。这样，词在体制上就自然具有了与诗歌不同的种种特征，与音律、风格一道,成为体认诗词之别的又一标准。

就是说,随着词与音乐发生关系,词的风格与体制也逐渐产生变化,具有了与诗歌不相类似的诸种特征。所以,诗与词的区别,虽然从根本而言在入乐与否,也可以从风格以及风格所由形成的体制两方面加以判断。

我们知道,苏轼三百余首词作中广泛采用了诗歌创作中惯常表现的题材和采用的手法,更主要的是因而形成了与传统词作迥不相侔的整体风貌,这是无可否认的事实。因此,人们不仅有理由据其多不合乐一点视之为“以诗为词”,据其词风和词作体制的某些表现,判定其为“以诗为词”,同样是可以成立的。

四

欲着重提出的是,虽然如上所述,词与诗在音律、风格、体制诸方面均存在区别,论理都可以成为“以诗为词”与否的判断标准;但是,在今天来说,确认一个作家究竟是“词人之词”,“本色当行”,还是“以诗为词”,“要非本色”,最深切著明的标志和切实可行的判断标准却只能是其作品的风格。

这是因为,从音律来说,词的乐谱、唱法早已失传,作品是否合乐,只能根据文献记载,无法从作品本身得知,所谓研究词律者不过是在文辞的声调平仄、清浊轻重中花费精力。词原为配合音乐而成,其四声配合的抑扬顿挫中虽然依稀仿佛地嵌进了原作音乐的影子,但今天在吟咏讽诵中所能感受到的,与其说是作品的声乐效果,不如说只能属于作品的风格印象。

从体制上说,词的体制与诗歌固然有许多不同,但体制所以不同，正是为了造成不同于诗歌的独特风格。前者是手段，后者才是结果。因而，我们在考察诗词之别的问题时，便不能够仅仅根据采用了某些被认为是属于诗歌创作的手法或形式，根据某些表面的现象，就断言作品必然属于"以诗为词"，而是应该一切从作品本身出发，根据结果——作品呈现的艺术风貌来下结论。

风格属于艺术感受的范畴，不一定具有能够确指的内容，一定不具有翔实可稽的参数。它是空灵虚渺的，有时甚至是只可意会难以言传的，如何能拿来作为判断是否"以诗为词"的标准呢？只能说，这的确是一件无可奈何的事。从根本上说，作为两种体裁，诗词之间当然有大大小小的不同方面；但"以诗为词"这一命题，从提出它的人开始，无疑就将它定位在艺术感受的范畴之内——陈后山将"以诗为词"与"以文为诗"并提，说明诗词也好，诗文也好，他所指的决不仅是两种体裁形式上的不同。那么，用属于艺术感受范畴的概念来阐释同样属于艺术感受范畴的命题，也许正是得其所宜吧。

事实上，后代学者正是多从风格的角度论诗、词（包括曲）异同的。如李渔《窥词管见》：

> 作词之难，难于上不似诗，下不类曲。（《词话丛编》本）

沈谦《填词杂说》：

> 承诗启曲者词也，上不可似诗，下不可似曲。（同上）

杜文澜《憩园词话》引曹秋岳：

> 上不牵累唐诗，下不滥侵元曲，此词之正位也。（同上）

下列所言更加具体。田同之《西圃词说》：

> 诗贵庄而词不嫌佻，诗贵厚而词不嫌薄，诗贵含蓄而词不嫌流露。（同上）

俞平伯《词曲同异浅说》：

> 尝谓词毗于柔，曲偏于刚，诗则兼二者之美。（载《论诗词曲杂著》，上海古籍出版社，1983 年）

缪钺《论词》：

> 诗显而词隐，诗直而词婉。（载《诗词散论》，上海古籍出版社，1982 年）

可见，也许难以指实，诗与词总体上的风格之分确是存在的。批评家用这种不免稍嫌朦胧的体悟式批评表达了他们对诗词不同风格的理解。

不仅如此，如果回溯苏词批评的历史，会发现古人在"以诗为词"的命题中本已收入了风格这一层含义。还是从陈师道本人说起。在本文开头引到的那段话中，他指责东坡"以诗为词"的作法是"要非本色"，后来，"本色"与"非本色"之别又被称作"正"、"变"之争。在下引张綖这段因率先以"豪放"和"婉约"二分宋词而十分著名的话语中，我们能非常明确地看到词之分"正"与"变"、"本色"与"非本色"，其关键均系乎"风格"一项。张綖云：

> 按词体大略有二，一体婉约，一体豪放。婉约者欲其辞情蕴藉，豪放者欲其气象恢弘。盖亦存乎其人。如秦少游之作多是婉约，苏子瞻之作多是豪放。大抵词体以婉约为正，故东坡称少游今之词手。后山评东坡词"虽极天下之工，要非本色"。（《诗余图谱·凡例》）

既然"婉约为正"，"多豪放"的坡词自然就为"变"，为"非本色"了。考诸他人，王世贞所谓"长公丽而壮，……词之变体也"（《艺苑卮言》，《词话丛编》本），王士祯所谓"语其变则眉山导其源"（《倚声集序》，况周颐《蕙风词话续编》卷一引，《蕙风词话》本，人民文学出版社,1982 年),纪昀所谓"至轼而又一变,……不能不谓之别格"(《四库全书总目·东坡词》)等等,亦无不是就苏词风格而言的。至此,"以诗为词"的含义之一是指词家对于传统词风的变革,可以无疑矣。从风格这一属于审美范畴的角度去评判是本色当行的"词人之词",还是非本色当行的"以诗为词",在今天来说不仅必需,而且可行。

五

上面曾说,在考察诗词之别的问题时,在判断作品是否属于"以诗为词"时,不能仅仅根据某些表面的现象而遽下结论。下面举两例以明之。

一、以诗句入词问题。

有学者认为,东坡以"个别诗句入词的情形"很多,是其"打破诗词的一些界线","以诗为词"的一种表现(《苏辛词风异同之比较》,载《东坡词论丛》,四川人民出版社,1982 年)。这代表了一种普遍的看法。

以诗句入词其实是词史上颇为平常的一种现象,非但不为"以诗为词"者专有,相反还是"本色当行"派词家乐于使用的一种手段。请看以下数例:

无可奈何花落去,似曾相识燕归来。小园香径独徘徊。(晏殊《浣溪沙》,《全宋词》本)

梦后楼台高锁,酒醒帘幕低垂。去年春恨却来时。落花人独立,微雨燕双飞。(晏几道《临江仙》,同上)

独倚危樯情悄悄,遥闻妃瑟泠泠。新声含尽古今情。曲

终人不见,江上数峰青。(秦观《临江仙》,同上)

它们分别出自这几首诗:

元巳清明假未开,小园幽径独徘徊。春寒不定斑斑雨,宿醉难禁滟滟杯。无可奈何花落去,似曾相识燕归来。游梁赋客多风味,莫惜青钱万选才。(晏殊《假中示判官张寺丞、王校勘》,《宋文鉴》卷24,中华书局,1992年)

又是春残也,如何出翠帏。落花人独立,微雨燕双飞。(翁宏《春残》,《全唐诗》本,中华书局,1985年)

流水传潇浦,悲风过洞庭。曲终人不见,江上数峰青。(钱起《省试湘灵鼓瑟》,同上)

按前一例是用自己诗句入词,后二例是用他人诗句入词。所成之词不但没有被人们看成"以诗为词",反倒作为"本色当行"的杰出范例受到推许。清后期词学家陈廷焯评晏几道词,特举出"去年春恨却来时。落花人独立,微雨燕双飞"三句,称其"既闲婉,又沉着,当时更无敌手"(《白雨斋词话》卷一,人民文学出版社,1983年)沈祥龙甚至径谓小山"落花"一联及乃父"无可奈何"二句"非诗句也"(《论词随笔》)。其故何在?

这是因为诗词二体品性虽殊,不排除诗中固有一些体格近词之句,在诗中反嫌不当,取而入词,正本色当行,得其所宜,不仅为整首词增添光色,也使词句本身由在诗中的平淡无奇,一变而为词中的千古绝唱。其原本为诗句,反鲜为人所知。如上举"无可奈何"一联,张宗橚即云:"情致缠绵,音调谐婉,的是倚声家语。若作七律,未免软弱矣。"(《词林纪事》卷三,成都古籍书店,1982年)

可见,以某些特定的诗句入词,不仅不是"以诗为词",反而表现出词作者对词之特性的深切把握。这种把握,无疑是以体认诗词之别的能力为基础的。

这样，我们便不能仅仅根据以诗句入词这一现象就判定作者一定是“以诗为词”，作品一定是“诗化”之作。换言之，以诗句入词这一点是不能拿来作为判断“以诗为词”的标准的。

二、词见于诗集问题。

东坡词自南宋起便集外单行，有几首却长期混杂于诗集，与词集并行，如《瑞鹧鸪》（城头月落尚啼乌）（《东坡词》，《宋六十名家词》本，上海古籍出版社，1989年。下引苏词均为此本），诗题作《寒食未明至湖上，太守未来，两县令先在》（《苏轼诗集》，中华书局，1982年。下引苏诗均为此本）；又《生查子》（三度别君来），诗题作《古别离送苏伯固》；又《阳关曲》（受降城下紫髯郎、济南春好雪初晴、暮云收尽溢清寒），诗题总作《阳关词三首》等等。

这些词为什么混编于诗集呢？有学者认为，这“正可作为苏轼诗词风格相近的旁证”，“可以进一步证明苏词的诗化倾向”（《从苏轼、秦观词看词与诗的分合趋向》，《复旦大学学报》，1988年第一期）。

见于诗集的词其实远不限于苏轼这几首。翻开不少人的诗集，都能在其中发现他们的词作。有的仍冠有词牌，如李白集中的《清平调》三首、刘禹锡集中的《竹枝词》九首、《杨柳枝》九首、《浪淘沙》（齐言体）九首；有的另具诗题，如王维集中有《送元二使安西》，即《阳关曲》；刘长卿集中有《苕溪酬梁耿别后见寄》，即《谪仙怨》；韩偓集中有《懒卸头》，即《生查子》。

稍加留心便可知道，上面所举见于诗集的诸家词作有一个共同点，即均为齐言体。如苏词数首，《瑞鹧鸪》是七言八句，《生查子》是五言八句，《阳关曲》是七言四句。当然，不能简单地说齐言是混入诗集的原因,因为并非所有的齐言都会混入;但的确可以说齐言是混入诗集的前提,因为凡属混见于(有意编入者不在此限)诗集的词作,必然都是齐言体。

因而,这个问题必须从词的形式说起。

众所周知,词在后世有"长短句"的别名,这是因为词的主要形式是长短不齐的杂言体。但是,在词发展的前期,齐言之作占了相当大的比重。在早期词的结集《花间集》500 首中,齐言占 108 首,超过全数的五分之一。《尊前集》289 首中,齐言有 235 首,几近全数的一半(参《敦煌曲初探》第五章《杂考与臆说·去蔽》)。这一事实表明,词所配合的音乐——燕乐中本来定有一类适合以齐言歌词歌唱的曲调在。

考察齐言歌词与曲调的关系,大约有两种类型。一是"选词以配乐"(元稹《乐府古题序》,《元稹集》卷 23,中华书局,1982 年),即选用当时或前代现成的诗作,不加改动配入现成的曲调。像《河满子》(指齐言体)以"浮云蔽白日"等古诗句为歌词①,像以王维《送元二使安西》歌入《渭城曲》②,像唐人薛用弱《集异记·妓伶讴诗》记载的"旗亭赌唱"中的入乐之诗(涵芬楼据明抄本排印《说郛》本),皆为此类。二是"因声而作歌"(《乐府诗集》卷 90《新乐府辞一》),即现作齐言歌辞以配既有之曲调。李白的《清平调》、刘禹锡、白居易等的《竹枝词》、《浪淘沙》、《杨柳技》等皆为

---

① "河满子"又作"何满子"。计有功《唐诗纪事》卷二:"宫人沈翘翘者,歌《河满子》,有'浮云蔽白日'之句,其声宛转。"(上海古籍出版社,1987 年)万树《词律》卷二此调下据之谓:"是则诗句亦可歌作《何满子》之音节。"(上海古籍出版社,1984 年)

② 《乐府诗集》卷 80《近代曲辞二》"渭城曲"条题解:"《渭城》一曰《阳关》,王维之所作也。本送人使安西诗,后遂被于歌。"任半塘《唐声诗》下编第 13"渭城曲"条云:"王维当时乃作徒诗,非作歌辞;始入歌辞,名《渭城曲》。出于何人,无考。"(上海古籍出版社,1982 年)

此类。这就是我们所看到的早期词作中大量齐言之作的由来。

但是,燕乐之中虽有适合齐言的曲调,最能反映燕乐新声奇变,最能吸引、打动人的却不是它们,而是另一类律调繁复、灵活、曲折的曲拍。这类曲拍相应地适宜的,就是长短不齐的杂言歌词。这样,五代以后,长短句就由于配合这种曲拍的需要急剧兴盛起来。

不过,这并不意味着齐言体完全告退,仍有少量曲调被宋及宋以后的词家一直沿用。这些齐言之作既是配合燕乐,自当视为词作,本无疑义。遗憾的是,随着元明以来词乐逐渐失传,作为音乐文学的词逐渐蜕化成语言文学。作者与读者只能光讲文辞,不究声律,久之便对前代流传下来的齐言歌词作为"词"的身份产生了疑惑。甚至陈廷焯这样的大家也赞同《阳关曲》、《瑞鹧鸪》等是七绝、七律的说法,并在编词选本时将此类作品一概拒于门外(详见《白雨斋词话》卷八)。

后来人因为无法从声律角度分辨诗词,只得根据词的传统选本是否选入和作品前是否冠有曲牌为取舍。这既可行又可取,因为毕竟思路尚在音乐一途。可是从实际情况看,很多人对齐言体的处置都存在问题。或因其为齐言而目之为诗,或因载于诗集而未予收录(详见《唐声诗》上编《附存 · 声诗集编余札记》"学裁鉴"所驳诸条)。

由上述可证,词作为中国文学史上一种重要文体,虽然主要形式是长短句,同时也有一类齐言体存在。这类齐言词作,由于在外部形式上与诗无别,在词的声律已亡的后代,对它们的体认颇为困难,它们的归属往往成为一个很大的问题。许多齐言词作无意间混编进诗集,极为重要的一个原因也即在此。这样,才出现了前面提到的那种现象:从很多人(而不仅是苏轼)诗集中,都能发现他们的词作。

当然,若从全面考察,词入诗集还有其他原因。一是词的功用虽在配乐,文辞本身自可视作诗的一种。诗集主文,诗集的编纂者主观上并不严拒词体羼入,毋宁说诗集兼采词作还是唐五代以来的一贯风尚。主声之词集不当入诗,主文之诗集可以入词,这自是明白可通的道理。二是若就晚唐五代以前来看,词入诗集,还由其时词体未尊,文人创作数量无多,不堪单行,只能附载集中。这两点可以为明明冠有词牌的齐言以及一些不是齐言的长短句(如李白的《忆秦娥》、《菩萨蛮》等)为什么仍会编入诗集提供一个合理的解释。另外还有一点可提的是,有些齐言之作本来的身份即是诗,只是后来才被谱入曲中,如王维的《送元二使安西》。这类作品出现在诗集中自是理所当然的事。有些词不仅见于诗集,而且另具诗题,也就是这个原因。

总而言之,词见于诗集,情况颇复杂。但可以肯定的是,与词和诗的风格相近没有必然联系。就以前举数首见于诗集的苏词来说,如果说是风格相近所致,试问在三百余首苏词中,是不是这几首最与作者的诗风相近,最具“诗化”特征?为什么偏是这几首(也只有这几首)编入诗集?《阳关曲》三首,词牌具在,即使风格相近,编者亦不致不知其为词作,为什么仍要纳于诗集中?《瑞鹧鸪》、《生查子》编在诗集,果真因为风格的原因,其诗题又从何而来呢?

词见于诗集既与风格的相近无关,不用说,以此来证明苏词的诗化倾向就不具力量了。换句话说,词见于诗集这点同样不足以成为判断“以诗为词”的标准。

“以诗为词”是词学史上著名的命题,引发过词学界相当长期的争论。这些争论大都属于不同词学观的交锋,反映的是在不同词学观指导下或褒或贬的价值评判。而作为一个词学批评的命题,它的理论内涵有哪些?随时迁移,这些内涵有无变化?有什么样的变化?在运用这一命题进行褒贬评骘之前,如何确定这一命题的适用对象?从哪些角度,以什么标准去判断一个作家究竟是否“以诗为词”?解答这些问题需要较为耐心与细心的寻绎。这种寻绎,对于一个理论命题研究本身来说既是题中应有之义,同时也是恰当地运用这一命题去进行有效的文学批评活动的前提。出于这样的理解,我在这篇文章中尝试着这样去做了。

注一:《后山诗话》宋时已多疑为依托之作。郭绍虞先生认为其中真伪并具,既非师道手定之稿,又有后人窜乱之迹,谬误颇多。见《宋诗话考》上卷“《后山诗话》”条(中华书局,1985年)。至于“退之以文为诗,子瞻以诗为词,如教坊雷大使之舞”一段,蔡絛《铁围山丛谈》(中华书局,1983年)卷六载:“太上皇(徽宗——引者注)在位,时属升平。手艺人之有称者,……舞有雷中庆,世皆呼之为雷大使。”《四库全书总目·后山诗话》(中华书局,1983年)据之谓:“轼卒于建中靖国元年六月,师道亦卒于是年十一月。安能预知宣和中有雷大使借为譬况?其出于依托,不问可知矣。”言之有理(只是蔡书并未言宣和中,仅言徽宗在位时)。不过,此段胡仔《苕溪渔隐丛话》(人民文学出版社,1981年)后集卷26已据《后山诗话》载入,可见以之为后山所云其来已久。既为《丛话》所载,纵不出师道口,其为北宋人语自无可疑,仍不失为最早提出这一说法者。

注二:此用宋人郭茂倩《乐府诗集》卷79《近代曲辞一》题解中十部乐“总谓之燕乐”的说法(中华书局,1982年)。葛晓音先生《初盛唐清乐从属关系质疑》(《北京大学学报》,1994年第四期)认为,燕乐不包括清乐,否则燕乐歌辞范围太宽泛,曲子辞和汉魏六朝乐府易混为一谈。但我以为,一、曲子辞配合隋唐以来结合外来胡乐和本土音乐而形成的新型音乐而产生,这是众所公认的事实;二、历来将曲子辞所配合的这种新型音乐定名为燕乐,有大量文献用例,也是事实;三、正因为新型音乐燕乐中既有外来胡乐,又有本土音乐，所以它所采用的歌辞——曲子词，不会与汉魏六朝乐府诗——仅配合华夏传统音乐清乐的歌辞混为一谈。

《词学》第12辑（2000年）

“以诗为词”的重新评价

“以诗为词”这一词学史上著名的命题，由北宋诗人陈师道在《后山诗话》中提出：“退之以文为诗，子瞻以诗为词，如教坊雷大使之舞；虽极天下之工，要非本色。”（《历代诗话》本，中华书局，1982 年）很快从对苏轼一家的评论衍展为词学史上的一个理论焦点。近千年来，许多争论都是就它或围绕着它展开。本文打算就这一命题的实质和评价等问题作一点新的探讨。

“以诗为词”命题的实质

“以诗为词”命题的实质，是建立在对文学发展历程的一种理解上的。

诗、文、词是组成中国传统文学主流的三种文学体裁，若按照其实际发生的时间排列，应该变动一下我们说顺口的次序，改为文、诗、词，因为人类是张嘴先说话然后唱歌的。而“文→诗→词”这一文学发展的历程，是一个文学色泽逐渐浓厚的历程，一个文学朝着文学自身迈进的历程。

这里所谓文学的色泽，包括了诸如形式的讲求、音律的考究、词藻的选择、意象的融铸、情思的抒发等。显然，诗较之于文，词较之于诗，其中的每一项都在向着精美的状态渐次改进。这种改进，最终带来了文学价值的提高。

而就如何获得这种文学状态的改进和文学价值的提高一面观察，又可以看到另外一种进程，那就是艺术约束性逐渐加强，或者说艺术要求逐渐严格的进程。这种加强、严格，是获得上述那种文学状态改进和文学价值提高的保证，同样从形式、音律、题材、词藻、意象、情思以及风格上表现出来。约束性的强弱和艺术要求的宽严，同文学状态改进、文学价值提高的程度成正比。

从这一点说，“文→诗→词”的进程，又是一个随心所欲的范围逐渐缩小、表现什么与怎样表现的创作自由逐渐丧失的进程。

我们很熟悉这两段话：“夫诗有别材，非关书也；诗有别趣，非关理也。”“近代诸公乃作奇特解会，遂以文字为诗，以才学为诗，以议论为诗。”（严羽《沧浪诗话·诗辩》，郭绍虞校释本，人民文学出版社，1961 年）文章当然也有限制，如桐城派要求“古文中不可入语录中语，魏晋六朝人藻丽俳语，汉赋中板重字法，诗歌中隽语，南北史中佻巧语”（沈廷芳《书方望溪先生传后》引方苞语）之类，那是少数人的一厢情愿和作茧自缚，没有在文学史上站住脚。到了诗歌领域，限制增多了，不能逞才使学，不能议论说理，不能叫嚣骂詈，……因为“诗有别材”、“诗有别趣”嘛！到了词作，限制比诗歌更多了，或者说自由更少了。读读李清照的《论词》（《苕溪渔隐丛话》后集卷 33 引，人民文学出版社，1981 年）便可知道。词语不能“尘下”，要有“铺叙”，要“典重”，有“故实”。音律上呢，诗文仅分平仄（这所谓“文”还是指骈文一类，若散文连平仄也无须刻意讲究），歌词则要“分五音，又分五声，又分六律，又分清浊轻重”。诗与文比，才学可表现于文而不可表现于诗；而词与诗比，才学又宁可存之于诗，词中不能有之，所谓“有学问人作词，尽力避诗，而究竟不离于诗”（李渔《窥词管见》，《词话丛编》本，中华书局，1986年）。这一切因为什么？同样因为歌词乃“别是一家”，并且是比诗这一家更特别的一家！

所以就两个不同的角度而言，文、诗、词三者之间便存在两种相反的关系：

艺术要求：文<诗<词

创作自由：文>诗>词

理解了文、诗、词之间的两种关系，就可以理解“以诗为词”这一命题的实质，是指拿适用于创作自由较多的同时也就是艺术要求较低的文体的创作手法来创作创作自由较少的、艺术要求较高的文体。

这里很容易使人想起另一句人们批评韩愈的话“以文为诗”。它的实质意义丝毫不爽地适合于上述的定义。陈后山要表达“子瞻以诗为词”，前面先来一句“退之以文为诗”，不就是将它们摆在一块儿说的吗？

应该提请注意的是，“以诗为词”也好，“以文为诗”也好，它们的提出原本是一种否定式命题，就是说，命题者是反对这种做法的，反对在较高级的文体中掺入相对低级的文体的表现手法。因为这样做只会造成对一种精美文学的损害，从艺术审美的角度来说是一种倒退。

撇开文学的其他因素（如社会价值、思想意义等）不论，从文学形态的总轮廓及审美体质的大方向讲，“文→诗→词”的发展确实是呈现着上面所说的一种进化趋势的。但这也只能限于对仅仅是总轮廓和大方向的描述。具体到一种文体在某些特定历史阶段内的发展，又存在与此趋势不尽一致的情况。

词在最初产生的时候，当未进入文人手中之前，只是配合当时新兴的乐曲填写的一种歌词。它虽然具备了音乐上的特征，也具备了形体上长短句的外貌，但就其内质来说，不唯未能寻找到超越诗歌的审美体质，还远远落后于当时诗歌已经达到的艺术水平。它在日后的发展过程中，由于文人的参与，经过不停的探索，才在形式上逐渐完备的同时，寻找到最适宜于自己的幽微蕴藉的美学特质，并且最终以这种特质超越诗歌，卓立于文学艺术的发展史上。

词这一段最初的发展经历，没有逃脱掉极具艺术感受力的叶嘉莹先生的鉴察。她将这段词的进化称为“诗化”，认为词在初起时，原为歌筵酒席之间的艳曲，没有个性可言，至温庭筠始以精美的名物资人联想，至韦庄始以真率的抒情使人感发，至冯延巳始以深心蕴结的情意，结合此种足资联想与感发的因素，开拓成一种可以窈窕写心的深隐之意境。这是一种“诗化”的过程，晏殊和欧阳修则是这一过程中衍生出来的两朵绝色的花。“前乎此者，对于词之深微幽美之特质，尚未有如此成熟的掌握与表达的能力；后乎此者，则铺陈描述、蹈厉发扬，又逐渐失去了如此含蕴幽微之意味。”(《论欧阳修词》，《灵谿词说》，上海古籍出版社，1987 年)

这段关于词史历程的描述是细微精确的，把这段历程冠以“诗化”之名也无不可。但显然，这儿使用的“诗化”和人们所谓的“以诗为词”是截然相反的两种意思。“以诗为词”是当词已经具备一种独特的文体风格，并因之在审美体质上超过诗歌之后，反过来借用诗歌的创作手法或表现方式，因而是贬意的。而“诗化”说的是词由最初不具备词特有的深美闳约的品质向具备这种品质发展的一段过程，因而是褒意的。这里所谓“诗化”的实际意义是

“词化”——向具备词自身所独具的特质发展进化，所以说用“诗化”指称也无不可，是这里的“诗”字可作“诗意的”、“如诗般”理会，代表了一种美的特征。

问题在于叶先生自己又将这不同的两种意思混淆了起来。也许本不该将那段词进化的历程冠以“诗化”而不用“词化”，也许是对“以诗为词”的实质意义未及深究，她误将“以诗为词”等同于并归入了自己所谓的“诗化”概念，从而导致了对自己本来十分精当的论述的不甚恰当的修正。

前面，叶先生已明白无误地把所谓“诗化”完成的过程截止在晏、欧那里，就是说，词的文体特征当此之时已经确立，“后乎此者，则铺陈描述，蹈厉发扬，又逐渐失去了如此含蓄幽微之意味”。可是在别处又把苏轼算进这一“诗化”的行列中去了。她说，词这种自隋唐以来配合当时流行的乐曲演唱的歌词，从中晚唐之际由士大夫染指以后，所经历的原是一段由俗曲而渐趋诗化的过程，其间，温、韦、冯、李、晏、欧等人，其递嬗演进之迹，都是向着歌词之诗化的途径默默行进的。“这种演进，迄于苏轼之出现，遂为小词之诗化创造了一个云飞风起的高峰。”(《论柳永词》，同上)又说，“直到苏轼的出现，才开始用这种合乐而歌的词的形式，来正式抒写自己的怀抱志意，使词之诗化达到了一种高峰的成就。”(《论苏轼词》，同上)可见，在这里，“诗化”已明显地成了“以诗为词”的同义词。

本来，对前述一段词史历程的“诗化”(实即词化)方向持褒扬立场，不意味着一定要对“以诗为词”及其代表人物苏轼加以否定。但是，将苏轼的“以诗为词”与温韦、晏、欧等人的“诗化”视作同一，将苏轼“以诗为词”所致力的方向与温、韦、晏、欧等人的“诗化”视作一致，并且还将前者视作后者进程的进一步延伸或深入，问题就出现了。

最近几年，随着研究的深入，学术界对传统论者用“豪放”和“婉约”来称谓宋词创作两大派别的作法提出异议，很有道理。因为它们的内涵太小，不足以作为代表。比如姜白石的词，以清空骚雅为特征，与周邦彦的富艳精工明显异趣，总不能都统一在“婉约”的名下。但又有人否认宋词有两大派别，却使人不敢遽同。

这里所谓的派别，不是作家创作团体的划分，而是作品不同风貌的呈现。考诸宋词创作的实际，确实是存在两种大的不同风貌的。我以为这两大不同的风貌，不妨暂用虽然传统的、却为人们所能意会的“当行本色”与“非当行本色”来代称。它们的语意是模糊了些，但包含的内容也更广。这样，温、韦、晏、欧“诗化”所指示的方向，就可以说是使词由刚开始的“非本色当行”向着“本色当行”进化的方向，而苏轼为代表的“以诗为词”所指示的方向，却是当宋词独特的审美特质已然确立之后，由“本色当行”向“非本色当行”转化的方向。

当然，不能说温、韦、晏、欧之前的“非本色当行”和苏轼致力的“非本色当行”是完全同一的概念，不能将苏轼的这种努力完全视作一种倒退和反动，但认清“以诗为词”这一命题的实质、意义，认清苏轼“以诗为词”与温、韦、晏、欧等“本色当行派”的本质差异，不论对研究“本色当行”派还是研究“非本色当行”派，都是很有必要的。

综上所说，“以诗为词”是古人在批评苏词时提出的一个否定式命题。它的实质是指拿艺术要求相对较低的文体的创作手法及表现方式来创作艺术要求相对较高的文体。命题者由此认为，这样会对艺术要求相对较高的文体造成艺术上的损害,因而应该加以否定。“以诗为词”后人有时又称为“诗化”,但它与温、韦、晏、欧等人使词由与诗无大别的状态向具有独立的词体特性转化的“诗化”——实际是“词化”,是有着根本的不同的。对这一点必须加以认清,否则,就可能导致对“以诗为词”的实质含义的错误理解。

对“以诗为词”的重新评价

苏轼是词史上“以诗为词”的代表作家。从苏轼同代的胡寅、王灼,到近千年后的今人著作,给予苏轼“以诗为词”高度评价的难以枚举。删繁就简,从其主要的内容来看,大都是从改变词的创作道路、扭转词的发展方向、提高词体的价值和地位等方面来肯定其“以诗为词”的价值和意义的。其中许多具体的论述都不无道理,但在对“以诗为词”的总体评价上,却存在着一定程度的偏差。究其原因,则牵涉到对诗词是否应该分畛,词的正确发展方向是什么等一些根本问题的不同理解。

这里换个思考的角度,对这些问题提出一些看法。

王灼的《碧鸡漫志》卷二中,有一段为人们广泛引用的话:“东坡先生非醉心于音律者,偶尔作歌,指出向上一路,新天下耳目,弄笔者始知自振。”(《词话丛编》本)显然,所谓“指出向上一路”,意与今天所说的“指明前进方向”殆同。换言之,苏轼之前的词作所走的,乃非正确的道路与方向也。

解放以来,随着对“婉约词”一边倒的批判,“豪放派”的地位愈来愈高。这种“方向”问题的评价似乎成为了定论。研究者们认定,词这种新兴的文学样式在民间时题材是广阔的,内容是丰富的,风格是清新而刚健的,因而,发展是健康的。而当其为文人掌握之后,走进了"词为艳科"的藩篱,趋向于单一花间樽前的题材、脂粉绮靡的风格、娱宾遣兴的功能,"背离了民间词的健康的发展方向"(《李清照评传》,陕西人民出版社,1982 年),"从而把词引上了歧途"(《苏轼新论》,齐鲁书社,1983 年)。是苏轼"以诗为词",举起改变词风的旗帜,打破了词必协律、表意必以婉约为正宗的传统意识,不仅用诗的某些表现手法作词,而且把词看作和诗具有同样的言志咏怀作用。这样,就解放了词的内容和形式上的束缚,使它具有了较前宽广得多的社会功能。这意义是不可低估的,因为,"这是一个根本性的方向问题"(《宋词选·前言》,上海古籍出版社,1978 年)。

的确,词在隋唐之际产生的时候,以及在晚唐以前传世不多的文人词作中,题材、风格都是丰富多样的。一直到了晚唐五代,才开始集中于"不无清绝之辞,用助娇娆之态"(欧阳炯《花间集序》,李一氓校本《花间集》卷首,人民文学出版社,1985 年)。"花间"词人首开风气,"南唐"词人紧随其后,延至北宋初年仍大体承袭之。这是唐宋词史实际走过的一段道路,事实如此,无可更改。问题在于,我们应该如何评价这一词体创作走过的道路呢?应该如何评价"花间"以后的词对于它以前词创作方向的转变呢?是否能将这种转变视作词发展史上的"歧途"呢?

文学,作为人类意识形态的一种,具有不同于哲学、历史、宗教等其他意识形态的功能。在文学内部,又有丰富多样、各不相同的体裁。中国古代明显属于文学范畴的体裁,有诗、赋、散文、词、曲、小说、戏剧几类。一类当中再往细分,戏剧中又有杂剧、传奇,赋中又有大赋、骚体赋、抒情小赋、骈赋、文赋等。一种文体,必然有使自己区别于其他文体的特性。反过来说,具有特性,才能称得上一种独立的文体。这种特性,首先表现在外部形式的差异,又通过外部形式的差异反映在发挥文学功能的侧重点不同上。特性乃是一种文体价值之所在。文体不同,特性不同,发挥出的文学功能不同,这样才构成了文学园地姹紫嫣红的绚烂景色。如果文学的天地里只有一种文体,或者各种文体只有一种特性(其实这就不能算作多种文体),文学的历史将会呈现出什么样的面貌,那是很难想象的。

词是隋唐之际兴起的一种新的韵文体式,它有着自己的起因,并因这种起因导致了形式、题材、风格、审美品格与旧的韵文体式诗歌的不同,这种不同就是词体特性的体现,是词得以成为一种独立文体的标志,是词能够代表一代文学成就而与它以前的诗和以后的曲标美擅能的前提。但是,这种特性不是与词的产生俱来的,而是经过数百年的发展,在文学家的创作实践的探索中逐渐形成的。形成的阶段就在唐末五代《花间集》为代表的文人词作。因为从“花间”词人开始,词才在形式、题材、风格上与诗全面分手,形成自己“要眇”、“言长”的美学特色。

就是说,从《花间集》开始,词才最终形成了自己的文体特征,词作为一种特殊的文体才真正得以成熟,因此,它所代表的方向,就不仅不能说是词发展的歧途,反应看成词作为一种独立文体应走的端庄道路。在此之前的敦煌民间词及初、盛、中唐文人词,题材、风格与诗歌并无明显区别,尚未彻底地与诗歌区分开来,尚不足以使词完全取得一种独立的文体资格屹立于文坛之上,是词这种形式尚不成熟的一个阶段,是词体由不成熟走向成熟的途中留下的痕迹。而后来人“以诗为词”,在诸多方面有意无意地打破、混淆诗词之间的界限,就是不利于作为一门独立文体的词的发展了。

任二北先生在长期的词学研究中,兢兢业业,勤勤苦苦,披荆斩棘,祛疑除蔽,令人感佩。但在对于诗、词、曲三体分界的问题上,却有使人未敢遽同之处。他说:

> 况周颐《词学讲义》曰:“词与曲,截然两事!曲不可通于词,犹词不可通于诗。其意境所造,各不相侔。……”况氏有此说后不久,应已见《云谣集》,并曾揣摩甚至(见朱祖谋《云谣杂曲子跋》),不知对此说究作如何之修正,对《云谣》诸辞兼备后世词曲两面性之一点,料不至熟视无睹,或强辞不承也。(《敦煌曲初探》第五章《杂考与臆说·修辞》,上海文艺联合出版社,1955 年)

任先生反对诗、词、曲三体划分珍域,理由是在词的早期之作敦煌词中,题材内容、修辞风格与以前的诗和后来的曲均无区别。仔细想想,这里存在几个问题。

首先,任先生说,“学者心目中,于诗、词、曲三事之概念,早已分别养成,期期以为不可混同。每认某也诗体,入词不可;某也曲题,入词亦不可。”(《杂考与臆说·内容》)他认为诗、词、曲三体的区别,乃是由“学者心目中”主观“养成”,换言之,现实当中并不存在诗、词、曲的区别,或者说,诗、词、曲实际上并无区别。这就令人生疑。本来,讨论的问题只是诗、词、曲应不应该分畛域,而不是诗词有没有畛域。诗、词、曲有别,这是客观事实,本无庸由学者心目中养成也。学者所能做的,只是如何评价的问题,只是倡扬这种畛域、抑或反对这种畛域而已。

其次,一种文体,产生在其他诸种文体之后,在初生的阶段,具有其他文体的特征,与其他文体的区别尚不明显,这是这种文体得以充分形成所必需的成长过程。当敦煌民间词之时,在它的面前有两条路,一是继续寻找属于自己的道路,并从而形成自己的特色,最终成为一种完全独立的新文体;一是逐渐失去自己已经具备的一些文体特征,与先已存在的其他文体合流,最终悄然混灭,不复成为文学园地里众多文体的一枝。从民间词到文人词所走的,是前一条道路。我们怎能据一种文体尚未成熟时的表现来概言这一文体发展的全过程呢?尤其是,怎能根据词体这一很不具代表性的初级阶段来否认事实上存在的它与诗体总体上的区别呢?

我们真应该庆幸和感谢的,是晚唐五代那些词家们,他们用辛勤的努力和卓越的创造,使得词在它产生三百年后,开始踏上真正属于自己的道路,由此形成迥异于其他文体的个性特色,在后来者的继续发展和完善之下,终于成为中国文学史上一枝散发独特芳香的奇葩。

与诗相比,词的个性特色确实是显而易见的。近拟诸身,诗如壮士,词如美人;远譬诸物,诗如贞柏,词如弱柳;再喻诸大自然,诗如高山,词如流水。前者固然有坚毅博大的阳刚之气,后者不也有阳刚之气无法替代的阴柔之美吗?清人焦循《雕菰楼词话》云:

> 人禀阴阳之气以生,性情中所寓之柔气,有时感发,每不可遏,有词曲一途分洩之,则使清纯之气长流行于诗、古文。(《词话丛编》本)

这段话虽然包含着诗贵词贱和崇志抑情的倾向,却道出了两个最为重要的事实。一是人心中固存有阴柔的情思,一是词之为体,最适宜表现人心中固有之阴柔情思。我们知道,词的产生是由于配合隋唐之际新兴的燕乐的缘故。但是新兴的词体得以云蒸霞蔚,竟成大国,其生命力之源泉,究竟在它为人们提供了表达这种人心固有的阴柔情思的最好载体,在它满足了人们倾诉心灵、吐露心曲的天然需要。

从本质上说,文学总是抒情的。但由于特性的不同,不同文体之间抒情的角度、方式和所抒的感情会有不同。缪钺先生数十年前对此有一段论述,今天读来仍然令人折服。他说:

> 词之所以殊于诗者,不仅在体制之不同,而尤在情思之差异。诗中所咏,已为人生情思之菁英,而其中又有尤细美者焉,幽约凄迷,诗又不足以尽之,于是不得不别为新体,词遂应运而兴。故词体之生长及发扬,非作者有意为之也。人生有此种情思,于是有此种文学体裁以表达之。此种情思永存于天地间,此种体裁之作品即永久有人欣赏,有人试作。(《论词》,载《诗词散论》,开明书店,1948 年)

可见,词和诗,一如诗和文,各有区别,各有价值和魅力,本是事实。而后来的作家中有人意欲将之合流,并且也在尝试着这么做,如苏轼的"以诗为词",也是事实。后来的批评家中,有人在理论上给予这种作法以大力的鼓吹和支持,如王灼等人,同样是事实。然而这里要问的就是,他们为什么要这么做呢?这些批评家当中,有的将晏殊词称为"妇人语"(胡仔《苕溪渔隐丛话》前集卷 26 载),有的又称辛弃疾词"绝不作妮子态"(毛晋《稼轩词跋》,《稼轩词》卷尾,《六十名家词》本,上海古籍出版社,1989 年)。今天则有人说"柳永的变化,只是从绝代少女转变为偎香倚暖的成熟少妇",说唐末五代词是"躯干的美丽却不能掩盖住内心的空虚"。即使承认这些意在贬讽的语汇,难道"妇人语"不受听吗?"妮子态"不可爱吗?"绝代少女"、"成熟少妇"那"躯干的美丽"不能给人以愉悦吗?封建社会中的人们站在卫道的角度扼杀它们,我们又是为的什么呢?“无意不可入,无事不可言”的现实主义诗歌自然有其价值和魅力,但我们是否应该记住马克思的这段教导:“你们并不要求玫瑰花和紫罗兰散发出同样的芳香,但你们为什么却要世界上最丰富的东西——精神只能有一种存在形式呢?”(《评普鲁士最近的书报检查令》,《马克思恩格斯全集》第一卷,人民出版社,1956年)

对“以诗为词”作何评价,不仅仅关乎“以诗为词”问题本身,根本点乃在于评价者具有什么样的文学观与文学史观。不同的文学观与文学史观决定着人们对文学史上种种现象的不同理解,导致对它们作出不同的甚至截然相反的评价。以上所论,乃是以力主文体独立、提倡文体特性和注重文学的艺术价值为理论基点的。

《中国典籍与文化论丛》第一辑(1993年)

试论“尊词”与“轻词”

长期以来，论者认为，传统词家和词论家是轻视词体的，“以诗为词”及鼓吹“以诗为词”的人们才是尊重词体的代表。

原因是，前者严分诗词畛域，把词局限在以清切婉丽之辞，写缠绵绮靡之情。后者主张多方打破诗词界限，把词当成“诗的一体”（胡适语，见《词选》苏轼小传，商务印书馆，1927 年）。词既然是诗，其地位不用说，自然提到与诗同等的高度了。

也许就是这样，人们历来把“以诗为词”的开创人物苏轼看作尊重词体、提高词的地位的第一人。近人陈洵《海绡说词》云：“坡独崇气格，箴规柳秦。词体之尊，自东坡始。”（《词话丛编》本，中华书局，1986 年）

这一观点影响甚巨，龙榆生先生《东坡乐府综论》（《词学季刊》第二卷第二号，开明书店，1935 年）亦谓：“（坡）于词体拓展至极端博大时，进而为内容上之革新与充实，至不惜牺牲曲律，恣其心意之所欲言，词体至此始尊。”

陈迩冬先生《宋词纵谈》亦云：“词至苏轼，词格始高，词境始大，词体始尊。”（人民文学出版社，1987 年）

然而对这一定谳笔者有不同看法，不揣拙陋，聊作申说如下。

尊词及尊词派辨

何谓尊词？怎样才能够、才算是提高词的地位，使词取得与诗平等的座次？是以诗为词，诗词合流吗？恰恰相反，是严分诗词畛域，恪守诗词之别。

因为，所谓尊体，只能是也必须是致力于建立并严格尊重和遵守一种文体所独具的、与其他文体不同的诸种特性。只有当这些特性被建立起来并得到切实的奉行，这种文体才能像其他文体一样成为一种独立的、真正够格的文体，并以这种独立文体的身份与其他文体比肩抗行。只有这时，这种文体才真正称得上取得了与其他文体完全平等的地位。

而"花间"、"南唐"为代表的当行本色派词人正是这样做的。

我们知道，词在兴起之后相当长的一个阶段，与诗的区别是不明显的。除了合乐，在题材上、风格上、表现方式上，新起的词与诗之间多有混融，无严格区分。这对于作为一种独立文体的词来说，只能是其尚不成熟的一种表现，是一种文体由不成熟向成熟发展所必需的成长过程。是到了晚唐五代，"花间"、"南唐"诸词人使词开始具有了较全面的文体特性，就像诗、文一样，有属于自己擅长的表现方式、创作手法和风格情调，所以我认为，他们才是真正的尊重词体的人。是他们，才从根本上将词提高到了与诗文同等的地位——一种独立文体的地位。

也许人们要问，这些当行本色派作家，他们的创作背景是"绮筵公子、绣幌佳人，递叶叶之花笺，文抽丽锦；举纤纤之玉指，拍案香檀"（《花间集序》，《花间词》卷首，李一氓校本，人民文学出版社,1985年),他们的创作意图是“聊佐清欢”(欧阳修《采桑子·念经》序,《欧阳修词笺注》本,中华书局,1986年),或“期以自娱”(晏几道《小山词跋》,《小山词》卷尾,《宋六十名家词》本,上海古籍出版社,1989年),他们创作的内容是“不无清绝之词,用助娇娆之态”(《花间集序》)。这些难道不是他们轻视词体,视之为小道的表现吗?

众所周知,封建社会是一个桎梏人性的社会,种种有形的规矩和无形的观念都在戕害人们心灵的自由。其结果造成的是封建社会中普遍存在的双重人格或曰人格分裂。这种人格分裂的现象,在封建士大夫阶层表现得尤其突出。因为知识分子最具有丰富的锐感深情,他们本有无限的情思需要倾吐,丰富的心曲需要发抒。在这一点上,文学家又是知识分子中的突出代表。因而,我们就看到了整个文学史上文学家人格的严重分裂。他们慑于“雕虫小技”、“违道伐性”的封建卫道观念,表面上堂皇地高唱“余事作诗人”,做出夷然不屑的样子,实际上又在那儿“竞一韵之奇,争一字之巧”(李谔语,见《隋书·李谔传》,中华书局,1979年)。在“载道”、“贯道”、“明道”老调的掩护下,人们写出了多少情文并茂的好作品。

到了理学思想逐渐形成,道学风气日益浓厚的宋代,人格分裂的现象有增无减。文学家们越是表面上不得不循规蹈矩,道貌岸然,越是需要有其他渠道来渲泻自己埋抑心底的情绪之流。当此之时,词正成为解决这一精神需要的最好工具。他们自己口头上也许在贬低、淡化自己的词作,那不过是在为自己可能遭到的非议预设遁词。实际上,词在自身的文体特性得以建立起来的晚唐五代,成为了文学家们最喜爱的一种文学样式。

郑振铎先生颇带抒情意味的一段叙述是很漂亮的，他说：

> 他们的不能诉之于诗古文的情绪，他们的不能抛却了的幽怀愁绪，他们的不欲流露而又压抑不住的恋感情丝，总之，即他们的一切心情，凡不能写在诗古文辞之上者，无不一泄之于词。所以词在当时，是文人学士所最喜爱的一种文体。他们在闲居时唱着，在临登山水时吟着，他们在絮语密话时微讴着，在偎香倚玉时细诵着，他们在欢宴迎宾时歌着，在临歧告别时也唱着。(《插图本中国文学史》第35章，人民文学出版社，1957年)

就算歌舞酒宴、庆寿迎宾不免于应酬无聊之作吧，当他们将自己对心爱之人的恋感情丝、与亲朋好友的友爱亲情，和文学家敏感的心灵所富有的对人生、对世界的种种幽怀愁绪……一一托付给词这一文体时，怎能说不是最喜爱、最尊重词，反而是轻视词，以词为“小道”的表现呢?

何况本色当行派词家们也不是只能写些描红刻翠、侑酒佐欢、悱恻缠绵、婉丽绮靡的作品。严守诗词畛域，保持词体特性，不意味着词的创作天地一定狭小。词体踏上的这条属于自己的道路是既宽且长的。

在这条道路上，词最初是以花间樽前的歌辞身份起步的，随即便以表现闲愁逸兴、别绪恋情等心灵情绪显示出自身的美学价值。从温庭筠开始，词逐渐融进了作者的性情品格、襟抱涵养。南唐时期，李煜使词开始超出一己之私情，向现实社会投去了关注的一瞥。入宋以后，柳永为词带进一股浓厚的生活气息，秦观、李清照、周邦彦、姜夔、王沂孙、张炎，并将家国身世寓于词中，哀怨、感慨、忠爱、愤激、忧生念乱之情，无不于词中发之。在风格上，各家更是争奇斗艳。温词"深美闳约"(张惠言《词选叙》,《词选》卷首,中华书局,1957年),柳词"曲折委婉"(宋翔凤《乐府余论》,《词话丛编》本),秦词"淡雅清丽"(张炎《词源》卷下,《词话丛编》本),周词"富艳精工"(陈振孙《直斋书录解题》卷20,《中国历代书目丛刊》本,现代出版社,1987年),姜词"清刚疏宕"(周济《宋四家词选目录序论》,《词话丛编》本)。……所有这些发展变化,并不妨碍其为出色的本色当行之作,因为它们都遵循了一个共同的前提:诗词有别。它们每一次新的变化,都为词体带进一些新的东西,这些东西里甚至不排除有某些诗法、文法,但其变化的目的不是为了打破诗词的界限,而是为了丰富和改进词体自身,使之不断提高与完善。这就是与"以诗为词"者的根本区别所在。

举例来说,作为当行本色派词人,姜夔是不同于苏辛派词人的,但他对同一派中的前辈,如温、韦、柳、周的绮艳软媚亦感不满,因而大胆取过江西派诗桀傲瘦硬的笔法,试图以之纠其偏失。他的落脚点是在以严格的音律效果表达一种细美幽约、要眇凄迷的情思,这体现词体本色当行的基调没有变。所以,虽然人们并非没有觉察他"以诗法入词"(周济《介存斋论词杂著》,人民文学出版社,1959年)的特点,却从未将他归作"以诗为词"一流,反而公推他以"健笔写柔情"的特殊风貌是当行本色词派的一枝奇葩。

总之,当行本色派作家们严守诗词之辨,注重词体特质的独立性,不是通常所认为的轻视词体和以词为"小道",而是尊重词,提高词的地位,使之得以作为一种独立文体与诗分庭抗礼的表现。清人张祥龄《词论》的这段话:

> 词,诗家之贼。差以毫厘,失之千里,……非谓诗之道大,词之道小,体格然也。(《词话丛编》本)

很能说明这一点。他们视词为芳洁之体，无限喜爱，将自己平素隐藏于心底的美好情愫，寓于词而发之。他们当中的许多人，都是毕生专力于作词，在长期的创作实践中，用自己全部的热情和智慧去发展词、改造词，为当行本色词的锦簇花团添上属于自己的一份新颜色。他们，才是真正的尊词者。

轻词与轻词派辨

真正轻视词，从意识深处视词为“小道”的人当然是有的。不是别人，正是那些“以诗为词”以及鼓吹“以诗为词”的人们。

这话并非有意立异，而是有事实依据在。“以诗为词”和鼓吹“以诗为词”者之所以要“以诗为词”和鼓吹“以诗为词”，正是因为他们认为词体轻贱，诗体高贵，所以拿较词体更为尊贵的诗体来改造词，替代词。他们轻视、反对前人长期辛勤摸索建立起来的为词体独有的特性，意欲使词的风格面貌回到以前与诗歌混淆不分的状态。而轻视一种文体的特性，取消一种文体的独立发展道路，实质上不就是轻视这一文体本身？

就“以诗为词”和鼓吹“以诗为词”者的言论观点来看，也清晰地暴露出他们轻视词体的潜在意识，可与他们“以诗为词”的实际行动相互验证。

不是说“词体之尊，自东坡始”吗？就是这位使词体始尊的词人，对当时著名词家张先有这样一段评论：“张子野诗笔老妙，歌词乃其余技耳。”“而世俗但称其歌词，……皆所谓未见好德如好色者耶？”（《题张子野诗集后》，《苏轼文集》，中华书局，1986 年。下引苏文均据此本）

张先的词在当时极负盛名，深为人们喜爱，甚至人们径以张三中(其词有“心中事、眼中泪、意中人”之句)或张三影(其词有“云破月来花弄影”、“帘压卷花影”、“坠轻絮无影”之句)呼之。而东坡却以一句“未见好德如好色”的孔训扫倒众人。显然这不是在一般地评其诗词水平之高下，甚至也不仅是一个为文体分等、尊诗贬词的问题。“词乃诗之余”，一如“诗乃文之余”、“文乃道德之余”的常弹老调，反映出的实在是传统的重道轻艺的观念。

魏泰《东轩笔录》卷五记录了被公认为“以诗为词”另一代表的王安石的一段话：“王荆公初为参知政事，闲日因阅读晏元献公小词而笑曰：‘为宰相而作小词，可乎？’”(中华书局，1983 年)从这与苏轼若合符契的话语中，不难看出这些“以诗为词”者轻视词体的真实心态。

与此完全相同的，是那些竭力鼓吹和支持“以诗为词”的后世评论家。不是说他们热情地肯定苏轼“以诗为词”对于词体的革新，表现了进步的倾向吗？可就是在那几段最爱为人们引及的文字中，王灼分明写道：“东坡先生以文章余事作诗，溢而作词曲。”(《碧鸡漫志》卷二，《词话丛编》本)胡寅分明写道：“词曲者，古乐府之末造也；古乐府者，诗之傍行也。……然文章豪放之士，鲜不寄意于此者，随亦自扫其迹，曰谑浪游戏而已也。”(胡寅《向芗林〈酒边集〉后序》，《斐然集》卷 19，《四库全书》本)王若虚也分明写道：“公(东坡)雄文大手，乐府乃其游戏，顾岂与流俗争胜哉！”(《滹南诗话》卷中，人民文学出版社，1983 年)

这些评论苏轼的话语，与苏轼对张先的评论何其相似！他们原本的用意，无一例外地是在颂扬苏轼，却正揭示出苏轼“游戏”为词，以词为“余事”、轻视词体的事实，同时也暴露出他们自己对词体所持有的相同的态度。

正是为了维护词体之尊，陈师道才及时指出苏轼“以诗为词”，“虽工要非本色”（《后山诗话》，《历代诗话》本，中华书局，1982年）的方向性偏差，晁补之、张耒等弟子以及当时的普遍舆论（“世语”）也以“词如诗”三字对这种实际上危害词体地位的作法进行了规讽。（见《苕溪渔隐丛话》前集卷42、38，人民文学出版社，1981年）随后，李清照进一步正面打出“别是一家”的主张，公开强调词体的独立地位。词作家们则在创作实践中以实际行动拨乱反正。

确如刘熙载《艺概·词曲概》所指出：“东坡词在当时鲜与同调。”（上海古籍出版社，1978年）苏轼的同时以及随后，哪怕与之私交甚洽或对之颇为敬重的人继武“以诗为词”的也不多。苏门四学士中，秦观最有词名，但其所遵循的，仍然是“花间”、“南唐”一派的当行本色，而又加以发展，形成了“辞情相称”（《白雨斋词话》卷一引蔡伯世语，《词话丛编》本）、“情韵兼胜”（《四库全书总目·淮海词》，中华书局，1983年）的特色；黄庭坚虽然人称“学东坡，韵致得七、八”（《碧鸡漫志》卷二），但他主要是以生字俚语入词，格调与苏轼不同。同时他又大量创作婉约词，以至被法秀道人称为“以笔墨诲淫”（《扪虱新话》，据《词林纪事》卷六引，成都古籍书店，1982年。今本无），连竭力反对“以诗为词”的陈师道也将他与秦观同观，谓“今代词手，唯秦七、黄九耳”（《后山诗话》）。张耒存词不多，也是婉约一派。晁补之词风确有似东坡处，但在理论上却是主张本色当行的，不仅微讽东坡“词如诗”，也曾批评黄庭坚的一些词“不是当行家语，是著腔子唱好诗”（见《能改斋漫录》卷16，上海古籍出版社，1979年）。后来词家中，“以诗为词”的嗣响更杳。北宋末年的贺铸、周邦彦以及李清照诸大家都是走的与苏轼迥不相同的道路，此乃为众所共知者。

对于这种维护词体之尊的努力，人们并非没有注意到，可多将之归结于传统保守势力的强大，看成是词的发展、提高的阻力。因之，许多作家如秦观、周邦彦、李清照等受到长期的贬抑、批判。秦观被指斥为充满了感伤、没落的情调，周邦彦和李清照则被认为形式主义词家和词论家。而在我看来，秦、李诸人，尤其是秦观本人紧随苏轼之侧，却毅然重新回到传统当行本色词派的道路，这不仅对于苏轼混同诗词界限的倾向是一种无言的反拨，同时也具有了对词的固有特性重新加以认定的意义。至于李清照的《论词》，现在对其重新认识并给予新的评价的已越来越多，那种失之简单、偏颇的"落后"、"保守"、"僵化"论已开始成为研究史上的陈迹。这样，使人不解的就是，我们为什么仍然要对"以诗为词"一味地大唱赞歌呢？

这里不禁联想起词史上号称"尊词"的"浙西词派"。康熙年间朱彝尊创立的浙西词派，不满西蜀、南唐的词风，以为其"言情者或失之俚"，同时也不满苏、辛一派的词风，认为其"使事者或失之俚"（并见汪森《词综序》，《词综》卷首，上海古籍出版社，1981年），因而除以姜、张的所谓"醇雅"拯之而外，就是力图从理论上抬高词的地位，而其使用的主要方法，就是想方设法为词攀上汉乐府、《诗经》，乃至比《诗经》还遥远的古歌谣这几门亲戚。汪森这篇典型地代表着浙派主张的《词综序》开篇便说："自有诗而长短句寓焉。《南风》之操、《五子之歌》是已。周之《颂》三十一篇，长短句居十八；汉《郊祀歌》十九篇，长短句居其五；至《短箫饶歌》十八篇，篇皆长短句，谓非词之源乎？"

这种理论后来颇为人们所接受。乾隆时的李调元，在所著《雨村词话序》中不点名地搬引了这段话，并从而得出进一步的结论："故曰词非诗之余，乃诗之源也。"(《词话丛编》本)光绪年间的文廷式也在《云起轩词钞序》中说："词者，远继风骚，近沿乐府，岂小道欤？"(《云起轩词钞》卷首，光绪南陵徐氏刻本)大有欲使词不仅与《诗经》、《楚辞》、乐府平起平坐，还要高出其上而后快的味道。

然而，他们不是理直气壮地肯定词之为体所独具的诸种特性，不愿堂而皇之地正面颂扬词体创作取得的独特成就，而是汲汲于为词争得一个古老的，在他们看来因而也是高贵的正统的出身，似乎这样就使词体的地位提高了。这种尊词方式本身，适足以暴露出尊词者所具有的绝非尊词而是轻词的潜意识。更不用说，他们仅仅从外部形式着眼，以长短句作为分辨诗词的标志，从理论上来讲也是大有悖于词的起源、发生、发展的实际，完全站不住脚的。

继"浙西词派"之后，还有一个同样以"尊词"为己任的"常州词派"。"常州词派"反对历代人们的轻视词体，"小其文而忽其义"(金应珪《词选后序》，《词选》卷首)的做法，同时也不满"浙西词派"尊词而无力、作词而无物的毛病，提出了影响卓著的"兴寄"理论，企图以此来提高词的地位。

词派创始人、嘉庆间的张惠言在《词选叙》中认为，前代词家之作，表面虽多缘情绮靡，有伤"鄙俗"，实则"义有幽隐"，兴寄深微，"非苟为雕琢曼辞而已"，因而不得以"小道"视之。他又在《词选》中具体演示了自己对词中寄托之义的"指发"。

欧阳修《蝶恋花》词："庭院深深深几许，杨柳堆烟，帘幕无重数。玉勒雕鞍游冶处，楼高不见章台路。　雨横风狂三月暮，门掩黄昏，无计留春住。泪眼问花花不语，乱红飞过秋千去。"张氏注云：

“庭院深深”，闺中既已邃远也；“楼高不见”，哲王又不悟也；“章台”，游冶小人之径；“雨横风狂”，政令暴急也；“乱红”飞去，斥逐者非一人而已。殆为韩（琦）、范（仲淹）作乎？（卷一）

这样，“风雅之士”就不再“惩于”这首词的“鄙俗之音”，而能将之“与诗赋之流同类而风诵之”了。这样，“诗之比兴，变风之义，骚人之歌”，词“则近之矣”。这样，词的地位也就自然与《诗》、《骚》等而同之了。

所以，“常州派”的后起者谭献欢喜赞叹道：“倚声之学，由二张（张惠言及其弟张琦——引者）而始尊耳。”（《复堂词话》，《词话丛编》本）近人夏敬观《蕙风词话诠评》亦云：“张皋文（惠言）、周止庵（济）辈尊体之说出，词体乃大。”（《蕙风词话》后附，《词话丛编》本）

十分明显，“常州词派”将经学家“比兴解诗”的方法移植于解词。本来，“当行”、“本色”一派词家确实自有以词发抒家国身世之感的传统，并且为了符合词体独具的要眇细美，往往将之打入艳情，化激昂为幽咽，像《离骚》以香草美人引类譬喻一样，托寓于风花雪月，残阳烟柳。尤其在身处朝代更迭之时的周、张、王等人的词中，题外之旨尤为显著。因而，“常州派”的“寄托”说并非毫无道理。

但是问题出在，它不顾作品本身的事实，一味以寻求微言大义为能事[①]，透露出的轻视言情、咏物、写景价值的意识是再明显不过的。在“常州派”那里，“兴寄”已不是一种创作的手法，实际上

---

① 上举《蝶恋花》作者别作冯延巳。据考证，确非欧词，而应归于冯氏名下（参曾昭岷、曹济平、王兆鹏、刘尊明合编《全唐五代词》正编卷三此词下附考，中华书局，1999年）。这就更明显看出其穿凿附会之不足为据了。作者校时补记，2002年冬日。

成为内容——并且是偏向与政治、社会有关的内容的代名词。这样，就如同朱自清先生指出的："论诗尊'比兴'，所尊的并不全在'比'、'兴'本身价值，而是在'诗以言志'、诗以明道的作用上。"(《诗言志辨·比兴》，开明书店，1947年)

经学家们为解《诗》建立了言志载道的诗教，"常州词派"并将词纳入诗教的轨范，对词体创作及词学研究的影响都是深远的。"常州词派"虽然不满"浙西词派"，却同"浙西词派"一样，意识深处是瞧不起词的。他们的尊词，套用朱自清的话，所尊的并不在词本身，而是在言志明道的诗教上。这不仅不能真正提高词的地位，反而是对词自身价值的歪曲与践踏。

总而言之，不论"以诗为词"和鼓吹"以诗为词"者的本意如何，从其理论中透露出来的，确实是视词为余事、为小技旁道的轻词意识。这种思想中的深层意识也许他们自己都没有明确的认识，却无所不在地指导和支配着他们的行为。他们"以诗为词"，也许想要以此扩大词的社会功能，提高词的思想境界，实际上却造成了损害词体特性、危害词体独立性的结果。归根结底，也就是他们意识深处的轻词观念决定的。

苏轼词学观新说

在论述古代词人和词论家的词学观时，苏轼是一个跨越不过的人物。这是因为，很少有人像他在词史上占据那样特殊的位置，很少有人像他在词学史上引起过那样多的话题。

那么话回到本题，我们根据上文陈述的思路来对苏轼的词学观作一番新的诠释。

不用说，与众不同的是，我认为苏轼的意识深处是轻视词这种文体的，这种轻词的意识在许多方面都有反映。

首先反映在他有关词体、词学的一些见解上。

如前文所引，苏轼在《题张子野诗集后》中认为张先的词是其诗歌的“余技”。元吴师道《吴礼部诗话》亦谓坡称欧词：“犹小技，其上有取焉者。”（《历代诗话续编》本，中华书局，1983 年）又，苏轼称自己所作为小词：“近却颇作小词。”（《与鲜于子骏书》）“小词、墨竹之类，皆不复措思。”（《与李公择》）称他人所作为微词：“微词婉转，盖诗之裔。”（《祭张子野文》）众所周知，“余事”、“小词”是那个时代对词的习称，是当时普遍存在的轻词重诗、重道轻艺观念的语言表露。苏轼于此，并无不同。他又批评时人喜爱张先的歌词，是孔子所说的“未见好德如好色”，更清楚地表明了他对词的见解。

词既“微”“小”，那么在苏轼看来，怎样才能使之高大起来呢？那就是：“以诗为词”。他在《与蔡景繁书》中赞扬蔡词：“颁示新词，此古人长短句诗也，得之惊喜。”又《与陈季常书》赞扬陈词：“又惠新词，句句警拔，诗人之雄，非小词也。”就是说，只有像诗人的诗歌那样雄豪，甚至干脆就是诗人之诗，不过句子尚须保持长短不齐，这样的词作才不再是“微”“小”之词（这也正是陈师道指摘他“以诗为词”的根据）。然而，诗词合流，写出的词与长短句的诗没有区别，如果真的做到了，作为一种独立文学体裁的词还存在哪儿呢？

苏轼提到的蔡、陈二家使他惊喜的词今天已经不能使我们惊喜了。因为蔡词已全然亡佚，陈词也只剩下味同嚼蜡的《无愁可解》（光景百年）一首。历史的法则就是这样无情。可以一问的倒是，陈慥唯一留存下来的这首词，长期混迹于苏词当中（这也是它得以幸存的原因),被当作苏词传播。这是否也传达了一种信息,即苏词当中固有与之相近的一类词作,或在公众的感觉上,它就是苏轼的词作呢?

其次,反映在苏轼词创作的态度上。

我们往往讲当行本色派词人视词为卑贱之物,奇怪的是他们中的许多人都是用一生的精力专意于作词,柳永便是典型的一例。很难解释这样的人怎么会是瞧不起词的人。

与之相反,苏轼却不是这样。按照王灼的说法,他是"以文章余事作诗,溢而作词曲"(《碧鸡漫志》卷二),词在他全部文字创作中只占极小的一部分,且其开始作词的时间亦较诗文为迟。具体来看他的作词态度,当然不是没有严肃认真的一面,可胡寅所说的"谑浪游戏",王若虚所说的"乐府乃其游戏"(见上引),确实道出了他创作态度的另一面。

举例来说,他有《减字木兰花》一词:

> 郑庄好客,容我尊前先坠帻。落笔生风,藉藉声名不负公。　　高山白早,莹骨冰肤哪解老。从此南徐,良夜清风月满湖。(《全宋词》本,中华书局,1980年。下引苏词均据此本)

人多不晓其意。原来写作背景是这样:"东坡自钱塘被召,过京口,林子中守。郡有会,坐中营妓出牒,郑容求落籍,高莹求从良。子中命呈东坡,坡索笔为《减字木兰花》书牒后。……暗用此八字于句端也。"(《东皋杂录》,《苕溪渔隐丛话》后集卷40引)在这里,词不仅仅是诗了,它还能当判词来使呢!

又如《戚氏》(玉龟山)一词,赋穆天子宾于西王母事,又是在什么场合下写出的呢?据其门生李之仪记载,他元祐末年在定州时常与宾客宴饮,“方从容醉笑间,多令官妓随意歌于坐侧,各因其谱,即席赋咏。一日,歌者辄于老人之侧作《戚氏》,意将索老人之才于仓卒,以验天下之所向慕者。老人笑而颔之。邂逅方论穆天子事,颇摘其虚诞,遂资以应之。随声随写,歌尽篇就,才点定五六字尔。”(《跋戚氏》,《姑溪居士文集》卷38,《丛书集成初编》本)正因其词是如此诞生的,内容十分无谓,所以后来人对当事人李之仪的确凿记载也心生怀疑,不信其为东坡所作。(见南宋费衮《梁谿漫志》卷九,上海古籍出版社,1985年)

有一件事值得我们深思。元丰年间,苏轼经过“乌台诗案”的大灾难后被贬黄州,深感“平生文字为吾累”(《十二月二十八日,蒙恩责授检校水部员外郎黄州团练副使,复用前韵二首》之二,中华书局,1982年),决心戒之(《与沈睿达书》:“某自得罪,不复作诗文,公所知也。不唯笔砚荒废,实以多难畏人。”),然而,他却有两种文字自作不妨。一是“僧佛语”,另一就是“小词”。其《与程彝仲书》云:“多难畏人,不复作文字,唯时作僧佛语耳。”《与陈季常书》又云:“近者新阕甚多,篇篇皆奇。迟公来此,口以传授。”为什么这两种文字不在深戒之列呢?因为它们都不碍事。“专为佛教,以为无嫌,故偶作之。”(《与王佐才书》)“比虽不作诗,小词不碍,辄作一首,今录呈。”(《与陈大夫书》)不仅作,还盼着别人来读,还直接寄去与别人欣赏!

通常认为,苏轼扩大了词反映现实、针砭时弊的社会功能,是其提高词的地位,将之与诗等量齐观的表现。姑不论这是否算作提高了词的价值,从上面反映的苏轼对于作诗与作词截然相异的表现中,已使我们对这一通常所持的观点产生了怀疑。苏轼对词的看法果然和诗一样吗?他的“小词”所以能“不碍”,与胡、王诸人说他的“游戏”为词之间是否有相当的联系呢？我以为答案是肯定的。

实际上，苏轼自己在黄州的一封信中，已明确表达了将作词与欣赏词当作“闲居之鼓吹”（《与杨元素书》）的观点。

这样，最后，就来看看苏轼“闲居鼓吹”、“游戏”作词在实际创作中的具体表现。

对于文学作品的欣赏，不同的人自有不同的取舍，不必要也不可能求得一律。但我想，对于苏词中的这几类词，人们应该是无法为其叫好的，一是回文词，二是嵌字词，三是自创不可解之词，四是集句和隐括词。这些词之所以非属玑珠，是因为它们玩文学，玩技巧，游戏笔墨，完全背离了文学创作为情造文的基本要求。

苏词中有《菩萨蛮》回文七首，其中四首为春、夏、秋、冬四季“闺怨”，文意扞格，俗不可耐，几令人无法卒读。其《春闺怨》一首云：

> 翠鬟斜幔云垂耳，耳垂云幔斜鬟翠。春晚睡昏昏，昏昏睡晚春。　　细花梨雪坠，坠雪梨花细。颦浅念谁人，人谁念浅颦。

可见一斑。邹祗谟《远志斋词衷》说：“回文（词）之就句回者，自东坡、晦庵始。”（《词话丛编》本）之后陆续有人试作，苏轼可谓始作俑者。

嵌字词见前引，将“郑容落籍，高莹从良”八字嵌于每句之首，凑成一阕，以至后人“多不晓其意”（《扪虱新话》卷九，《津逮秘书》本），非知情人不得其解。苏轼之后，嵌字词未见续作。

苏轼又有《皁罗特髻》一词：

> 采菱拾翠，算似此佳名，阿谁消得。采菱拾翠，称使君知客。千金买采菱拾翠，更罗裙满把珍珠结。……

《远志斋词衷》谓此词"不可骤解",明人万树《词律》卷12收之,亦谓"或是坡仙游戏为之,未可考也"(上海古籍出版社,1984年)。

集句本是诗歌创作中的一种手法,历来人们对其评价不高。黄庭坚称之为"百家衣体",且曰"匹堪一笑"(见《冷斋夜话》卷三,中华书局,1988年;《滹南诗话》卷中)。刘贡父亦讥其为"譬如蓬荜之士,适有重客,既无自己庖厨,而器皿肴蔌悉假贷于人,收拾饾饤尽心尽力,意欲强学豪奢,而寒酸之气终是不去"(朱弁《风月堂诗话》卷上引,中华书局,1991年),甚至苏东坡本人也嘲笑过集句是乱拉郎配,"天边鸿鹄不易得,便令作对随家鸡"(《次韵孔毅父集古人句见赠》)。但他虽不作集句诗,却作了集句词四首,即《定风波》(雨洗娟娟嫩叶光)、《南乡子》(寒玉细凝肤)、又(怅望送春杯)、又(何处倚栏干)。

他又有隐括词六首,前人评价甚低,连惯唱颂歌的王若虚也不得不谓:"东坡酷爱《归去来辞》,既次其韵,又衍为长短句,又裂为集字诗,破碎甚矣。陶文信美,亦何必尔!是亦未免近俗也。"(《滹南诗话》卷中)清人贺裳《皱水轩词筌》亦云:"东坡隐括《归去来辞》,山谷隐括《醉翁亭》,皆堕恶趣。天下事为名人所坏者,正自不少。"(《词话丛编》本)这些批评值得我们深长思之。

苏轼游戏为词的表现除在形式外,内容也有之。这主要指应酬玩笑一类作品。《减字木兰花》云:

> 唯熊佳梦,释氏老君亲抱送。壮气横秋,未满三朝已食牛。　犀钱玉果,利市平分沾四坐。多谢无功,此事如何到得侬。

这是苏轼为贺好友李公择生子而作。内中用了一个典故。"晋元帝生子,宴百官,赐束帛。殷羡谢曰:'臣等无功受赏。'帝曰:'此事岂容卿有功乎?'"①

另有《南歌子》一首:

> 师唱谁家曲,宗风嗣阿谁。借君拍板与门槌。我也逢场作戏、莫相疑。　溪女方偷眼,山僧莫眨眉。却愁弥勒下生迟。不见老婆三五、少年时。

据《冷斋夜话》,"东坡携妓谒大通禅师,大通愠色,坡作长短句"云云(宋阮阅《诗话总龟》前集卷42引,人民文学出版社,1987年。今本无)。

这类作品,内容上无甚可取,只不过能反映作者的风趣和诙谐。清人沈雄《古今词话·词品下卷》称"苏长公为游戏之圣"(《词话丛编》本),主要是就这类作品而言。

苏词在内容上还可指摘的一点是,胡寅说他"一洗绮罗香泽之态,摆脱绸缪宛转之度",这是言过其实的评语。他亦用"嫩脸"、"香喘"、"剥葱"(手)、"腻玉"(颈)之类的俗语,妖娆秾丽、格调低靡的并不罕见,从情调到写法与为人所垢病的某些晚唐五代艳词并没有太大区别。如他在酒席上赠侍儿的一首《鹧鸪天》:

> 笑撚红梅亸翠翘,扬州十里最妖娆。夜来绮席亲曾见,撮得精神滴滴娇。　娇后眼,舞时腰,刘郎几度欲魂消。明朝酒醒知何处,肠断云间紫玉萧。

便是很具代表性的一例。

苏词中的这类作品,前人不是没有看到,却往往为之打圆场。

---

① 见傅干《注坡词》(刘尚荣校证本,巴蜀书社,1993年)卷九此词末句注引"秘阁古《笑林》"。元刻本《东坡乐府》(古典文学出版社影印,1957年)卷下所收此词,将此段误入词序。又《世说新语·排调》:"元帝皇子生,普赐群臣。殷洪乔谢曰:'皇子诞育,普天同庆。臣无勋焉,而猥颁厚赉。'中宗笑曰:'此事岂可使卿有勋邪?'"(徐震堮校笺本,中华书局,1984年)

读读这样的话最有意思。王若虚称：“其溢为小词，而间及于脂粉之间，所谓滑稽玩戏，聊复尔尔者也。若乃纤艳淫媟，入人骨髓，如田中行、柳耆卿辈，岂公之雅趣也哉！”（《滹南诗话》卷中）就是说，苏东坡的脂粉绮靡，那是闹着玩的，不像柳永等人，才是真不得了。元好问的一段话更多抵牾：“唐歌词多宫体，又皆极力为之。自东坡一出，情性之外，不知有文字。真有‘一洗万古凡马空’气象。虽时作宫体，亦岂可以宫体概之？”（《新轩乐府引》，《遗山先生文集》卷36，《四部丛刊》本）既然坡词有“一洗万古凡马空”气象，怎么还会“时作宫体”？既然“时作宫体”，怎么又不可“以宫体概之”呢？当然，谁也不会说苏词全是“宫体”，其中有“宫体”成分，这是无法为之解说的。它未必不可视作苏轼轻视词体，视之为“小道”的又一表现。

也许有人要说，在本色当行派词家中所谓“脂粉淫媟”之作岂不更多？这当然是事实。但我以为，二者反映的实质尚有不同。对于本色当行派词人来说，归根结底是他们精神境界不广、趣味格调不高所致，而不是他们轻视词这一文体的缘故。此类词人创作诗歌，同样多脂粉绮靡之作——其结果是晚唐五代诗风的昌盛，就足以证明这一点。

而苏轼则不同。他主张“以诗为词”，是因为他觉得诗重词轻，诗庄词媚，所以要求用诗歌改造之。他在实际创作中更难免处处流露出对他认为“微”“小”的这种文体的轻视，除上述诸条外，也包括这里所说的“时作宫体”——在他的诗歌中，这类格调低下之作是几近绝迹的。这当然就是他轻视词体思想的表现了。

以上是从特定的角度对轻词尊词问题所作的一些探讨，意在为沿袭已久的传统观点提供一种参照，以期引起对这些词史上关乎全局的重大理论问题的全面思考。言辞容或偏激，观点抑有过当，尚希方家通人不吝赐教。

《文学评论》1995年第一期

陈子昂文学地位的历史评价

从当时同道挚友的热情赞扬，到今天通行课本的高度评价，古往今来，陈子昂的地位可谓高矣！然而，如果我们不仅仅局限于一时一地的功过评骘，把陈子昂纳入中国文学的发展长河，作一番追本溯源、察前观后的工作；如果我们能够顾及文学对于自身特性的要求，而非仅仅以社会功用作为判定文学高下的唯一标准，那么我们对于陈子昂文学地位的评价，也许会重新作出一些思考。

一

文风必须改革，这并非某一朝代的呼声。其实在绮靡之风最盛的齐梁就已肇端，历陈隋至唐从未间断，在陈子昂的前前后后，更成为一种普遍的要求。

如作于梁代的裴子野《雕虫论》：

> 大明之代，实好斯文。高才逸韵，颇谢前哲；波流同尚，滋有笃焉。自是闾阎少年，贵游总角，罔不摈落六艺，吟咏性情。学者以博依为急务，谓章句为专鲁。淫文破典，斐尔为曹。无被于管弦，非止乎礼仪；深心主卉木，远致极风云。其兴浮，其志弱，巧而不要，隐而不深。（《通典》卷16，中华书局，1988年。题依《文苑英华》卷742，中华书局，1982年）

隋代李谔《上隋高祖革文华书》：

魏之三祖，更尚文词。忽君人之大道，好雕虫之小艺。下之从上，有同影响。竞骋文华，遂成风俗。江左齐梁，其弊弥甚。贵贱贤愚，唯务吟咏。遂复遗理存异，寻虚逐微。竞一韵之奇，争一字之巧。连篇累牍，不出月露之形；积案盈箱，唯是风云之状。（《隋书·李谔传》，中华书局，1973年。题为后人所加）

陈子昂稍前的王勃《上吏部裴侍郎启》：

夫文章之道，自古称难。圣人以开物成务，君子以立言见志。遗雅背训，孟子不为；劝百讽一，扬雄所耻。苟非可以甄明大义，矫正末流，俗化资以兴衰，家国繇其轻重，古人未尝留心也。自微言既绝，斯文不振。屈、宋导浇源于前，枚、马张淫风于后。谈人主者，以宫室苑囿为雄；叙名流者，以沉酗骄奢为达。……崇大厦者非一木之材，匡弊俗者非一日之卫。众持则力尽，真长则伪销，自然之数也。（《王子安集》卷八，《四部丛刊》本）

同时的刘晓《上高宗论选疏》：

礼部取士，专用文章为甲乙，故天下之士，皆舍德行而趋文艺，有朝登甲科而夕陷刑辟者，虽日诵万言，何关理体！文成七步，未足化人。况尽心卉木之间，极笔烟霞之际。以斯成俗，岂非大谬！夫人之慕名，如水趋下。上有所好，下必甚焉。陛下若取士以德行为先，文艺为末，则多士雷奔，四方风动矣！（《资治通鉴》卷202“上元元年”条下，中华书局，1982年。题为引者所加）

稍后的贾至《上肃宗议贡举疏》：

> 间者礼部取人，……考文者以声病为是非，唯择浮艳，岂能知移风易俗化天下之事乎？是以上失其源而下袭其流，波荡不知所止，先王之道，莫能行也。夫先王之道消，则小人之道长；小人之道长，则乱臣贼子生焉。臣弑其君，子弑其父，非一朝一夕之故，其所由来者渐矣。渐者何？谓忠信之凌颓，耻尚之失所，末学之驰骋，儒道之不举，四者皆取士之失也。（《旧唐书·杨绾传》，中华书局，1986年。题为引者所加）

从这些慷慨激昂的言辞中，确实能看见一股反对绮靡文风的强大声势。问题在于，当我们用冷静的头脑进行分析，便会发现改革者们的文学观念十分落后，革新文风的武器十分陈旧。他们或者将儒道与文学对立，把后者说成是“雕虫之小艺”，“何关理体，未足化人”；或者让文学担负起“移风易俗，化天下之事”的大任，“俗化资以兴衰，家国由其轻重”。从这看似极端对立的言论中，不难发现其完全一致的真实思想，那就是他们反复强调的文学要沿“羲皇舜禹之典”，行“伊傅周孔之说”，合“礼义”，益“理乱”。（引言均见上举诸文）他们公开声明，要把声韵辞华、写景言情排斥在文学之外。

在这此起彼伏的改革声中，陈子昂也以一个诗歌革新者的姿态登上舞台，他大声疾呼：“诗礼固可学，郑卫不足听。”（《座右铭》，《陈子昂集》，中华书局，1960年。下引陈文均据此本）这是隋文帝已弹过的老调①；还说“堂宇芜秽，殆无人踪。诗书礼乐，罕闻习者”，故“天子立大学，可以聚天下英贤，为政教之首”（《谏政理书》），这又与上文所引贾至的主张不谋而合。《上薛令文章启》

---

① 《隋书·高祖本纪》开皇九年12月，诏曰：“百王衰敝之后，兆庶浇浮之日，圣人遗训，扫地俱尽。制礼作乐，今也其时。朕情存古乐，深思雅道。郑卫淫声，鱼龙杂戏。乐府之内，尽以除之。”

一文,更体现出他对文学的认识:

> 某闻鸿钟在听,不足论击缶之音;太牢斯烹,安可荐葵羹之味。然则文章薄伎,固弃于高贤;刀笔小能,不容于先达。岂非大人君子以为道德之薄哉。……文章小能,何足观者!

这同裴子野、王勃等的"雕虫小技"论何其相似。

这里并非是对陈子昂与其他诗歌革新者文学思想的异同作全面比较,更无意将陈子昂与上述诸人等量齐观。只是想说明,陈子昂仍然恪守着传统儒家道德教化的文学观,这样一个事实。就是这样的文学观,决定了他的诗歌革新运动,以及革新运动的缺陷与不足。

从为人熟知的《修竹篇序》可以知道,陈子昂的改革主张十分明确:打击齐梁余风,提倡汉魏风骨。这一大方向没有错。中国文学的发展在齐梁出现了偏差,随着有唐一代的兴起,纠偏补缺,扭转航向,已经成为大势所趋,势在必行。陈子昂适应了时代的需要,高举起汉魏文学的大旗,有力打击了文坛的浮艳文风,我们必须肯定他诗歌革新运动的历史功绩。

然而,当我们站在距陈子昂千余年的今天,以历史的和宏观的眼光,从整个文学史发展进程的角度去评说陈子昂的诗歌革新理论,不得不指出:

第一,他提出"汉魏风骨"的革新主张,那只是接过前人的旗帜,并未为文学史提供新的理论。

第二,他以古老的"言志"、"比兴"说作为改革的两大理论支柱,而"言志"说在提出的当时意义或许颇大,在文学状况发生根本变化的后代,作为文学理论来说,却愈见显示出它的过时;"比兴"说则在代代相沿中丧失了它的本义,几乎成了内容与风教的代名词。改革者和道学家往往以此作为片面强调道德教化的借口,陈子昂也是如此。

第三,他没有处理好内容与形式的关系,因而他的理论意识与创作实践都不可避免地落后于时代的发展和要求。

第四,他的革新运动是以一种偏颇纠正另一种偏颇,或者说,在纠偏补缺的同时又产生了新的偏缺。

二

陈子昂提出"建安正始"、"汉魏风骨",完全是继承钟嵘、刘勰的理论,自己并无新的贡献。请看钟、刘两家的论述。

钟嵘《诗品序》:"降及建安,曹公父子,笃好斯文。平原兄弟,郁为文栋。刘桢、王粲,为其羽翼。……彬彬之盛,大备于时矣。"又列阮籍入上品,评其诗:"陶性灵,发幽思。言在耳目之内,情寄八荒之表。"(《诗品》卷首,陈延杰注本,人民文学出版社,1961 年)刘勰《文心雕龙·时序》:"魏武以相王之尊,雅爱诗章;文帝以副君之重,妙善辞赋;陈思以公子之豪,下笔琳琅:并体貌英逸,故俊才云蒸。"又《明诗》:"及正始明道,诗杂仙心,……惟嵇志清峻,阮旨遥深,故能标焉。"(范文澜注本,人民文学出版社,1958 年)可以看出,他们都突出赞美了建安文学,并对正始文学的优秀代表阮籍、嵇康给予高度评价。这同陈子昂"不图正始之音,复睹于兹;可使建安作者,相视而笑"(《修竹篇序》)的学习对象,是完全相同的。

对"建安风骨"内涵的理解,或者说学习建安文学的具体主张,陈子昂仍然与钟嵘、刘勰如出一辙。

《诗品》评曹植:"骨气奇高。"刘桢:"仗气爱才,……真骨凌霜,高风跨俗。”阮籍：“陶性灵，发幽思，……颇多感慨之词。”《文心雕龙》总评建安：“暨建安之初，……慷慨以任气。”（《明诗》）“观其时文，雅好慷慨。良由世积乱离，风衰俗怨，并志深而笔长，故梗概而多气也。”（《时序》）显而易见，陈子昂提出的“骨气端翔”就是这里所说的“骨气”、“真骨”、“梗概而多气”、“慷慨以任气”，概谓追求一种刚健梗直的诗风也。而陈子昂的“发挥幽郁”（《修竹篇序》）、“揭闻见、抗衡当代之士”（《与韦五虚己书》），又同这里的“发幽思”、“颇多感慨之词”、“风衰俗怨”一样，是对文学内容方面的要求，即发挥自己的块垒奇崛之思，揭露社会的坎坷不平之事。

应该肯定陈子昂重新提倡建安风骨在当时文坛的积极意义，但从历史的角度看，陈子昂并没有提出超乎前人的更新理论，将其改革主张拔高到“前不见古人，后不见来者”的地位，不符合历史事实。

现在来看看陈子昂作为革新武器的“言志”、“比兴”理论。

关于“诗言志”。

“诗言志”最早由《左传·襄公二十六年》及《尚书·舜典》提出，堪称我国诗歌理论“开山的纲领”（朱自清《诗言志辨·序》，开明书店，1947 年）。然而，随着文学自觉时代的到来，魏文帝提出了“诗赋欲丽”（《典论·论文》）的要求。随着文学的进一步发展，文学家陆机更喊出了“诗缘情”（《文赋》）的口号。刘宋，源于晋代的文笔之争全面展开①，文学与史学、哲学开始分手②，第一部

---

① 关于文笔之争，参郭绍虞《文学观念与其含义之变迁》及《文笔与诗笔》二文，《照隅室古典文学论集》上编，上海古籍出版社，1983 年；罗根泽《中国文学批评史》，第三编第二章“文笔之辨”，上海古籍出版社，1984 年。

② 《宋书·隐逸传》：“上（宋文帝——引者）留心艺术，使丹阳尹何尚之立玄学，太子率更令何承天立史学，司徒参军谢元立文学，凡四学并建。”（中华书局，1974 年）又见《南史·文帝纪》等。

文学家专传《后汉书·文苑传》创立[1]。梁代，第一部文学总集《文选》问世。经过漫长的历史发展，文学终于获得自己独立的地位，这是多么值得庆贺的事！这些文学家、理论家对文学本质特性的探讨，又是多么值得称颂的事！

我们并不否认"诗言志"理论本身，相反认为它在当时提出确是很合情理的事情。因为那时的人们对文学自身的规律特性尚未有清醒的认识，诗歌同音乐、历史、哲学尚未分家，都被当作事父事君和政治教化的工具。举例说，他们要求诗歌起"经夫妇、成孝敬、厚人伦、美教化、移风俗"(《毛诗序》)的作用，甚至直接当成政治外交的武器，所谓"诵《诗》三百，授之以政，不达，使于四方，不能专对，虽多，亦奚以为"(《论语·子路》)。了解了当时文学观念和文学发展的状况，就可以理解古人对文学的这些非文学性的要求，就可以理解"诗言志"理论提出的历史必然。

但是，彼一时，此一时也，后人却不该在文学状况发生了根本变化的时代，仍然坚持这一套理论，坚持政教风化的文学观，否则就只能是对文学的反动，这应该是很明显的道理。陈子昂认为："诗言志也，可得闻乎？"(《薛大夫山亭宴序》)不能不说是一种倒退。

当然我们知道，陈子昂对"诗言志"的理解未尝没有自己的侧重，那就是反映现实、揭露时弊、发泄不平。这本身固然是进步的主张，但由于他对文学内容的正确要求与否定文学形式的错误观点联在一起，由于他对"诗言志"的提倡实际上与对文学思想性的

① 参拙文《〈后汉书·文苑传〉的创立及意义》，《古典文学知识》，1996 年第四期。作者校时补注，2002 年冬日。

狭隘理解分不开，就使得他的理论带有了很大的偏颇和局限。

关于“比兴”。

陈子昂在《喜马参军相遇醉歌序》中说：“夫诗可以比兴也，不言曷著？”显然是把“比兴”作为对文学思想内容的要求来提倡的。但实际上，“比兴”的本义完全不是这样。

钟嵘和刘勰在解释时，已把它们当作诗歌的创作手法。《诗品序》：“诗有三义焉：一曰兴，二曰比，三曰赋。文已尽而意有余，兴也；因物喻志，比也；直书其事，寓言写物，赋也。宏斯三义，酌而用之，干之以风力，润之以丹彩，使味之者无极，闻之者动心，是诗之至也。若专用比兴，患在意深，意深则词踬；若但用赋体，患在意浮，意浮则文散。嬉成流移，文无止泊，有芜漫之累矣。”《文心雕龙·比兴》：“比者，附也；兴者，起也。附理者，切类以指事；起情者，依微以拟议。起情故兴体以立，附理故比例以生。”孔颖达释六义：“赋、比、兴是诗之所用，风、雅、颂是诗之成形。”（《毛诗正义》卷一之一，《十三经注疏》本，中华书局，1980 年）更明确认为前者是作诗的三种方法。基于相同的理解，朱嘉对其有详细的阐释：“兴者，先言他物以引起所咏之词也。”“赋者，敷陈其事而直言之者也。”“比者，以彼物比此物也。”（《诗集传》，上海古籍出版社，1980 年）

这些都与郑玄不同。郑玄的定义是：“赋之言铺，直铺陈今之政教善恶；比，见今之失，不敢斥言，取比类以言之；兴，见今之美，嫌于媚谀，取善事以喻劝之。”（《周礼·大师》注，《十三经注疏》本）这样，比是刺，兴是美，赋则美刺相兼，诗歌的表现手法便成为内容风教的代名词了。

同“诗言志”一样，我们不必对文学自觉时代到来之前的经学家的解释多加责难①,但这样的解释导致了对于诗歌的牵强附会,却是事实。例如《关雎》,本来是青年男子思慕异性的感情表白,却偏偏说成"后妃之德也,风之始也,所以风天下而正夫妇也"(《关雎序》,《毛诗正义》卷一之一)。又如《卷耳》,明明是妻子对远行丈夫的思念,却说什么"器之易盈而不盈者,志在辅佐君子,忧思深也"(《卷耳》郑笺,《毛诗正义》卷一之二)。这哪里还是诗歌的诠释?分明是政教的宣扬。朱自清指出:"论诗尊'比兴',所尊的并不全在'比''兴'本身价值,而是在'诗以言志'、诗以明道的作用上。"(《诗言志辨·比兴》)真是一语破的,切中肯綮。

无疑,陈子昂接受的是郑玄的解释,在客观上对后来滥用比兴以寻微言大义的作法,起了某种推波助澜的作用。如宋僧惠洪解杜甫"老妻画纸为棋局,稚子敲针作钓钩"(《江村》,仇兆鳌《杜诗详注》本,中华书局,1985年。下引杜诗均据此本)两句诗:

> 妻比臣,夫比君。棋局,直道也。针合直而敲曲之,言老臣以直道成帝业,而幼君坏其法。稚子,比幼君也。(《石门洪觉范天厨禁脔》卷中"比兴法",北京图书馆藏明活字印本)

又如以"寄托说"著称的张惠言解欧阳修《蝶恋花》(实为冯延巳词):

> "庭院深深",闺中既以邃远也;"楼高不见",哲王又不悟也;"章台",游冶小人之径;"雨横风狂",政令暴急也;"乱红"飞去,斥逐者非一人而已。(《词选》卷一,中华书局,1957年)

就是很典型的两个例子。这一具体责任不是说要由陈子昂来负,

① 不过早于郑玄数十年的郑众已言:"比者,比方于物。""兴者,托事于物。"(孔颖达疏引,《毛诗正义》卷一之一)诚属难能可贵。

但应该说,在“比兴”发展的这条线索中,陈子昂所起的作用是不尽令人满意的。

三

陆机《羽扇赋》引宋玉曰:“夫创始者恒朴,而饰终者必妍。”(《陆机集》卷四,中华书局,1982年)这是很辩证的文学发展观。由简单而繁复,由质朴而奢华,由专讲社会功用到注重内部特性,这是文学成熟的表现,也是文学发展的必然。

如前所述,钟、刘两家都很强调文学的思想内容,却同样不忽视文学的艺术性要求。在《诗品》特别是《文心雕龙》中,我们可以随处看到他们关于文学艺术特性、形式规律的探讨。然而陈子昂在这方面却大大后退了一步,以至于使他倡导的这一旨在促进文学发展的革新运动,对文学自身却十分轻视,使他的理论和创作都落在了文学发展时代趋势的后面,突出表现在以下三方面。

一、七言问题。

今天看来,从四言到五言再到七言,明显标志着文学发展的进程。然而文学史上的每一次进步,往往会伴随或大或小的非议、责难。

如在晋代,五言早已蔚为大国,挚虞的《文章流别论》仍然认为:“雅音之韵,四言为正。其余虽备曲折之体,而非音之正也。”(《艺文类聚》卷56引,上海古籍出版社,1982年)同样,在七言勃勃兴盛的梁代,连刘勰也不免略嫌保守:“若夫四言正体,则雅润为本;五言流调,则清丽居宗。”(《文心雕龙·时序》)就是不提七言。

正如胡应麟所说:“王杨诸子歌行,韵则平仄互换,句则三五错综。……七言之体，至是大备。”（《诗薮·内编卷三》，上海古籍出版社，1979年）七言在四杰时代已经开始作为主角登上诗歌舞台。经过沈佺期、宋之问、富嘉谟诸诗人的共同努力，在武后时期更加盛行。面对这一在初唐特别是初唐以后最主要的诗歌形式，陈子昂竟视若无睹。在他现存一百余首诗篇中，竟然没有一首七言！原因何在？他的革新运动继承者李白的一段话，很能道出他们共同的心声：“兴寄深微，五言不如四言，七言又其靡也。”（《本事诗·高逸》引，《历代诗话续编》本，1983年）这样的看法显然是片面的。

二、声律问题。

对声调格律的认识，是人们对诗歌艺术规律自觉掌握的重要体现。从魏晋以前的自然天成，到陆机“暨音声之迭代，若五色之相宣”（《文赋》）的初步意识，从沈约“一简之内，音韵尽殊；两句之中，轻重悉易”（《宋书·谢灵运传论》，中华书局，1987年）的有意提倡，到沈、宋“回忌声病，约句准篇”（《新唐书·宋之问传》，中华书局，1975年）的最后定格，可以清楚地看出古人辛勤探索的历史轨迹。

据统计，“文章四友”五律的平均合律数已近百分之八十，沈、宋二人更高达百分之九十六，与之同时的陈子昂，则仅有百分之二十九。这是多么惊人的差距！陈子昂对声律的态度不言自明。

然而，有人却以《文镜秘府论南卷·论文意》“夫诗格律须如金石之声。……《天台山赋》能律声，有金石声”为证，认为陈子昂所谓的“骨气端翔，音情顿挫，光英朗练，有金石声”，“是从诗的声律方面提出的要求”，已“涉及诗的声律问题”（《陈子昂诗歌理论新探》，《文史哲》，1984年第二期）。但事实是，空海这里所指并非唐代的近体格律，因为《天台山赋》是晋人孙绰（兴公）所作，其时四声之道还“此秘未睹”，永明体尚未出现，更无从谈得上律诗的格律。《世说新语·文学》有这样一段记载：“孙兴公作《天台赋》成，以示范荣期，云：‘卿试掷地，要作金石声。’范曰：‘恐子之金石，非宫商中声。’”（徐震堮校笺本，中华书局，1984 年）这就再清楚不过了。同样，陈子昂的所谓“金石声”，只是要求一种刚健顿挫的自然天成的声韵，与唐代有意讲求的平仄对仗的格律，完全不是一回事。

宋濂曾经说过：“唐初承陈、隋之弊，多尊徐、庾，遂致颓靡不振。以律法相高，益有四声八病之嫌矣。唯陈伯玉痛惩其弊，专师汉魏。”（《答董秀才论诗书》，《文宪集》卷 28，台湾商务印书馆影印《四库全书》本，1986 年）可见，前人其实很清楚陈子昂对格律的态度。但实际上作品内容的孱弱是作家思想的原因，并非格律本身的过错。声调格律的兴起是文学发展的时代趋势，陈子昂为纠正齐梁余风的偏颇，“专师汉魏”，提出自然天成的“金石声”，与时代趋势是大不相符的。

三、复变问题。

皎然指出：“反古曰复，不滞曰变。若唯复不变，则陷于相似之格。……复变二门，复忌太过。”（《诗式》卷五，李壮鹰校注本，齐鲁书社，1986 年）对于陈子昂的复古，当然应该肯定他纠偏补罅的良苦用心，但就他个人创作而论，却由于不能正确对待复变关系而犯了“太过”之忌，“陷于相似之格”。

前人评他：

> 子昂，阮也。（胡应麟《诗薮·内编卷二》）
>
> 不图垂拱世，复睹建安诗。（杨慎《登玉京观陈子昂读书台》二，转引自《陈子昂先生全集》，清道光蜀刻本）
>
> 读《感遇》等章，何啻在黄初间也。（沈德潜《唐诗别裁

> 集·凡例》,中华书局,1981 年)
>
> 五言古诗,……苏李赠答、《古诗十九首》后,唯陈思诸作及阮公《咏怀》、子昂《感遇》等篇,不逾分寸。余皆或出或入,不能一致也。(施补华《岘佣说诗》,《清诗话》本,中华书局,1982 年)

等等。即使这仅是就思想内容方面的相似而言,已经不无可说,何况它们在很大程度上是艺术风格方面的雷同。

翻开陈子昂的诗集,固然为他揭露时弊的大胆激烈而震惊,但掩卷静思,总会或多或少产生似曾相识的感觉。姑不论他《修竹篇诗》与刘桢《赠从弟三首》表现手法的相似,《蓟丘览古赠卢居士藏用七首》与左思《咏史八首》诗歌风格的一致,也不论他《感遇三十八首》与阮籍《咏怀八十二首》艺术源流的承袭,即从整部诗作看来,便普遍存在着"以理胜情、以气胜辞"(明周履靖《骚坛秘语》卷中,《丛书集成初编》本)的缺陷,风骨矫拔,才韵不足,质过于文,风格古拙,与汉、魏诗歌有着总体风貌上的类似。一句话,就是唐人皎然批评的:"陈子昂复多而变少。"(《诗式》卷五)就是清人黄子云批评的:"意不加新,而词稍粗率。"(《野鸿诗的》,《清诗话》本,中华书局,1982 年)这只能是陈子昂的遗憾!

《文心雕龙·通变》指出:"夫设文之体有常,变文之数无方。"从文学发展的角度来说,天下无百年不变之文章,一代文学总有一代文学的特色;从作家创作的角度来说,艺术的价值在于创新,作家的生命,也在于创新!叶燮说得好:"盛唐诸诗人唯能不为建安之古诗,吾乃谓唐有古诗;若心摹汉、魏之声调字句,此汉、魏有诗,而唐无古诗矣。……吾犹谓子昂古诗尚蹈袭汉、魏蹊径,竟有全似阮籍《咏怀》之作者,失自家体段。"(《原诗·内篇上》,人民文学出版社,1979 年)这真是十分精允的论断。

吴乔《围炉诗话》卷二云:"陈伯玉诗之复古,与昌黎之文同功。"(《丛书集成初编》本)韩愈古文运动之功何在?并不在他"文以载道"、"文道合一"的老调新弹,而在他对文体的改革。他以"唯陈言之务去"和"文从字顺各识职"的新型古文理论,冲破了骈体时文的僵化束缚,建立起一种接近口语、奇句单行的散文形式,并且在以后长达千余年的文学史中占据主导地位。陈子昂的复古,从理论上看,对艺术形式有意无意地轻视和排斥;从创作上讲,缺乏个人风格和时代特色,如何谈得上与韩愈的古文运动同功呢?

四

长期以来,人们对陈子昂的诗歌理论推崇备至,甚至说这就是"唐诗所以成功的原因"。

事实胜于雄辩。让我们来看看"成功"的唐诗——盛唐诗歌的实际发展。

盛唐诗歌的特点是什么?殷璠的《河岳英灵集》是专选盛唐的总集,不妨先听听他的论述:

> 至如曹刘诗多直语,少切对,或五字并侧,或十字俱平,而逸驾终存。然挈瓶庸受之流,责古人不辨宫商徵羽,词句质素,耻相师范。于是攻异端,妄穿凿,理则不足,言常有余,都无兴象,但贵轻艳。虽满箧笥,将何用之?自萧氏以还,尤增矫饰。武德初,微波尚在;贞观末,标格渐高;景云中,颇通远调;开元十五年后,声律风骨始备矣。(《河岳英灵集·序》,《唐人选唐诗十种》本,上海古籍出版社,1978 年)

可以看出,殷璠不满那些笑曹刘为古拙的轻薄之徒,肯定建安诗歌的词质而格高,但他毕竟以“多直语、少切对”、“不辨宫商徵羽”为憾事。他明确提出选诗标准是:“既闲新声,复晓古体。文质半取,风骚两挟。言气骨则建安为传,论宫商则太康不逮。”(《河岳英灵集·论》)在他看来,唯有盛唐才“声律风骨始备”,才符合这一标准,因此专选盛唐,而拒初唐于门外。

事实也确实如此。以盛唐诗歌的双子星座李白、杜甫为例。李白虽然菲薄六朝,并不妨碍他对六朝优秀诗人的学习与继承。“解道澄江静如练,令人长忆谢玄晖”(《金陵城西楼月下吟》,王琦注《李太白全集》本,中华书局,1985 年)、“他日相思一梦君,应得池塘生春草”(《送舍弟》,同上)等等诗句,流露出诗人多少仰羡之情!他虽然轻视声律,但他集中的格律诗并不在少数,其绝句更是蔚然一大家。可见与其说他是认识的原因,不如说是性格的原因,与东坡“豪放不喜裁剪以就声律”(《老学庵笔记》卷五,中华书局,1979 年)相似。而杜甫,从他身上更能感受到一种“不薄今人爱古人”(《戏为六绝句》五)的博大胸怀。他既“别裁伪体亲风雅”(同前六),又“清词丽句必为邻”(同前五),既“穷年忧黎元,叹息肠内热”(《自京赴奉先县咏怀五百字》),又“语不惊人死不休”(《江上值水如海势聊短述》),“老去渐于诗律细”(《遣闷戏呈路十九曹长》)。正如《新唐书·杜甫传赞》所指出:“恃华者质反,好丽者壮违。人得一概,皆自名所长。至甫浑涵汪茫,千汇万状。”(中华书局,1975 年)也如《原诗·内篇上》所指出:“汉魏之浑朴古雅,六朝之藻丽秾纤,淡远韶秀,甫诗无一不备。”这不正是殷璠所谓的“文质半取,风骚两挟”的境界吗?

不独李杜,其他盛唐诗人莫不如此。同为盛唐人的杜确在为岑参诗集作序时就表达过这样的看法：

> 开元之际，……其时作者凡十数辈，颇能以雅参丽，以古杂今。（《岑嘉州集序》，《全唐文》卷459，中华书局，1983年）

黄子云《野鸿诗的》也总评盛唐两大诗派边塞及山水田园的优秀代表高适、岑参、王维：

> 高、岑、王三家，均能刻意炼句，又不伤大雅，可谓文质彬彬。

所以，继殷璠之后，《唐诗品汇》的编者明人高棅再次总结了盛唐诗歌"声律风骨始备"的总体特色：

> 诗自《三百篇》以降，汉魏质过于文，六朝华浮于实。得二者之中，备风人之体，唯唐诗为然。然以世次不同，故其所作亦异。初唐声律未纯，晚唐气习卑下，卓卓乎其可尚者，又唯盛唐为然。（明王偁《唐诗品汇叙》引，载《唐诗品汇》卷首，上海古籍出版社，1982年）

历史的事实证明：华实并存，文质俱重——内容与形式完美统一：这才是盛唐诗歌所走的道路，这才是盛唐的"奥妙"，这才是"唐诗所以成功的原因"。它恰恰证明了陈子昂重质轻文的诗歌理论，没有从根本上把握文学发展的时代脉搏，悖离了文学发展的总体趋势，因而未能为唐诗指明所应发展的端庄道路。怎么能把唐诗的成功归美于陈子昂呢？

特别值得注意的是，这里并不是对陈子昂特别挑剔，并不是在对古人提出超乎时代的要求，因为实际上在他前后同时，已经有许多人提出了为后来唐诗史所证实的唐代诗歌发展的设想。试举几例：

> 江左宫商发越，贵于清绮；河朔词义贞刚，重乎气质。气

> 质则理胜其词，清绮则文过其意。理深者便于时用，文华者宜于咏歌。……若能掇彼清音，简兹累句，各去所短，合其两长，则文质彬彬，尽善尽美矣。（魏征语，见《隋书·文学传序》）
>
> 原夫文章之作，本乎情性。……其调也尚远，其旨也在深，其理也贵当，其辞也欲巧；然后莹金璧，播芝兰，文质因其宜，繁约适其变。权衡轻重，斟酌古今，和而能壮，丽而能典。（令孤德棻语，见《周书·王褒庾信传论》，中华书局，1992年）
>
> 韩休之文，有如太羹玄酒，虽雅有典则，而薄于滋味；许景先之文，有如丰肌腻体，虽秾华可爱，而乏风骨；张九龄之文，有如轻缣素练，虽济时适用，而窘于边幅；王翰之文，有如琼林玉缊，虽烂然可珍，而多有玷缺。若能箴其所阙，济其所长，亦一时之秀也。（张说语，刘肃《大唐新语·文章》引，中华书局，1984年）

魏征（580—643），令孤德棻（583—666），张说（667—731），与陈子昂（661—702）前后同时。这些陈子昂前后同时人的观点，这些后来成为现实的预言，不论它们当时的实际影响如何，所表现出来的文学眼光与时代意识，不是远比陈子昂全面和进步吗？

以上是笔者关于陈子昂的一些思考。陈子昂在初唐这一特定历史时期，拈出建安、正始及“汉魏风骨”，唤起人们对于文学内容的重新关注，为盛唐文学提供了“质”的样板，功绩不可忽视！但是，也正从盛唐文学“文”“质”相兼的实际道路，完全证明陈子昂令人遗憾的一大缺陷：对于“文”的认识的极端偏颇。他矫枉，然而过正了，同样偏离了文学发展的正确航线。

矫枉往往容易过正，不能因过正而否定矫枉的意义。但矫枉而至于过正，毕竟不是矫枉的最理想结局。因此，过分夸大陈子昂诗歌理论的历史作用，过分抬高他在文学史上的地位，都是不恰当的。被贬低的西昆体、黄庭坚等都得到重新评了，为什么被抬高的陈子昂不能还他以本来面目呢？

《文学评论》1988 年第二期

文学价值与文学史价值的不平衡性

——陈子昂评价的一个新角度

1985年底，我写了一篇关于陈子昂的文章寄给《文学评论》，两年多以后，刊登在该刊1988年第二期上。事有凑巧，其时正是1988年六月全国首届陈子昂研讨会召开的前夕，所以引起了一些同好的注意。那次盛会因他事未能躬与，事后听说不少人对这篇小文提出了颇为尖锐的批评。

往后这几年，在刊物上也看到有同拙文商榷的文章，促使我进一步思索如何尽量公正地评价陈子昂的问题。转眼间四个寒暑过去了。第二届陈子昂讨论会，也是首次有国外同行参加的国际性讨论会又在陈子昂的家乡召开，最终促使我将近来点点滴滴的思考发表出来，向大方之家们讨教。

一

陈子昂作为政治家的结局是悲惨的。他死于一个区区县令之手，而且死因至今众说纷纭①。作为政治家受到后人的评价也有

① 参葛晓音《关于陈子昂的死因》，《学术月刊》，1983年第二期；王辉斌《陈子昂死因及雪狱探究》，《湖南师范大学学报》，1989年第六期。

褒有贬。褒者称其“道可以济天下”、“才可以致尧舜”（唐赵儋《鲜于公为故右拾遗陈公建旌德之碑》，见《陈子昂集》附录，中华书局，1960 年），“非但文士之选也，使得明君以尽其才，驾马周而颉颃姚崇，以为大臣可矣”（清王夫之《读通鉴论》卷 21，中华书局，1975 年）；贬者称其党周叛唐，“荐圭璧于房闼，以脂泽汙漫之”（《新唐书·陈子昂传》，中华书局，1975 年），“大节不足言”（宋陈振孙《直斋书录解题》卷六，《中国历代书目丛刊》本，现代出版社，1987 年），“不知世有节义廉耻事矣”（清王士祯《香祖笔记》卷三，上海古籍出版社，1982 年）。褒贬之异，竟有如此之巨者。

可是有一点，陈子昂怎么说也是幸运的，那就是他作为一个“文士”，一个诗人，在后代得到的占压倒多数的都是赞颂之辞。

这并不是常见的情形。回顾中国文学发展的漫长历史，升降沉浮、抑扬隐显对于哪怕像李杜、苏辛等理所当然的一流大家来说也在所不免，更不要说低于他们的二、三流作家。“王杨卢骆当时体，轻薄为文哂未休。尔曹身与名俱灭，不废江河万古流。”（杜甫《戏为六绝句》之二，《读杜心解》卷六之下，中华书局，1981 年）“李杜文章在，光焰万丈长。不知群儿愚，那用故谤伤。”（韩愈《调张籍》，《韩昌黎集系年集释》卷九，上海古籍出版社，1984 年）这些我们常爱引用的诗句，不正透露了初唐四杰在杜甫当时、李杜在韩愈当时受到误解的消息？

陈子昂却几乎不曾有过如此被误解的曲折历史。从陈子昂的好友卢藏用开始，唐之李杜、韩柳、元白，宋之黄庭坚，金之元好问，元之方回，明之王世贞，清之沈德潜等，无不竭尽宣扬鼓吹之能事。其间当然不是没有一点儿批评意见，但相对于大量的赞美之辞来说,那实在不过是一股细弱的不和谐音罢了。在文学批评的历史上,说他是一个幸运的宠儿,应该是不过分的。

今天我们能够见到的前人的言论,尤其是一些常为人所乐道者,往往是经过历史删汰后存留下来的有价值部分。然而,正如一切历史都是当代史一样,一切历史的研究更是研究者个人观念和群体时代意识的反映,它们也已成为历史的一部分,同样应该进入我们审视和研究的范围。对于上述陈子昂评价中普遍偏高的倾向,当然不能全盘否定,也不能一味盲从。应该认真细致地分析其批评的立脚点与出发点,从中发现其合理的内核,同时从其合理的内核中剔出其偏颇与不足,这样才能更好地促进我们自己的研究。

二

我以为,在古代文学研究的领域里,文学的价值与文学史的价值是互有关联却不完全一致的两条价值系统。所谓文学价值,指在文学自身诸因素上作出的贡献;所谓文学史价值,指在文学发展历史阶段上所起的作用。可以这么说,真正具有文学价值的作家,最终都能够对文学史的进程起到相应的影响,获得文学史的价值,但这种影响与价值未必在其当世就能够得到实现;而具有文学史价值的作家,在文学价值这条系统上,则不一定能够具有同等的地位。

这两方面的例子,都可以找到不少。

前者如陶渊明。其诗"横素波而傍流,干青云而直上"(萧统《陶渊明集序》,《陶渊明集》卷首,中华书局,1982 年),在文学史上不可谓不是一流大家。但是,他的文学价值在当时及后来相当一段时间内未为人们所认识。这是因为他“文体省净,殆无长语。笃意真古,辞兴婉惬”(钟嵘《诗品》卷中品陶语,陈延杰注本,人民文学出版社,1961 年),在“理过其辞,淡乎寡味”(《诗品序》)的玄言诗盛行的东晋,以及“寻虚逐微”、“竞骋文华”(李谔《上隋高祖革文华书》,《隋书·李谔传》,中华书局,1973 年)的南朝,与世殊味。这便出现了这样一系列现象:与陶渊明情谊笃厚的颜延之所撰《陶征士诔》竭力推崇其人格,对其文学成就所评却极为简括;沈约《宋书》列其人入《隐逸传》,未有一语涉及其文学造诣;萧子显《南齐书·文学传论》品列宋代作家,不提陶渊明;刘勰体大思精的《文心雕龙》,全书无一处提及陶渊明;钟嵘《诗品》品诗,陶渊明只入中品①。这固然说明的是大名鼎鼎的评论家们也难免有狃于时俗的时候,但从另一面不也可以说,陶渊明对其时文学发展的历史并无大的影响,在当时的文学史价值是不大的。

后一方面的例子则正可以陈子昂为代表。陶渊明是文学价值大于文学史价值,陈子昂是文学史价值大于文学价值。要之两者都属于文学价值与文学史价值不平衡冲突的范畴。

陈子昂之后的历代评论家为什么对陈子昂的评价普遍偏高?我以为,他们在作提纲挈领式的总括性评价时,大都是从文学发展史的进程着眼,从而肯定其理论与创作的历史意义的。

众所周知,中国文学的发展在齐梁出现了偏差,主要表现是“各竞新丽,多欲练辞”(《文心雕龙·总术》,范文澜注本,人民文

---

① 参杨明照先生《〈文心雕龙〉研究中值得商榷的几个问题》,《学不已斋杂著》,上海古籍出版社,1985 年。

学出版社,1958 年)、"竞学浮疏,争为阐缓"(萧纲《与湘东王书》,《梁书·庾肩吾传》引,中华书局,1973 年)的绮靡文风。用陈子昂的话说,则是"观齐梁间诗,彩丽竞繁,而兴寄都绝"(《修竹篇序》,《陈子昂集》,中华书局,1960 年。下引陈作均据此本)随着有唐一代的兴起,纠偏补缺,扭转航向,已经成为大势所趋。陈子昂适应了时代的需要,高举汉魏文学的大旗,有力打击了文坛的浮靡之风,为其后的文学创作提供了"兴寄"和"风骨"这一对已欠缺很久的样板,其历史作用的确是很重要的,功不可没。因而,同时和之后的许多评论家都从文学史进程的角度对其作出了高度评价。如我们熟知的这些:

宋齐之末,盖憔悴矣。逶迤陵颓,流靡忘返,至于徐、庾,天之将丧斯文也。后进之士,若上官仪者,继踵而生,于是风雅之道,扫地尽矣。……道丧五百岁而得陈君。君讳子昂,字伯玉,蜀人也。崛起江汉,虎视函夏。卓立千古,横制颓波。天下翕然,质文一变。(卢藏用《右拾遗陈伯玉文集序》,《全唐文》卷 238,中华书局,1983 年)

齐梁及陈隋,众作等蝉噪。搜春摘花卉,沿袭伤剽盗。国朝盛文章,子昂始高蹈。(韩愈《荐士》,《韩昌黎集系年集释》卷五)

唐兴,文章承徐、庾余风,天下祖尚,子昂始变雅正。(《新唐书·陈子昂传》)

沈宋横驰翰墨场,风流初不废齐梁。论功若准平吴例,合著黄金铸子昂。(元好问《论诗三十首》之八,郭绍虞笺本,人民文学出版社,1978 年)

> 唐初承陈、隋之弊，多尊徐、庾，遂致颓靡不振。……唯陈伯玉痛惩其弊，专师汉、魏，而友景纯、渊明，可谓挺然不群之士。复古之功，于是为大。（宋濂《答董秀才论诗书》，《文宪集》卷28，台湾商务印书馆影印《四库全书》本，1986年）

无一例外地都是将陈子昂放入齐梁、陈隋以来文学演进的过程当中，来评价他拨乱反正的历史功绩。这是符合中国文学发展史的实际的。

即使如此，在充分肯定陈子昂文学史价值的同时，也要注意全面了解当时文坛的具体状况，不能将文风的革新看成他一人孤绝无援的努力。

事实是，改革绮靡文风的呼声在绮靡之风最盛的齐梁就已肇端，历陈隋而至唐，从未间断，在陈子昂的前前后后，更成为一种普遍的要求。梁代裴子野的《雕虫论》、隋代李谔的《上隋高祖革文华书》是入唐以前向浮靡文风宣战的两篇檄文。入唐以后魏征的《隋书·文学传序》、王勃的《上吏部裴侍郎启》等也为我们所熟悉。下面仅从《资治通鉴》、《旧唐书》中采摘几条与陈子昂完全同时的材料，来看看革新文风在当时是怎样普遍而强大的一股社会文化思潮：

> 是岁（674年——引者），有刘晓者，上疏论选以为："……文成七步，未足化人。况尽心卉木之间，极笔烟霞之际，以斯成俗，岂非大谬！"（《资治通鉴》卷202高宗上元元年，中华书局，1982年）

> 太学生宋城魏元忠上封事，言御吐蕃之策，以为："理国之要，在文与武。今言文者则以辞华为首，而不及经纶；言武

者则以骑射为先,而不及方略。是皆何益于理乱哉!”(《资治通鉴》卷202 高宗仪凤三年)

尚书左丞(贾)至议曰:“考文者以声病为是非,唯择浮艳,岂能知移风易俗化天下之事乎?是以上失其源而下袭其流,波荡不知所止,先王之道,莫能行也。”(《旧唐书》卷119《杨绾传》引,中华书局,1975 年)

可以看出,这些人改革文风的要求与其“理乱”的实际需要分不开。他们从根本说来不是从文学自身出发的,为文学考虑得太少。但不论如何,当时社会上文风革新的要求是高涨的。陈子昂的诗歌革新理论和主张也是基于唐王朝新兴之后需要全面革故鼎新的大背景。既然他之前既非“不见古人”,他之后更不是“不见来者”,我们就不应在肯定其文学史功绩的同时,将他同他的时代隔绝开来,并置于他的时代之上。

这里有一个问题。鼓吹文风改革者既然不是陈子昂一人,为什么独有他在后世的影响最大?我以为这与他除了理论的要求外,还进行了足以实践其理论要求的创作有关。在理论与实践相互映证与支持方面,在当时提倡文风革新的众人中,遑论他人,连王勃也无法与之相比。这对于这场诗文革新思潮来说,对于为日后的文学创作提供一块“质”的样板来说,都是有积极意义的。

但是,就其创作本身来看,从其创作的文学价值这一条系统来考察,就是另一回事了。陈子昂的文学价值与其文学史价值是不相称的。而妨害了陈子昂文学价值的原因非他,正是他自己过分注重了对文学史价值的追求。

对于陈子昂个人而言,文学价值与文学史价值不仅是不相称,也是相矛盾和相冲突的。十分值得重视的,是前人的另外一些评论。当他们对陈子昂的具体作品进行分析研究时,一反从其文学史功绩着眼时的高度评价,给予了相对较多的批评,显示出前代评论家素来具有的将陈子昂文学史价值与文学价值区分开来的意识。其中一些观点对我们今天评价陈子昂诗歌创作的艺术成就与历史地位仍极具参考价值。

三

既然说陈子昂的文学价值与其文学史价值不相称,就应当花费一定的篇幅,对陈子昂的文学创作(主要是诗歌创作)作一点具体的分析。

陈子昂现存诗近130首。将其诗集通读一过,首先会在内容方面震慑于他揭露时弊的大胆激烈。其好友卢藏用《陈子昂别传》称其"工为文而不好作,其立言措意在王霸大略而已"(《全唐文》卷238)。如果说他的文章偏于正面阐述其治国安邦之方策,诗歌则重在从反面抨击当时社会的弊端。问题在于,怎样处理思想内容与艺术表现的关系,陈子昂没有在这方面过多地用力,以至于思想性虽强,艺术感染力不足。

他这类诗作反映的内容当时几乎都有上书,不妨说他是把诗歌当作谏书的另一种形式来看待的。如他反对武后时穷兵黩武、戕害生民的《感遇》第29首:

> 丁亥岁云暮,西山事甲兵。赢粮匝邛道,荷戟争羌城。严冬阴风劲,穷岫泄云生。昏曀无昼夜,羽檄复相惊。拳跼竞万仞,崩危走九冥。籍籍峰壑里,哀哀冰雪行。圣人御宇宙,闻道泰阶平。肉食谋何失,藜藿缅纵横。

具体史实便详具于他同时所作的上书中。《资治通鉴》卷204:"武则天欲发梁、凤、巴蜑,自雅州开山通道,出击生羌,因袭吐蕃。正字陈子昂上书以为:'雅州边羌,自国初以来未尝为盗。今一旦无罪戮之,其怨必甚。且惧诛灭,必蜂起为盗。西山盗起,则蜀之边邑不得不连兵备守。兵久不解,臣愚以为西蜀之祸,自此结矣。臣闻吐蕃爱蜀富饶,欲盗之久矣,徒以山川阻绝,障隘不通,势不能动。今国家乃乱边羌,开隘道,使其收奔亡之种,为响导以攻边,是借寇兵为贼除道,举全蜀以遗之也。蜀者国家之宝库,可以兼济中国。今执事者乃图侥幸之利以事西羌,得其地不足以稼穑,财不足以富国,徒为糜费,无益圣德,况其成败未可知哉?……天下翕然谓之盛德者,盖以陛下务在养人,不在广地也。今山东饥,关、陇弊,而徇贪夫之议,谋动甲兵,兴大役,自古国家败亡,未尝不由黩兵,愿陛下熟计之。'"①

这类诗是最为今人称道的作品。而衡诸古人,除一、二人外,鲜有赞其一词者。此所谓一、二人,一是杜甫。其《陈拾遗故宅》末联有云:"终古立忠义,《感遇》有遗篇。"(《读杜心解》卷一之三)不论是从全诗还是从这两句本身都可看出是从其"忠义"角度加以礼赞的,并未涉及其诗歌艺术。二是白居易,在《与元九书》中云:

> 唐兴二百年,其间诗人,不可胜数。所可举者,陈子昂有《感遇》诗二十首,鲍防有《感兴诗》十五首。又诗之豪者,世称李、杜。李之作,才矣奇矣,人不逮矣。索其风雅比兴,十无一焉。杜诗最多,可传者千余首。至于贯穿今古,覼缕格律,尽工尽善,又过于李。然撮其《新安》、《石壕》、《潼关吏》、

① 全文载《陈子昂集》中,题《谏雅州讨生羌书》。

《芦子》、《花门》之章，“朱门酒肉臭，路有冻死骨”之句，亦不过三、四十。杜尚如此，况不逮杜者乎？（《白居易集》卷45，中华书局，1985年）

这一段话典型地表现出白居易的文学功利观。他甚至将唐兴二百年间的诗歌否定殆尽，连杜甫也不过肯定其三四十首，其偏宕与狭隘是显而易见的。

文学功利主义者所肯定的所谓“风雅比兴”之作，往往是不甚具备艺术美感价值和讽诵效果的谏书式、狱讼式、讲义式的作品。上举陈子昂的诗歌如此，杜甫的《三吏》、《三别》如此，白居易的《秦中吟》、《新乐府》也未尝不如此。若有人以此言为过，试请扪心自问，他能背诵得陈子昂的几首作品？有兴致去背诵几首陈子昂的作品？要说思想价值，杜甫的《秋兴八首》、《楠树为风雨所拔叹》之类，感叹时事反复，身世苍茫，何尝没有无尽的意蕴内涵，又远非一时一事所能概括，再出以沉郁悲凉的艺术化境，其感人之深，不知远胜《三吏》、《三别》多少倍矣！

陈子昂诗中除直接揭露时弊者外，还有借咏史抒发抑郁怀抱者，借咏物感叹世事不平者，描绘自然风物，赞颂隐逸世界者。……这些作品内容较为驳杂，风格也有不同，但与上举相同的一点是，在艺术上都存在一个缺陷，那就是理胜于情，质胜于文。前代评论家们（以明清居多）在普遍高度赞扬其摧陷廓清、拨乱反正的文学史贡献的同时，对他诗歌创作上的这种总体缺陷予以指摘。如明人王世贞《艺苑卮言》卷四：

陈正字陶写六朝铅华都尽，托寄大阮，微加断裁，而天韵不及。（《历代诗话续编》本，中华书局，1983年）

清人姚范《援鹑堂笔记》卷40：

射洪风骨矫拔，而才韵犹有未充；讽诵之次，风调似未极跌荡洋溢之致。（清道光16年刻本）

应该看到，陈子昂的诗歌所以会出现这种艺术上的总体缺陷，从根本上说与他拨乱反正、扭转文风的历史责任感分不开。为了完成这一历史使命，他必须坚决摒弃六朝浮靡文风，有意以一种突兀奇峻的文风取而代之。他直接实践了自己《修竹篇序》提出的理论要求，以“建安作者”、“正始之音”为师法对象。我们不仅可以从他几组重要作品，如《感遇》38首与阮籍《咏怀》32首、《蓟丘览古赠卢居士藏用》七首与左思《咏史》八首、《修竹篇诗》与刘桢《赠从弟》等的表现手法、诗歌风格、艺术源流中看出这一点，更能从其整部作品辞旨生涩、气格古拙、“以理胜情、以气胜辞”（明周履靖《骚坛秘语》卷中，《丛书集成初编》本）的艺术风貌中，感受到其与汉魏诗歌的总体相似。

这一点前人早有指出。宋刘克庄《后村先生大全集》卷173：“陈拾遗首唱高雅冲淡之音，一扫六代之纤弱，趋于黄初、建安矣。”（《四部丛刊》本）明宋濂《答董秀才论诗书》：“唯陈伯玉痛惩其弊，专师汉、魏。”（《文宪集》卷28，台湾商务印书馆影印《四库全书》本，1986年）胡应麟《诗薮》内编卷二：“子昂，阮也。”（上海古籍出版社，1979年）明杨慎《登玉京观陈子昂读书台》之二：“不图垂拱世，复睹建安诗。”宋育仁《三唐诗品》卷一：“骨格清凝，苍苍入汉。”（《古今文艺丛书》第一集）……这些评论无疑是在赞扬陈子昂创作“复古”所达到的乱真境地。但如果从文学史价值与文学价值两个不同的价值系统来看，臧否就会很悬殊了。

在本文开头提到的那篇文章中，我征引上述诸人对陈子昂诗歌“复古”面貌的揭示，又援引中唐诗僧皎然《诗式》卷五：“作者须知复变之道：反古曰复，不滞曰变。若唯复不变，则陷于相似之格。”对陈子昂“复多而变少”的总体创作取向进行了批评。针对这一批评，王运熙、吴承学先生撰《论陈子昂的历史贡献》(《许昌师专学报》，1989 年第三期)一文，援引纪昀对《文心雕龙·通变》“一段精妙的阐述”：“盖当代之新声，既无非滥调，则古人之旧式，转属新声。复古而名以通变，盖以此尔。”认为：

> 陈子昂创作之复古，正应如是观。他所处的时代，六朝的新声已成滥调，他在理论上和创作上的决然复古，正是为了创造新型的诗风。他对汉魏诗风的有意识学习，本身就是一种创新精神。皎然以为陈子昂“复多而变少”，殊不知“复”之中已包含了“变”的因素，“复”的目的正是“变”。

这里正有一个评价角度的问题。从文学史角度出发，前人已对陈子昂理论的功绩进行了高度肯定，具见前引；同时对其创作的“复古之功”也进行了肯定，如宋濂《答董秀才论诗书》所谓“复古之功，于是为大”，施补华《岘佣说诗》所谓“复古之功大矣”(《清诗话》本，中华书局，1982 年)。但若从文学角度看则不然。陈子昂“复”的目的虽然在“变”，自己却只“复”而未及于“变”。前引诸人以“建安诗”、“阮也”美颂之，无意中揭示了这一事实。

诚如清前期诗歌理论家叶燮《原诗·内篇上》所说：“盛唐诸诗人唯能不为建安之古诗，吾乃谓唐有古诗。……吾犹谓子昂古诗尚蹈袭汉、魏蹊径，竟有全似阮籍《咏怀》之作者，失自家体段。”(人民文学出版社，1979 年)今人多谓陈子昂为唐诗的发展指明了道路，这很不可思议。难道一代唐诗的道路走的就是“失自家体段”的“汉魏蹊径”？一代唐诗的风貌竟然全同于“志深笔长”、“梗概多气”(《文心雕龙·时序》)的“黄初”、“建安”？

实际上，哪怕就在初唐，“齐梁余风”尚未完全停息的时候，诗坛上便已开始绽放中国诗歌新时代即将到来的报春花。那决不是“以理胜情、以气胜辞”的陈子昂诗，那是将“那一百年间梁、陈、隋、唐四代宫廷所遗下的那分最黑暗的罪孽”一举“扫净”（闻一多《宫体诗的自赎》，载《唐诗杂论》，《闻一多全集》第三册，三联书店，1982 年）的《春江花月夜》，是“凭他们那新式宫体诗，一举摧毁了旧式的‘江左余风’的宫体诗，因而给歌行芟除了芜秽，开出一条坦途来”（《四杰》，载《唐诗杂论》）的卢照邻和骆宾王。“若没有卢、骆，哪会有刘、张，哪会有《长恨歌》、《琵琶行》、《连昌宫词》和《秦妇吟》，甚至于李、杜、高、岑呢?”（同前）从这些昂扬、轻快、流畅、充盈着理想和希冀的诗歌中，我们分明感受到一股扑面而来的新时代的气息，分明感受到唐代诗歌鼎盛期已经不远的消息。

陈子昂也有一首被今人称为“齐梁以来两百多年中没有听到过的洪钟巨响”（游国恩等主编《中国文学史》第二册，人民文学出版社，1979 年）的《登幽州台歌》，可是认真想想，这首前两句五言、后两句七言，节奏既不合常规，形式也非常罕见的似诗非诗的诗歌是不是有些古怪？更可疑的是，前两个五言句实乃晋宋时期流行的俗语和熟语，故而记载下这首“诗”的卢藏用并不将之收入自己编就的陈子昂的集子中①。这样，单凭后两句口语似的七言，就能成为 200 年来从未听到过的洪钟巨响?

陈子昂诗歌创作的“复古”面貌，固然与他努力实践自己提出的诗歌理论来纠偏补罅、拨乱反正有关，同时也反映出他落在时代之后的文学意识与创作眼光。当时七言诗盛行，格律大备，歌行体

---

① 参周本淳《“前不见古人”句非陈子昂首创》，《江海学刊》，1987 年第二期。

兴盛，他一概视而不见，一心一意以专师汉魏为务。虽然为当时的诗坛提供了一种质的样板，却不可能为古代文学的艺术世界增添多少新的内容。更何况，就是与汉魏诗歌相比，王运熙先生自己不也曾说过："建安时代的重要诗人曹操、曹丕、曹植、王粲等，往往能够学习汉代乐府民歌的优长，以通俗的形式来反映社会现实，写得非常具体生动，富有感染读者的力量。这种成就是子昂所没有达到的。"(《陈子昂和他的作品》,《陈子昂集》附)

因而，我仍然认为，对于陈子昂来说，文学价值与文学史的价值是不平衡的。从两个不同的价值系统对其进行分析，得出不同的评价是必要的。既不可因前者抹杀其文学史的功绩，也不可因后者拔高其文学的成就。当然，我们在理论意识上不应将二者混为一谈，在批评实践中却不妨把它们联在一块，这样得出的结论也许才会更为精审允当。

下面引明清二人的两段评论结束本文：

> 唐人推重子昂，自卢黄门后，不一而足。如杜子美则云："有才继骚雅"、"名与日月悬"。韩退之则云："国朝盛文章，子昂始高蹈。"独颜真卿有异论，僧皎然采而著之《诗式》。近代李于麟加贬尤剧。余谓诸贤轩轾，各有深意。子昂自以复古为正，于有唐一代诗功为大耳。正如夥涉为王，殿屋非必沉沉，但大泽一呼，为群雄驱先，自不得不取冠汉史。（胡震亨《唐音癸签》卷五，上海古籍出版社，1984 年）

> 唐初伯玉、云卿诸公，独创法局，运雄伟之斤，斫衰靡之习，而使淳风再造，不愧《骚》、《雅》元勋。所嫌意不加新，而词稍粗率耳。（黄子云《野鸿诗的》,《清诗话》本，中华书局，1982 年）

虽有“大泽一呼”、“再造淳风”之功劳，毕竟艺术之殿屋嫌未沉沉。这就是陈子昂。前者是其功劳，后者未必是其过错，但其遗憾则难免矣。

《文学遗产》1994 年第二期

古典文学研究中的文献问题

规 范 注 出 处

学术研究的严谨可以表现在很多方面,标注出处是其中重要的一点。可惜现在许多论著于此不够重视,存在不少问题,有些问题还比较突出。以吴惠娟先生《浅论禅宗对宋诗的影响》(《学术月刊》,1985 年第 11 期)为例,仅仅在一篇文章中,便存在三类问题。

一、注出处不明确。

文中所引各书,大都不标卷数,使人难以检核。比如《五灯会元》共 20 卷,《苕溪渔隐丛话》还分前后集,凡 100 卷,均不标卷数,仅注书名,这叫人如何覆按呢?

二、引用二手材料。

文中引用了这样一段话:“禅家转语,翻进一层,北宗以树、镜为譬,而曰‘时时勤拂轼,不使惹尘埃’,南宗谓‘本来无一物,何处惹尘埃?’后之善为诗者,皆祖此意,谓为翻案法。”然后加注云:“见苏渊雷《五灯会元新探》。”按这段话实出元人方回《桐江集》卷一《名僧诗话序》(台湾商务印书馆影印文渊阁《四库全书》本,1986 年),不论苏文中是否已经注明,作者这样注都是不合规范的。再说,苏文见于何处,亦不得而知。这同时犯了上类注出处不明的错误。

三、注文不准确,不审慎。

文中"南宋吕居仁曾云黄诗之佳处就在'禅家所谓死蛇弄得活'"一句下注:"《岁寒堂诗话》。"可是我们知道《岁寒堂诗话》的作者乃张戒,并非吕居仁。吕氏语乃张戒书中所引(见《岁寒堂诗话》卷上),当在书名后加一"载"字或"引"字。文中另有一注是:"见苏渊雷《五灯会元》。"这种注法大不规范。《五灯会元》乃南宋僧普济所编,苏渊雷不过是此书中华书局版的点校者而已。

加强准确性

准确性的缺乏导致科学性的降低,有些大家、名家也不能免。试就目力所及,聊举数例。

一、游国恩先生等主编《中国文学史》第3册第55页:

> 他(指苏轼——引者)晚年形容自己写作诗、赋、杂文时的情况是"大略如行云流水,初无定质,但常行于所当行,常止于不可不止"。(《答谢民师书》)(篇名原有——引者)(人民文学出版社,1985年)

翻检原文,"大略"句前明明写的是"所示书教及诗、赋、杂文,观之熟矣"一句,"行云流水"云云明明是说谢民师,怎么会变成"形容自己"的了呢(见《苏轼文集》卷49,题作《与谢民师推官书》。中华书局,1986年)?苏轼"形容自己"的一篇文章《文说》(见《经进东坡文集事略》卷57,《四部丛刊》本)中也有"常行"、"常止"两句。这恐怕也算一种"形近而误"吧。

二、中国社会科学院文学研究所中国文学史编写组编《中国文学史》第2册第640页:

> 宋初诗文主要是继承了晚唐、五代的风气,词藻典丽而内

> 容空虚，以至形成西昆体。而以柳开、穆修为代表的一派，则反对当时流行的这种倾向。（人民文学出版社，1990 年）

按《宋史·文苑传序》早云："国初，杨亿、刘筠犹袭唐人声律之体；柳开、穆修志欲变古而力弗逮。"（中华书局，1977 年）谁知这条材料是靠不住的。早在数十年前，罗根泽先生已指出其误："好像柳开、穆修的变古是对杨、刘而发，其实大谬。杨亿生于宋太祖开宝七年（974），柳开生于晋出帝开运末年（约为 947，据杨景所作行状），杨亿后柳开约二十年，知柳开的革新变古不是针对杨、刘，而是针对杨、刘以前的与古相反的文体，就是'五代体'。"（《中国文学批评史》第六编第一章，古典文学出版社，1957 年）1982 年，曾枣庄先生发表文章，在罗说基础上再次指出，《西崑酬唱集》成书于宋真宗大中祥符元年（1008），"当时柳开已死八年，王禹偁已死七年，他们怎么可能与西崑体'相抗衡'呢？"（《北宋诗文革新的曲折过程》，《文学评论》，1982 年第五期）无奈后来者包括上提《中国文学史》多仍旧说，甚感遗憾[①]。

三、任继愈先生《汉唐佛教思想论集》第 269 页：

> 僧肇（384—414），是中国南北朝时期著名的佛教哲学的理论家。（人民出版社，1974 年）

南北朝始于公元 420 年，僧肇既然卒于 414 年，又何以得为南北朝人？或许，作者的意思是僧肇的学说在北朝时很有名，但这样的表述显然是不妥当的。总不好说杜甫是当代著名诗人，莎士比亚是中国戏剧大师吧？再说，僧肇的影响又何止限于南北朝呢？

---

① 孙望、常国武主编《宋代文学史》（人民文学出版社，1996 年）上册第三章第一节："赵宋建国后，文场流行五代体，讲究声律骈偶，气格卑弱。首先起而反对五代体，倡导文风复古的是柳开。"这就对了。作者校时补记，2002 年冬日。

四、夏承焘先生《姜白石词编年笺校》第3、5页分别云：

> 白石少年就有诗名，二十多岁萧德藻介绍他去见诗坛宿老杨万里。
>
> 淳熙十四年，他以萧德藻的介绍，见万里于杭州，那时他约三十三四岁。（上海古籍出版社，1981年）

两处自相抵忤，知其必有一误（按疑前说错），是可以肯定的。

五、李泽厚先生《美的历程》第126页：

> 这条道路首先似乎是边塞军功。"宁为百夫长，胜作一书生。"（骆宾王）（括号中的人名原有——引者）（文物出版社，1981年）

"宁为"两句实为杨炯《从军行》中的两句。

六、《郭沫若全集·文学编》第10卷第208页脚注：

> 本篇（指郭氏小说《齐勇士比武》——引者）……故事见《吕氏春秋》卷11《仲冬纪·忠廉》篇。（人民文学出版社，1985年）

覆按《吕氏春秋》（许维遹集释本，中国书店，1985年）可知，《齐勇士比武》的故事并非见于《忠廉》，而是见于《忠廉》的下一篇《当务》。这或许是注释者不谙有些古书篇名落在正文之后的格式，误把上篇题目当成本篇的了。

七、林岗先生《符号·心理·文学》第182页云：

> "诗史"这个名称，最早是宋人叫出来的。孟棨《本事诗》"高逸第三"条说："……故当时号为诗史。"（花城出版社，1986年）

既然知道引孟棨之说，为何又说是"宋人最早叫出"？孟棨生卒年虽然尚难确定，其为晚唐人素无疑问。

八、许树安先生《谈墨》：

> 潘谷的人品、墨品在当时都很受人敬重和推崇，一些著名的文人学士如苏轼等都和他结为好友。(《文史知识》，1986年第七期)

可是苏轼与潘谷并不相识。其《书潘谷墨》一文清清楚楚写着："卖墨者潘谷，余不识其人，然闻其所为，非市井人也。"(《苏轼文集》卷70)又，此文说"到了晋代开始在墨中加入胶来调和"，但三国时的制墨名匠韦诞《墨法》(载宋苏易简《文房四谱》卷五，《丛书集成初编》本)已有"烟一斤已上，好胶五两"之语，不知其依据何在？

正确理解文意

正确理解文意是正确分析文意的前提。而要做到正确理解文意，需要方方面面的知识。《光明日报》1989年9月17日《东风》副刊刊载王季思先生《生死断想》一文，在"长生不暇学，请学长不死"小标题下作者写道：

> 这是苏轼的两句俏皮话。长生不就是长不死吗？为什么如此同义反复地跟读者捉迷藏呢？

进而解释说：

> 一个人的个体生命是不可能长生不死的，但他在一生里为人类社会的进步事业作出的贡献，却可以在身后长久留传。……这不正是苏轼说的"长不死"吗？

作者的立意自然是好的，但借以立意的出发点却错了。因为苏轼《金山妙高台》(《苏轼诗集》卷26，"不"作"未"。中华书局，1982年)中的这两句诗既非俏皮话，其中的"长不死"更不是什么"事业"、"贡献"、"精神"。

这里的“长生”与“长不死”意思大不相同。前者谓学道成仙，永远不死，指道教；后者是佛家所谓的“涅槃”，一种离诸烦恼、不生不灭的境界，指佛教。因而，两句诗也就是说的学佛而不学道，是苏轼轻道重佛、舍道取佛思想的直接表述。

佛家这种“长不死”的“涅槃”境界，更多的时候被称作“无生”。晚唐诗人许浑写诗劝说一个想改奉道教的僧人，也用了相似的两句：“今日劝师师莫笑，长生难学证无生。”（《闻释子栖玄欲奉道因寄》，《丁卯诗集》卷上，《唐诗百名家全集》本）同样是说学佛不学道，不过苏轼是告诫自己，托言“未暇”；许浑是劝说别人，托言“难学”而已。

“长不死”与“无生”同义，从这一点上最可看出它与“长生”不同。但为什么“长不死”可与“无生”同义呢？这是佛家认为，死是与生相对而言的，如果本不起“生”心，自然谈不上会“死”。要想不死，不能去求长生，而是要打破对于生的执着。这就是《六祖大师法宝坛经·护法品》说的：“本自无生，今亦无灭。”（《坛经笺注》本，上海医学书局）苏轼在作佛家文字时爱用这一教理，如《吊天竺海月辩师》：“本自无生可得亡？”（《苏轼诗集》卷10）《水陆法像赞》：“契我无生，长生之宗。”（《苏轼文集》卷22）等等，都是例证。

由于这牵涉到佛道二教的不同教义，语词又相混，误解者非止一人。详下节“《苏轼诗集》标点献疑”第八例。

谁　之　过

自己文章中的错误由自己负责，这本是天理之当然，但有些时候恐怕又不尽然。

杨明照先生《学不已斋杂著》第494页有一条脚注：

> 东方树语，见所著《昭昧詹言》卷二一。（按东方氏说出苏轼《筼筜谷偃竹记》）（此为作者原按——引者）（上海古籍出版社，1985年）

如果说，“东方树”三字还可能是排印致误，“东方氏”三字似乎已可表明，作者是将《昭昧詹言》的著者方东树误为了东方树。但我无论如何不相信作者会有这样的错误，所以检核原载此文的《四川文学》1962年10月号，发现“东方树”正作“方东树”，“东方氏”的“东”字也是衍文。至此已很显然，这条错误非由作者所致。那么是谁之过呢？

不论是谁之过，反正它带来了双重后果：既唐突了古人，又使今人（作者）蒙受了不白之冤。

《苏轼诗集》标点献疑

顾炎武说：“句读之不通，而欲从事于九丘之书，真可为千载笑端矣。”（《日知录》卷31，岳鹿书社，1994年）古籍标点是古籍整理中至关重要的一项工作，自来学者都很重视，有“古籍整理第一关”之称（吕叔湘《整理古籍的第一关》，《出版工作》，1983年第四期）。

孔凡礼先生点校的《苏轼诗集》（中华书局，1982年）是一部质量很高的古籍整理著作，但标点之误，亦偶有所见。已有专文论及①，今为拾遗如下：

---

① 见吕叔湘《整理古籍的第一关》；陈冠明《〈苏轼诗集〉点校失误举要》，《四川大学学报》（哲学社会科学版），1986年第二期。

一、理喻之,米,诗则酿之而为酒,道学之文,则炊之而为饭。(第204页)

从上文"纯乎正面说理,而不入肤廓,以仍是诗人意境,非道学意境也"数句可以看出,这几句的意思是,诗不忌理,理本无害,只是看如何表达这个理。如在符合诗歌自身规律的前提下表达理,则理反能为诗增添韵味。而像道学家那样枯燥陈腐地直言其理,理便会索然无味。正如米,可以酿酒,也可成饭,全凭作者的本领了。所以数句当标为:"理喻之米,诗则酿之而为酒,道学之文则炊之而为饭。"("道学之文"非与"理喻之米"相对,而是与"诗"相对。)

二、《维摩经》:八解之浴池,定水湛然,满布以七净花,浴此,无垢人。(第497页)

这几句出鸠摩罗什译《维摩诘所说经》卷中《文殊师利问疾品》(《大正新修大藏经》本),是维摩诘所说五言长偈中的四句,应断为:"八解之浴池,定水湛然满。布以七净花,浴此无垢人。"

丁福保编《佛学大辞典》(文物出版社,1984年)第1086页"无垢人"条下引此偈作:"八解之浴池,定水湛然满布。以七净花浴此无垢人。"亦误。

三、赵飞燕妹弟,得幸班婕妤,失宠,作《怨歌行》。(第757页)

数句当标作:"赵飞燕妹弟得幸,班婕妤失宠,作《怨歌行》。"又,证诸史实,"妹弟"当为"姊妹","妹"、"姊"疑因形近而误。"弟"可理解为女弟(妹),亦可径指妹。《孟子·万章》上:"弥子之妻与子路之妻,兄弟也。"(杨伯峻译注本,中华书局,1960年)即其例。

四、览唐处士、王武陵、窦群、朱宿所赋诗。(第944页)

观下"追用其韵,各赋三首"语可知,"唐处士"是总称王武陵等三人,非又一人也。“士”下顿号当删。

五、《传灯录》:越州慧海禅师。有律师法明问师曰:“禅师家多落空。”法明大惊曰:“何得落空?”(第1115页)

这段对话的引文混乱。“禅师家多落空”是慧海之答语,非法明的问话。应当在“问”后加一逗号,即:“有律师法明问,师曰……。”问的内容是被省略了。

六、《等量经》:阿鼻地狱,与非非想天劫数,苦乐等,无有二。(第1115页)

阿鼻地狱是佛教所谓八大地狱之最下者,非非想天是所谓三界之顶,凡夫所能达到的最高境界。经文对举二者,认为二者并无区别,也就是苏诗“已将地狱等天宫”所取之意。数句应断为:“阿鼻地狱,与非非想天,劫数苦乐,等无有二。”“等无有二”是佛经之习语,断无隔开之理。

七、《金刚经》:须菩提白佛言云:何降伏其心?(第1294页)

既“言”又“云”,叠床架屋,由此可知其误。当标为:“须菩提白佛言:云何降伏其心?”云何,如何也。故下文佛答:“应如是降伏其心。”其实,苏诗“心通岂复问云何,印可聊须答如是”,“云何”、“如是”,已两用其词矣。

八、长生谓学仙长不死,谓佛不生不灭也。(第1369页)

照此标点,长生既指仙,又指佛。而佛是不讲长生的。这两句实应断作:“长生谓学仙,长不死谓佛不生不灭也。”“长生”与“长不死”一属道教,一属佛家,含义并不同。

九、千乘乃不欺长子千之之兄。(第1438页)

依此断法,则千之为长子,何以还会有兄?实际上,长子是千乘,非千之。"子"后当加一逗,即:"千乘乃不欺长子,千之之兄。"则怡然理顺矣。

十、《传灯录》:净慧。上堂僧,问:"如何是曹溪一滴水?"(第1460页)

僧人中并无"上堂僧"这一名称。当标为:"净慧上堂,僧问:……"上堂,上堂演说佛法也,故有僧提问。

十一、狄牙能喊,狄牙不能齐,不齐之口。(第2366页)

语出《法言·问神》。意思是,狄牙虽善品味,但众口难调,无法使他们喜好同一种味道。"不齐之口"是"不能齐"的宾语,不可割裂。"不齐"前的逗号当删。喊,尝味。

十二、《传灯录》:临济参大愚。愚曰:"黄蘖恁么老婆,心切为汝得彻困犹觅过在。"(第2547页)

这几句因不明文意误断。断标作:"黄蘖恁么老婆心切,为汝得彻困,犹觅过在。"老婆心,即婆心,佛家所谓亲切教诲别人的慈爱之心。此亦日常口语"苦口婆心"之所由出也。老婆心切,就是指这种教诲之心很急切。此乃佛家语。如《禅宗无门关》:"六祖可谓是事出急家,老婆心切。"(大正藏本)又《佛果圜悟禅师碧岩录》卷二:"雪窦老婆心切,要破尔疑情。"(同前)这几句意思是,黄蘖这样诲人之心迫切的人,都被你问住了,你还要来找自己的错处。(所以,听了这话,临济"于言下大悟",明白了佛法也没什么了不起。原文见《景德传灯录》卷12《镇州临济义玄禅师》,《四部丛刊三编》本。)

十三、今顿识既往数十年来存亡得失哀乐好恶扰扰万绪,起矣,须臾之忘,可复得乎?(第2730页)

此段标点,既当断不断,又断不恰当。当作:"今顿识既往,数十年来存亡、得失、哀乐、好恶，扰扰万绪起矣，须臾之忘，可复得乎？”

《中国书画篆刻品鉴·中国书画篆刻年表》商兑

陈振濂先生所著《中国书画篆刻品鉴》（中华书局，1997年）后附《中国书画篆刻年表》，按其“凡例”，“内分重要事项，书家生卒，著名作品创作与刊刻年代，重要理论文章、著作的撰写年代，书法、绘画、篆刻、文物出土或发现的时间等内容”。

但何谓“重要事项”？1095年条记米芾观潮于浙江亭，1110年条记赵佶命人去杭州搜刮花石，1279年条记文天祥至燕，不屈被囚，……如此之类均得预“重要事项”之列，重要事项的篇幅恐怕需要成倍地增加了。

何谓“重要理论文章、著作”？749年条记杜甫论画诗《冬日洛城谒玄元皇帝庙》，754年条记其《奉先刘少府新画山水障歌》。年表于杜甫所作论画诗仅此二种。其实据徐无闻先生《杜甫与书画》（《草堂》，1981年第二期）统计，杜诗中涉及书画的20余首不计，专以书法或绘画为题的就有23首。除上二首外，像《李潮八分小篆歌》、《丹青引赠曹将军霸》、《题壁上韦偃画马歌》、《戏题王宰画山水图歌》、《戏为韦偃双松图歌》等脍炙人口，不仅在诗歌史上，而且在书画史上占有相当地位。载一二而遗八九，由此等处颇能见出本表的随意性。

又宋初苏易简所撰《文房四谱》，《四库全书总目》该书提要谓：“欧阳询《艺文类聚》，每门皆前列事迹，后附文章。易简盖仿其体式。然询书兼罗众目,其专举一器一物,辑成一谱。而用欧阳氏之例者,则始自易简。后来砚笺蟹录,皆沿用成规,则谓自易简创法可也。”又谓:“其搜采颇为详博,……其他征引,则皆唐五代以前之旧籍,足以广典据而资博闻。当时甚重其书,至藏于秘阁,亦有以矣。”本表980年条记易简登进士第,却不据作者所撰后序,出986年条记其撰成此书。

何谓“著名作品”?文征明享寿90,一生所作书画不计其数,本表仅记20来件,亦不易从中窥见其著录标准。顾恺之在画史上不可以说不是一个重要人物,表中却只记其作《女史箴图》。其实顾恺之的真迹未有留存,但相传为其摹本的,除这件外,还有很有名的《列女仁智图》和《洛神赋图》等,一代大家的作品经过岁月的劫难剩下来这么稀若晨星的几件,实在不应该遗漏。

重要文物的出土依“凡例”是要载入的,但1778年条记《爨宝子碑》出土,而1827年条下却不记并称“二爨”的“爨龙颜碑”出土之事。

“书家生卒”也是“凡例”中明言的一项内容,但有的人就是有生无卒或有卒无生。659年条记贺知章出生,而其卒于744年,表中却未出该年条。770年条记杜甫卒,杜甫生于712年,表中亦未出该年条。吴道子的生卒年史无明载,但黄苗子先生《吴道子事辑》(中华书局,1911年)考证生于689或690年左右,卒于758年以后,当从之。

说到利用、吸收今人新成果,本表也有可以再作改进的余地。774年条记“颜真卿书《竹山连句》”,徐无闻先生早在10多年前便已发表《〈颜真卿书竹山连句〉辨伪》(《文物》,1981年第六期),以确凿的证据和严密的考证判定其为赝品。对旁人已有的研究成果不加关心,这似乎是当代学术界的一个通病,大不利于学术研究的发展。

年表中的不确之处也有一些。

755 年条,标示"天宝 15,己未"。实则为天宝 14 年,乙未。

1082 年条下谓苏轼"书《黄州寒食帖》,在本年以后"。按帖中有"自我来黄州,已过三寒食"句。东坡元丰三年(1080)二月到黄州贬所,至五年(1082),三历寒食。此诗历来注家均系于此年,独本表谓作于"本年以后",不知何故。

1101 年条记:"约在此前后,章惇任商雒令时与苏轼游南山,悬索万仞,傍壁而书'苏轼、章惇来'。"按章惇与苏轼同游南山是在苏轼任凤翔签判时,即至平元年(1064)正月间,详见《高斋漫录》(商务印书馆本《说郛》卷 27)、《宋史·章惇传》及王文诰《苏诗总案》卷五。

1560 年条谓"文嘉等摹刻宋、元、明名家法书,成《停云馆法帖》12 卷"。实则为文征明父子共同辑刻摹勒,而非文嘉一人;收晋、唐至明各家书,非仅宋、元、明。详见张彦生《善本碑帖录》(中华书局,1984 年)。

1707 年条谓冯班为冯武之父。实为从父,《书法正传》"凡例"中言之甚明。

1743 年条谓安岐《墨缘汇观》成书。然据本书自序,实成于 1742 年农历七月十二日。

1747 年条谓"乾隆皇帝发出编刻《三希堂法帖》特谕,费时六年,完成《三希堂法帖》的编刻工作"。1750 年条又谓"《三希堂法帖》成",自相扞格。实则费时六年,完工于 1753 年。该条又谓《法帖》"收魏晋以下历代名家 134 人,墨迹 340 件,拓本 495 种,高宗御题‘烟云画态’四字”。内容有误,表达亦不确。据《法帖》所在地北海公园管理处所编《阅古楼和〈三希堂法帖〉》(人民美术出版社,1982 年)介绍及目录,实收入 135 家 340 件作品,另有题跋 210 多则,共刻石 495 块(而不是“收拓本 495 种”)。乾隆所题为“烟云尽态”四字,而非“烟云画态”。

另外,本表于未知创作年代的作品往往在作者卒年条或某一年条下集中录出,本无不可。然而有些作品并非不能考其年代,如 785 年条记:“怀素卒。约于此前,书《自序帖》、《食鱼帖》、《苦笋帖》……等数十种。”实则《自序帖》末署“大历丁巳冬十月二十有八日”,亦即公元 777 年所书。覆案本表,此年条下业已记明,不知何故在怀素卒年条下重出。又 1104 年条下谓黄庭坚“在此之前,书《王纯中墓志》等帖”。实则据墓志“以元祐二年十月二日甲申葬君”,可知其必作于元祐二年(1087)或次年(水赉佑《黄庭坚年表》及翁闿运《论黄庭坚的书法》均谓作于 1087 年,并见《书法》1984 年第二期)。

从本书“后记”可知,作者将这部年表是看得颇重的,他编此年表,“是出于一种文化史、艺术史的考虑。如果说,三个系列(指原书的书、画、篆刻三部分——引者)是三个专史,年表就是一份全史的记录”,“对于学术研究而言,我想这也是一份有价值的原始资料”。但从以上所指不难看出,年表的编纂尚谈不上完善,离“全史的记录”恐怕还有相当距离。再说,这种今人所编的东西,无论其水平高低,怎么能称其为“原始资料”呢?何况我偶然发现,本表关于篆刻的内容,有相当一些条目沿袭韩天衡所撰《中国印学年表》(上海书画出版社,1987 年)。单凭这一点,离“原始”的意义就更远了。

考察学风的两个案例

事情的起因是，中华书局《中华活页文选》编辑部王景桐同志在审读来稿《苏轼词赏析》专辑时，发现名篇《水调歌头》(明月几时有)“又恐琼楼玉宇”句下作者引《大业拾遗记》：

瞿乾祐于江岸玩月，或问：“此中何有?”瞿笑曰：“可随我观之。”俄见月规半天，琼楼玉宇烂然。

可疑，经核《大业拾遗记》原书，果不见此段踪迹。刚好手头有一本拙编《雅词别裁》(学苑出版社，1998 年)，翻开一看，这一句引的是同一条，便下问于我。这样，就轮到我惭愧了。我首先坦白这一条是从别的注本转抄而来，抄自哪个注本已经忘了。景桐同志素以认真细心著称，但我不甘心，仍将各种本子的《大业拾遗记》查了个遍，结果当然是没有。此书又名《隋遗录》，我便抱一线希望，又翻阅各本《隋遗录》，结果当然还是没有。

不得已，我向古小说研究专家程毅中先生请教。没想到程先生早在 10 多年前便发现这一问题了。他要我去看国务院古籍整理出版规划小组所编《古籍整理出版情况简报》第 131 期(1984 年 11 月)，上面有他以笔名崔茅发表的《略谈古典文学注本的引证》一文，文中说：“古典文学的注释，一方面要避免繁琐，不必每一个字都要找到出处；另一方面更要避免疏误，力求翔实可信。”接下举出有“疏误”的数例，其中一例便是中国社会科学院文学研究所编《唐宋词选》(人民文学出版社，1981 年)和张璋选编、黄畲笺注《历代词萃》(河南人民出版社，1983 年)中上举苏词注引《大业拾遗记》的错误。程先生并说：

> 这里所引的《大业拾遗记》到底是谁的作品、什么版本呢？我们知道，通行的《大业拾遗记》是托名颜师古的作品，又名《隋遗录》，见于《说郛》等书，鲁迅曾收入《唐宋传奇集》，讲的是隋炀帝的故事，并没有瞿乾祐玩月的情节。这个情节出自唐人小说，见于段成式《酉阳杂俎》（前集卷二），原作翟乾祐。为了便于说明，照录《酉阳杂俎》原文如下："翟天师名乾祐……曾于江岸与弟子数十玩月，或曰：'此中竟何有？'翟笑曰：'可随吾指观。'弟子中两人见月规半天，琼楼金阙满焉。数息间不复见。"
>
> 这个故事又见于《太平广记》卷三十引《仙传拾遗》。所谓《大业拾遗记》大概就是《仙传拾遗》之讹，而瞿乾祐当即翟乾祐之讹。"琼楼玉宇"原作"琼楼金阙"，引文大概是为苏词作注而改的。旧时的注家为了证明古人写诗文"无一字无来历"，甚至妄改古书，捏造典故，削足就履，这种做法实在是不足取的。

太好了，程先生何止是发现了这一问题，他还同时把问题发生的原因揭示出来了。

程先生的确是一个本色的学者，他分析问题的思路不会脱离学术之一途。程先生又是一个忠厚长者，也许他是不愿意从旁的角度去揣度别人。我却以为对一般人而言，若要探究其疏误的原因，本来不必求之过深，这里反映的其实就是当今学术界普遍存在的学风问题。即以我为例，我的书中引《大业拾遗记》显然不是因《仙传拾遗》而讹，"琼楼金阙"变成"琼楼玉宇"也不是为了削足就履，很简单，是因为我在注释中轻信他人，照抄他人，而又懒得去核验原书。

我想看看有多少人跟我犯一样的毛病,又有多少人跟我不一样,便花去一个闷热的夏夜将寒斋插架有关的书翻了个遍,又在白天工余往图书馆跑了若干趟,呆在为防灰尘而密封甚严的书库里大汗淋漓了好几回。我首先检查了今存最早的苏词注本,南宋傅干的《注坡词》(刘尚荣校证本,巴蜀书社,1993年),卷一"唯恐琼楼玉宇"句注正引段成式语,而不作《大业拾遗记》;又看成书于半个多世纪前的龙榆生《东坡乐府笺》(商务印书馆,1936年),卷一注"琼楼"二字转引傅注引段语,亦不作《大业拾遗记》。这两种今天所能得见的坡词注释的导夫先路之作都不错,那么谁是使用所谓《大业拾遗记》那条错误材料的始作俑者,就很难确指了。

就我这次所能看到的诸家注本或著作来说,可以报告给大家的是:

胡云翼先生《宋词选》(上海古籍出版社,1978年),

朱东润先生主编《中国历代文学作品选》中编第二册(高等学校文科教材,上海古籍出版社,1980年),

刘乃昌先生《苏轼选集》(齐鲁书社,1980年),

曾凡礼先生《苏东坡词选释》(内蒙古人民出版社,1981年),

于培杰、孙言诚先生《苏东坡词选》(花山文艺出版社,1984年),

石声淮、唐玲玲先生《东坡乐府编年笺注》(华中师范大学出版社,1988年),

王力先生主编《古代汉语》第四册(高等学校文科教材,修订本,中华书局,1997年,第23次印刷)

等等均注引"《大业拾遗记》"。沈祖棻先生《宋词赏析》(上海古籍出版社,1980年)甚至省去“大业”二字,成了“《拾遗记》”。而我们知道《拾遗记》是晋人王嘉的作品。果然,在刘乃昌、崔海正先生选注《东坡词》(浙江古籍出版社,1992年)中,我们就看到直称“晋王嘉《拾遗记》”的字样了。这是典型的想当然尔,愈转愈远了。古语所称“治丝而棼”,殆此之谓欤?

谁抄的谁,无法确指,也不必深究,但这些著述中存在辗转相抄而又不复核原书的情形,却通过这条注释一览无遗。这条注释如此,那么书中其他的注释呢?读其书者也就有理由在心中打个问号了。

接下来很有必要着重提到俞平伯和王水照先生。前者在《唐宋词选释》(人民文学出版社,1983年)中,后者在《苏轼选集》(上海古籍出版社,1984年)中,都准确无误地引了《酉阳杂俎》中的那段话来注坡词。有上述众多注家作衬托,这两位先生就显得特别的难能可贵。

这是由一条错误的引证暴露出辗转抄引的问题,如果辗转抄引的材料本身没有错或没有大错,那我们是很难发现的。

比如说到词,我们知道有“豪放”、“婉约”两种相对的风格,而在文章中引过这样一段话的研究者更不知凡几:

> 按词体大略有二:一体婉约,一体豪放。婉约者欲其辞情蕴藉,豪放者欲其气象恢弘。盖亦存乎其人。如秦少游之作多是婉约,苏子瞻之作多是豪放。大抵词体以婉约为正,故东坡称少游今之词手;后山评东坡词“虽极天下之工,要非本色”。今所录为式者,必是婉约,庶得词体,又有唯取音节中调,不暇择其词之工者,览者详之。

这通常被认为最早以“豪放”、“婉约”二分对举论词的经典言论,人们在引述时几乎一律注明出自明人张綖《诗余图谱·凡例》[①]。但我当年因撰文用到此条,特意去核查毛晋汲古阁《词苑英华》本《诗余图谱》,结果发现连《凡例》也无有,更不用说这段话了。而《诗余图谱》通行的本子就这一种,并无别本可查。不得已,在文章中写下这一疑惑,窃盼方家有以教我。不久果得中国社会科学院文学研究所邓绍基先生赐函,谓他经询复旦大学王水照先生,知北京图书馆藏本有"凡例"云云。但我仍然不能得其详,亦无机会向王先生请教或去北图目验。后来偶然读到王水照先生早在1984年由齐鲁书社出版的《唐宋文学论集》,其中有《苏轼豪放词派的涵义和评价问题》一文,文中引上述张綖这段话后,似乎是专门为我解惑,在当页加了个脚注:

> 《诗余图谱》之明刻通行者为汲古阁《词苑英华》本,却无《凡例》及按语。此据北京图书馆所藏明刊本及万历二十九年游元泾校刊的《增正诗余图谱》本。

虽然这段话就字面看还多少有些让人不踏实处("所藏明刊本"似乎有些语焉不详,且"万历二十九年刊本"自然也是明刊本,二者是何关系[②]?),但毕竟可以放心:上引那段话的所有权的确是属于张綖的。只不过有一点:准确说它不出自《诗余图谱·凡例》,而

① 中国社会科学院文学研究所编《唐宋词选》(人民文学出版社,1981年)"前言"引张綖此段,仅标"明代张綖说",注出处为"王又华《古今词论》引"。这种诚实的做法并不多见。

② 近读王水照先生撰于1999年的《我向唐老通信问学的一段经历》(载钟振振编《词学的辉煌》,南京大学出版社,2001年),提及他1983年就张綖语出处请教唐圭璋先生,是唐先生建议他去查《诗余图谱》的善本,终于在上海图书馆藏明游元泾校刊《增正诗余图谱》和北京图书馆所藏另一明刊《诗余图谱》中发现了"凡例"及其后面的这段"按语"。又近阅王先生所著《苏轼研究》(河北教育出版社,1999年),亦收入《苏轼豪放词派的涵义和评价问题》,该注"万历二十九年"前已加"上海图书馆所藏"数字,这就让人踏实了。作者校时附记,2002年冬日。

是见于《凡例》后所附,王先生脚注所谓“按语”是也。王先生在文中引此段时说,“他(指张綖——引者)在《诗余图谱·凡例》后云”,行文的表述非常精确。

由上述不难推断,研究者在文章中使用张綖这段话可能大都属于辗转贩抄,因为这些引用者中肯定有一部分根本无心去复查原书;一部分有心去复查原书的人如笔者又只能在《词苑英华》本前途穷而返;大多数人未必会注意到王水照先生那篇文章中的那个脚注;注意到了也不见得有机会去北图看那个本子;有机会去北图的人又未必有兴趣或愿意花这个功夫。幸好它还真是张綖的话,如果也像《大业拾遗记》那样的张冠李戴或根本就子虚乌有呢?

程毅中先生在上面提到的那篇文章中说:

> 作为一种新的注本,对于引证,首先要求正确,引用书证一定要忠实于原文,尽可能保持完整。其次,应该尽可能用第一手资料,尽可能找到最早的出处。当然,由于客观条件的限制,有时不可能全部占有第一手资料,在不得已而转引第二手资料时,也应该实事求是地注明来源,必要时还应注明作者、版本和卷数等。至于引证一定要目验原书,而不能凭记忆和想象,更是不待言的了。否则又怎能让读者信赖你的注释呢?

这是针对古籍注本说的,应该也适用于所有的学术研究。无奈言易行难,实际上我们做得并不够好。我愿意坦言我的文章中类似转引他人而又不加目验的情形并不止这一桩,偏偏这一桩成了一个靶子,不过是因为极偶然地,它的错误被察觉了而已。还有多少类似的例子以及相应的错误藏在我的文章中呢?又有多少类似的例子和相应的错误藏在读到这篇拙文的诸位同仁的文章中呢?我们的心里可能没数,但如果有兴趣,我们不妨随时留心着,情况也许会比我们以为的严重。

日前读王仲闻先生《李清照集校注》，引用书目多达 150 余种，在书的《后记》中看见这么一段话："《引用书目》里面，有几种没有见过原书，只见过照片和胶卷。"老辈学者谨严的学风与从中体现出的诚实的人格宛如一幅美丽而发黄的老相片，让今天的我们看了，心中满是憧憬和无尽的感慨①。

自　讼

我撰此文，决无鸣高之心，而有自警之意。因为自己的文章中同样存在着错误。

要说我不知道《唐音癸签》的作者是胡震亨而不是胡应麟，不知道《骚坛秘语》的作者周履靖是明人而不是清人，的确不是事实。可偏偏在《文学价值与文学史价值的不平衡性》(《文学遗产》，1994 年第二期)一文中就明明写着"胡应麟《唐音癸签》"和"清周履靖"。

《苏轼词的体制问题》(《北方论丛》，1992 年第四期)一文，将《东轩笔录》卷 11 所载欧阳修词断句"战胜归来飞捷奏，倾贺酒，玉阶遥献南山寿"归属范仲淹，并称"《全宋词》失收"。又将李冠《六州歌头·骊山》误为《水调歌头》。

《〈词话丛编〉疑误录》(《山西师大学报》，1991 年第一期)一文，引"'未起意先改'，直下语拟顿挫。'认得行人惊不起'，顿挫

① 文章既成，承程毅中先生告知查《佩文韵府》，发现卷 37 上"玉宇"条下引《拾遗记》"翟乾祐于江岸玩月"云云，与今人所引《大业拾遗记》文字几同，唯"翟"字不作"瞿"。这样，总算找见这条误注的来源了(有可能其误不始于《佩文韵府》，但目前所知者如此)。对于首次征引这条材料的人来说，是轻信类书，用二手材料而不辨真伪；对于后来的使用者而言，仍属于辗转贩抄的问题。

语似直下"一段，谓"未起"、"认得"二句为欧阳炯词句。其实前句出苏轼《高邮陈直躬处士画雁二首》其一："野雁见人时，未起意先改。"（《苏轼诗集》卷24）

同文又引"'载不动许多愁'与'载取暮愁归去，只载一船离恨向西州'，正可互观"一段，谓"只载"句与"载取"句非同一首词句，不应阑入同一引号内，是。然仅谓"只载"为苏轼《虞美人》（波声拍枕长淮晓）句，而未指出"载取"句为张元干《谒金门》（鸳鸯渚）句。

同文又谓原书引李好义《望江南》："思往事，白尽少年头。曾帅三军平蜀难，沿边四郡一齐收。逆党反封侯。　　元宵夜，灯火闹啾啾。厅上一员闲总管，门前几个纸灯球。箫鼓胜皇州。"为两首词，不当阑于一引号内。其实此为双调《望江南》，原标点并无不妥。

《试论"尊词"与"轻词"》（《文学评论》，1995年第一期）一文，将苏轼在惠州所作的《与程正辅书》误为黄州作。

又我校点唐人张彦远《法书要录》（辽宁教育出版社，1998年），讹误处亦复不少。如：

> 一、齠齿以上，苟任涉学，皆废苍颉、史籀，竞以杜、崔为楷，私书相与，庶独就书云。适迫遽故不及草，草本易而速，今反难而迟，失指多矣。（第2页）

这是赵壹《非草书》中的一段。当标作："齠齿以上，苟任涉学，皆废苍颉、史籀，竞以杜、崔为楷。私书相与，庶独就书，云'适迫遽，故不及草'。草本易而速，今反难而迟，失指多矣。"此段批评当时人从童年起就耽于学书，而且不走正路，写字时总要说"不巧时间紧迫，所以来不及写草书"。赵壹还认为，草书本是简易快速的一种字体，现在反而弄得困难迟缓，太不符合创立草书的原意了。

> 二、右逸少谓"领军弟书不减吾"。（第49页）

按当标作:“右逸少谓领军,‘弟书不减吾’。”领军,羲之从弟王洽,曾任晋中书令,领军将军。本书卷一载南朝宋羊欣《采古来能书人名》记:“(洽)众书通善,尤能隶、行,从兄羲之云:‘弟书遂不减吾。’”

三、今始知其极难下语。不比于《文赋》,书道尤广,……(第75页)

寻文意是说作《书赋》难度很大,与作《文赋》无法相比。故“下语”后当为逗号。而“书道尤广”为另转一意,故前应作句号。即当标作:“今始知其极难下语,不比于《文赋》。书道尤广,……”

四、后见苏云:“近与王员外相见,……应不足难,苏且说之。”(76页)

寻文意,“后见苏云”是本文作者张怀瓘自引对苏晋所云之语,其语当至“应不足难”止。“苏且说之”四字为张氏叙述语,“说”者,高兴也,故后接谓“因谓仆曰”云云。

五、后见《仲尼吴季札墓志》。(第102页)

按《吴季札墓志》传为孔子所书,故此句当标作“后见仲尼《吴季札墓志》”。

六、王子敬云:“张伯英极似之,其遗迹绝少,又妙小篆,今有《张平子碑》。”(第130页)

细玩文意,王献之语仅“张伯英极似之”一句耳。下引号当移此句下。

七、先是有张子,并于时有陈良辅,并称能书。(第132页)

按当作:“先是有张子并,于时有陈良辅,并称能书。”张子并,本书卷九有传:“张超,字子并,河间郑人,官至别部司马。”

八、(子敬)正色曰:“仲将,魏之大臣,宁有此? 事使其若此,知魏德之不长。”(第133页)

按问号当移“事”字后。

九、(王绍宗)尝与人云:“鄙夫书翰无功者,特由微水墨之积习,常清心率意,虚神静思以取之。每与吴中陆大夫论及此道,明朝必不觉已进。”陆于后密访知之,嗟赏不少。将余比虞君,以虞亦不临写故也。但心准目想而已。闻虞眠布被中,恒手画肚,与余正同也。(第150页)

细绎文意,王绍宗语当至“与余正同也”句,“不觉已进”下引号移此。

十、省别具足下大小问。多分张念,足下悬情。(第156页)

按当标作:“省别,具足下大小问。多分张,念足下悬情。”具,悉知也。分张,分离。

诸如此类,有些是文章刊出即发现,有些是此次整理才得见。隔时已久,是知识所限,抄稿之疏,抑或手民之误,已难以究诘,所可知者,白纸黑字的错误是无可辩解的。看到这些错误时的感觉真如芒刺在背,夸张点说,汗未尝不发背沾衣也。这当然可以证明刘勰所说的“意翻空而易奇,言征实而难巧”(《文心雕龙·神思》),但如果在研究中能够更细致一些,下笔时更谨严一点,上面的许多疏忽也许本是可以避免的。

合《西南师范大学学报》1991年第二期、
《书品》1998年第二期、第六期、
《古籍整理出版情况简报》1999年第四期四文

《词话丛编》疑误录

唐圭璋先生披览群书，搜辑自宋至民国词话60种，汇成《词话丛编》，于1934年在南京印行二百部。50年代末，又增加25种，合为85种，一仍原名，由中华书局于1986年出版。手此煌煌五巨册，历代重要词话均在掌握之中，词学研究者莫不称快。吴梅先生在《词话丛编序》中以“词林之巨制，艺苑之功臣”称之，实非过誉之论。

唯因全书卷帙浩繁，标点方面颇多疏误。与此书价值相比，虽仅是白玉青蝇，但既是青蝇，就终以拂去为快。

今就平日披览，随手所记，摘其要者，分成三类。学识所限，其中必有思虑不周甚至以不误为误处，但我想于本书之趋于完美，还是能有点滴帮助的。

标点体例混乱

整理古籍，各有体例，不必强求一律。但是一书之中，体例一致，不能自相乖互，这是古籍整理的基本要求。《词话丛编》一书标点体例混乱的现象贯穿全书始终。总的来看，主要表现在四个方面：

一、文中所引他书，或他人之语，或加引号，或不如引号，初无定准。

如第112页"《松窗录》云"、第113页"《羯鼓录》云"下均加冒号及引号，而第741页"《曲洧旧闻》曰"、第742页"《艺苑卮言》曰"下仅用冒号，不加引号。

这种情况甚至可以出现在同一页中。第114页"《卢氏杂说》云"、"《嘉祐杂志》云"下冒号、引号俱备，"《乐府杂录》云"下则既无冒号，又无引号，而偏用一逗号。

又书中引他人之言亦如此。第147页"晁以道云"下加冒号、引号，紧接着下页第148页，"豫章云"就仅用冒号，不用引号。第606页"李东琪曰"、"张砥中曰"、第607页"李笠翁曰"、"毛稚黄曰"等皆仅以一冒号领起，至第1458页"彭羡门云"、第1459页"邹程村曰"等又冒号、引号均用。第4124页"陆放翁云"、第4167页"周公瑾云"又冒号、引号俱无，仅用一逗号。凡此等处皆令人不得其解。

有些段落的标点实在不知道理何在。第4527页一段："问，咏物如何始佳。答：'未易言佳，先勿失呆。'"既然答语加引号，问话为何不加呢？第3885页："第言姚冶，易近纤佻。兼写幽贞，又病迂腐。然则何为而可，曰：'根柢于风骚，……'"此处"曰"后加引号，而仅翻过两页，且是同一段话，却又不加。第3887页："或问余所作艳词何以为法，余曰：余固尝言之，根柢于风骚，……"体例之不统一竟至于此。

二、文中摘引诗词，或加引号，或不加，也无规律可寻。

第680页"大江东去"四字不加，第4051页同样四字，引号又赫然在目。第4047页"琼楼玉宇"、4052页"人比黄花瘦"等均用引号，第4147页"西塞山前"、第4155页"邮亭一夜眠"又全然不用。

甚至同一段中引号也竟至于或加或不加，见第 4426、4846、4847、4869 页等。现引第 4869 页分析周邦彦《六丑》（正单衣试酒）一段文字：

> “留”字“去”字，将大意揭出。“为问家何在”，犹言春归何处也。“夜来”以下，从蔷薇谢后指点。结则言蜂蝶但解惜花，未解惜春也。惜花小，惜春大。东园二句，谢后又换一境。“成叹息”三字用重笔，盖不止惜花矣。“长条”三句，花亦愿春暂留。“残英”七字，“留”字结束，终不似至“欹侧”，“去”字结束。“漂流”七字，愿字转身。“断红”句逆挽“留”字，何由见得逆挽“去”字，言外有无限意思。

凡加引号者均为《六丑》词中字句。然而“东园”、“终不似”、“愿”、“何由见得”亦为词中字句，为什么偏偏它们例外呢？

恕我直言，这种地方除粗心草率外，似还应归于不熟悉原词之故（文中原词未附出）。唐圭璋先生在本书“修订说明”中说：“我于 1934 年春季，辑印《词话丛编》六十种，……直到 1959 年，我适患类风湿关节炎，乘治疗间隙，校改了不少明显的错字，并加了小标题和标点。”虽然明言全书标点是他所加，但由此等处实可让人怀疑并非如其所言也。

三、《词话丛编》是历代词话的汇编，后出的词话不免征引、转述前人的内容，故重复之处甚多。对于这些语句完全相同的段落，既然在一部书中，标点应该要求完全统一。而全书每遇这种情况，多不统一，其中往往涉及上面所述的问题，如引他人曰，摘引词句，或加引号或不加之类。如第 603、644 页两段分别这样标点：

> 俞少卿云：“郎仁宝谓填词名同，而文有多寡，音有平仄各异者甚多。悉无书可证，三人占则从二人，取多者证之可

矣。……”

俞少卿云:郎仁宝瑛,谓填词名同而文有多寡,音有平仄各异者甚多,悉无书可证。然三人占则从二人,取多者证之可矣。……

又第901、1830页相同的两段,标点也不相同:

林和靖不特工于诗,且工于词。如咏草一首:“金谷年年,乱生春色谁为主。”终篇不露一草字。如觉范咏梅一首:“风吹平野,一点香随马。”终篇不露一梅字,同一雅洁。

林和靖不特工于诗,且工于词。如咏草一首“金谷年年,乱生春色谁为主”,终编不露一“草”字,与觉范咏梅一首“风吹平野,一点香随马”,终篇不露一“梅”字同一雅洁。

四、文中引用诗词全篇,大都顿号、逗号、句号并用,而有一些却又全部使用句号断句,如第2622页《谒金门》词,2876页《虞美人》词,4489页《虞美人》词,4490页《采桑子》词等。又全书标点,均不用问号,独见第4330页一用,颇令人有新奇之感。

标点体例不当

标点古籍,通常有所谓旧式标点和新式标点两种。所谓旧式标点,即通篇仅用一种符号(或句或顿)作断句,不作其他处理;新式标点则是尽用各式标点符号。《词话丛编》全书使用顿号、逗号、句号、冒号、单引号、双引号,应属新式标点。但偏偏问号、书名号不用,不免给人以新旧相溷之感。

如果说,这尚属于“不必强求一律”之体例,那么在另一些标点体例的具体处理上,则确实多有不当,不得为贤者讳也。通览全

书,大约也可以分为四个方面:

一、词叙或词题每当紧接词牌出现时,均不加引号,与叙述语混淆,眉目不清。

如第4535页:

> 葛郯信斋词水调歌头,舟回平望,过乌戍值雨,向晚复晴云:……

第4543页:

> 周必大近体乐府,有点绛唇,七夜赵富文出家姬小琼再赋。"七夕"作"七夜",甚新。

"舟回"三句和"七夜"一句均为词序,宜加引号(或括号)以示区别,以醒眉目。

不加引号,不唯长序容易与叙述语混淆,徒增读者阅读的困难,短题同样能造成疑惑。第2910页:"齐天乐,咏花魂云:……""咏花魂"是词题,还是行文者的陈述语呢?

二、引用他书,每当书名后无"曰"、"云"字样时,往往既不加冒号,也不加引号,只用一逗号,使读者难于理解书名后的话到底是书中之语,抑或不是。如果是,引文又止于何处。

如第1970、4489页两例:

> 冷斋夜话,予谪海外,上元椰子林中,渔火三四而已。中夜闻猿声凄动,作词曰:……

> 逸老堂诗话,花间集词:"一方卵色楚南天"注:"以卵为泖,非也。"花间集注,未之前闻。

像这样的标点,反转使人糊涂矣。

我以为,如此之处,所引若是书中原文,则必须加上引号;若仅是转述书中大意,书名后也应以冒号领起,以示提示之意。

三、截取诗词字句，如上所说，有加引号者，也有不加者，但多数为不加，或亦其体例所使然，但实应使用引号，否则也容易与行文叙述语混同，以致误解。尤其当行文中原词未附出，读者不熟悉此词时，更是如此。

如第3989页“评欧阳炯词”一段：

> 未起意先改，直下语拟顿挫。认得行人惊不起，顿挫语似直下。惊字倒装。

第一句出苏轼《高邮陈直躬处士画雁二首》其一：“野雁见人时，未起意先改。”（《苏轼诗集》卷24，中华书局，1982年），第三句及“惊”字为欧阳词字句，应加引号以区别之。

又第4613页“题墨梅词”条：

> 起句如诗，改无诗更佳。

初看以为说起句写得很美，或写法用的是诗法，而后一句则不可解。检所列原诗后才知道，“如诗”乃《题墨梅词》首句中的两字，所谓“墨痕淡到如诗”是也。

四、引他书曰、云，如上所说，引号亦有或用或不用者，而以不用者为多，疑亦本书标点体例先自框定，也给阅读和理解带来不便。

如第4117页一例：

> 刘彦和声律篇云：夫音律所始，本于人声者也。声含宫商，肇自血气。唯词亦然，高下洪细，轻重迟疾，各有一定之响。

细辨文意，尚可知刘彦和所云止于“肇自”一句。因为刘彦和时代，尚无有词之一体也。而同一页中的另一则：

> 乐记曰：声成文谓之音，声出而音定焉，音繁而韵兴焉。

从内容看,尤其是从一逗到底的标点看,俨然三句都是《礼记·乐记》中语,而翻检原书可知,《乐记》所云者实仅“声成文谓之音”一句(《十三经注疏》本,中华书局,1980 年)! 此句下既加逗号,可见标点者未留心于此,更未去核检原书。

看来,引书也好,引他人言论也好,包括词题、词序,以及截取诗词字句,不加引号确实是一种自我省事的做法,但必将给读者带来许多的麻烦。

断句标点错讹

《词话丛编》的标点,除了总体上存在体例混乱和不当的毛病外,具体断句和标点的问题也不一而足。粗粗翻阅一过,便得数十条之多,现择其较重要者胪列于下。

一、董毅夫名钺,自梓漕得罪归鄱阳,遇东坡于齐安,怪其丰暇自得。曰:“吾再娶柳氏三日而去官,吾固不戚戚而忧,柳氏未能忘怀于进退也。已而欣然同忧患,如处富贵。吾是以益安焉。”(第九页)

案:董氏所言一段断句多误,当标作:“吾再娶柳氏,三日而去官,吾固不戚戚,而忧柳氏不能忘怀于进退也。已而欣然,同忧患如处富贵,吾是以益安焉。”文意始畅。

二、坡复用僧言之策,凿清冷口积水,入于古废河,又东北入于海。(第 28 页)

案:“积水”不堪“凿”,二字当属下。

三、又八六子“倚危亭,恨如芳草萋萋,铲尽还生”者,……(第 177 页,355 页同)

案:引号内数句为秦观《八六子》句,依词律当断为:"倚危亭,恨如芳草,萋萋铲尽还生。"

四、苕溪渔隐曰:"东坡云:龙丘子自洛之蜀,……号静庵居士。作临江仙赠之云:细马远驮双侍女,……铅鼎养丹砂。龙丘子,即陈季常也。秦太虚寄之以诗,亦云:侍童双擢玉,……幅巾对沉燎。……"(第178页)

案:这段标点,双引号中套单引号,单引号中又套双引号,乱成一团。东坡所云,实只至"号静庵居士"一句止,其余皆为苕溪渔隐(胡仔)之言也。故应标作:"东坡云:'龙丘子自洛之蜀,……号静庵居士。'作《临江仙》赠之云:'细马远驮双侍女,……铅鼎养丹砂。'龙丘子,即陈季常也。秦太虚寄之以诗,亦云:'侍童双擢玉,……幅巾对沉燎。'……"

五、辛待制霜天晓角词……用颜鲁公寒食帖"天气殊未佳,汝定成行否"。寒食只数日间,得且住为佳耳。(第192页)

案:"寒食"二句亦为帖(一说为晋人帖[①],疑是)中语,不当在引号外。

六、郎仁宝谓填词名同,而文有多寡、音有平仄各异者甚多。(第603页,644页同)

案:当标作:"郎仁宝谓:'填词名同而文有多寡、音有平仄各异者甚多。'"

七、"载不动许多愁"与"载取暮愁归去,只载一船离恨向

① 杨慎《词品》卷一"词用晋帖语":"'天气殊未佳,汝定成行否?寒食近,且住为佳耳。'此晋无名氏帖中语也。"李调元《雨村词话》卷四:"渔洋有《卜算子》,起句云:'天气近清明,汝定成行否?'用晋帖语入妙。"(均据《词话丛编》本)

西州”,正可互观。(第677页,1805页同)

案:“载取”句为张元干《谒金门》(鸳鸯渚)句,“只载”句为苏轼《虞美人》(波声拍枕长淮晓)句,不应阑在同一引号内。

八、“子瞻与谁同坐,明月清风我”、“明月几时有,把酒问青天”,快语也。(第1805页,4158页同)

案:“与谁”两句乃苏轼《点绛唇》(闲倚胡床)句,“子瞻”二字当在引号外。

九、杜公“关山同一点,一点字绝妙”,东坡洞仙歌“一点明月窥人”用此。(第2434页)

案:前二句当标成:“杜公:‘关山同一点’,‘一点’字绝妙。”“关山”句为杜诗,“一点”句乃旁人之评语,不得混淆。

十、如东坡醉翁操云:“琅然清圆。”

案:此为东坡《醉翁操》起二句,按律当标为:“琅然。清圆(“圆”字本作“圜”)。”“然”为韵字。

十一、南海谭玉生广文乐志堂集中论词绝句……谓白石“旧时月色,人何处”,戛玉敲金拟恐非。(第2830页)

案:“‘旧时月色’人何处,戛玉敲金拟恐非”为谭氏论词绝句中的两句(“旧时月色”为姜白石《暗香》首句,故加引号),如原标点则不成句读矣。

十二、又金缕曲香,冢词社中人瘗花处云:……(第2900页)

案:“金缕曲”乃词牌名,“香”字当属下。

十三、风雅如此,老倩小红低唱,吹箫和之,洵无愧色。(第3109页)

案:“老”字当属上,“此老”指姜白石。数句标作:“风雅如此老,倩小红低唱,吹箫和之,洵无愧色。”史载姜夔为范成大作《暗香》、《疏影》两曲,范以家妓小红相赠。姜携小红归而赋诗曰:“自作新词韵最娇,小红低唱我吹箫。”见元陆友《砚北杂志》卷下(台湾商务印书馆影印文渊阁《四库全书》本,1986年)。数句指此事。

十四、王渔洋词有云……,吴石华云……,不让渔洋山人,专美于前也。(第3134页)

案:数句原意是吴石华词写得好,其词一出,王渔洋的词就不再是一支独秀了。“不让渔洋山人专美于前也”为一句,断开反增歧义,似乎说是吴词不让(不逊色)于王词,而专美于前。吴词出于王词之后,再出色也不可能是专美于“前”的。

十五、“唯有楼前流水”,“应念我终日凝眸”,“倘后夜暗风凄雨,再休来小窗悲诉”,痴语也。(第3286页)

案:“唯有楼前流水,应念我终日凝眸”,乃李清照《凤凰台上忆吹箫》(香冷金猊)中的两句,不能隔开。

十六、张红桥与林子羽唱和,……皆藏名于末句,此例凡十数首。昔少游赠营妓陶心儿南歌子,末云:“天外一钩残月带三星。”盖暗藏心字。东坡见之笑曰:“此恐被他姬厮赖耳。子羽无亦有此意哉。”(第3384—5页)

案:东坡语仅“此恐”一句耳。林子羽为清人,东坡安能“笑”之哉!

十七、词筌:“词有入说部则佳”一条,先生(指沈曾植——引者)批云:“词家境界隘于诗,然鬼语亦何妨。”黄公此论,乃不如伊川评小晏词之当行。(第3623页)

案:沈曾植批语当至末句止。黄公,作《皱水轩词筌》之贺黄公(赏)也。

十八、没要紧语，正是极要紧语，乱道语正是极不乱道语。固知“吹皱一池春水”，干卿甚事，原是戏言。（第3704页）

案：“吹皱一池春水”为冯延巳《谒金门》（风乍起）句。马令《南唐书》卷21载，南唐中主李璟戏谓延巳曰：“吹皱一池春水，干卿何事？”（《丛书集成初编》本）所以，“干卿甚事”四字当入引号。

十九、或谓渔洋分甘余话云：“胡应麟病苏黄古诗，不为十九首建安体，是欲绁天马之足，作辕下驹也。子病迦陵词不能沉郁，毋乃类是。”余曰：“此不可一例论也。……有是理哉。（下引号原缺，第3916页）

案：此段断句不当，引文混乱。当标为：“或谓：‘渔洋分甘余话（此为书名，然本书例不标书名号，已见前述，姑且从之。下同）云：“胡应麟病苏黄古诗不为十九首、建安体，是欲绁天马之足，作辕下驹也。”子病迦陵词不能沉郁，毋乃类是。’余曰：‘此不可一例论也。……有是理哉！’”

二十、黄昃叔旸散花庵词。昃即说文昇字。玉林，闽建阳人。（第4033页）

案：“字”字当属下句，谓黄升字玉林（玉林实为其号），福建建阳人也。

二十一、诵东坡“冰肌玉骨……”句，自觉口吻俱香。悲慨处不在叹逝伤离也，诵耆卿“渐霜风凄紧……”句，自觉神魂欲断。（第4055页）

案：“俱香”下句号当改逗，“伤离也”下则当改逗为句或分号。

二十二、至于“不知天上宫阙，今夕是何年”，不能引“共道人间惆怅事，不知今夕是何年”之句。“笑怕蔷薇罥，学画鸦黄未就”，不能引南部烟花录。如此甚多。（第4083页）

案:“笑怕蔷薇罥”乃苏轼词《南乡子·有感》首句,“学画鸦黄未就”则为其另一首《蝶恋花·佳人》词句(原句是“学画鸦儿犹未就”),不应阑于同一引号中。

二十三、胡元任云:“唐人调俱失传,今可歌者,小秦王、瑞鹧鸪耳。瑞鹧鸪依字易歌,若小秦王必杂以虚声,乃可歌也。据此,则词虽无衬字,而曲之肇源于词者,概可识矣。”(第4134页)

案:细绎原文,胡元任语当至“乃可歌也”句止,而误延至“概可识矣”一句。

二十四、徐氏所引杏花、疏影二句,盖陈去非词,非子瞻所作。(第4158页)

案:“杏花”后顿号须删。所谓“杏花疏影”二句,指陈去非(与义)《临江仙》句“杏花疏影里,吹笛到天明”也,非谓“杏花”一句,“疏影”又是一句。

二十五、茗柯又评稼轩祝英台近词云:“此与德祐太学生二词用意相似。‘点点飞红’,伤君子之弃。‘流莺’,恶小人得志也。‘春带愁来”,其刺赵张乎。然据贵耳集云,吕婆,吕正己之妻。正己为京畿漕,有女事辛幼安,因以微事触其怒,竟逐之。今稼轩桃叶渡词因此而作。是辛本非寓意,张说过曲”。(第4159—6页)

案:茗柯即清人张惠言,照此标法,他评稼轩词,说了一大段,竟落脚在“张说过曲”四字上——自称所姓,并称自己为“过曲”!由此可知其误。当重新标为:“茗柯又评稼轩祝英台近词云:‘此与德祐太学生二词用意相似。……其刺赵张乎?’然据贵耳集云:‘吕婆,吕正己之妻。……今稼轩‘桃叶渡’词因此而作。’是辛本非寓意，张说过曲。”

二十六、龙川水调歌头云：“尧之都，舜之壤，禹之封，于今应有一个半个耻和戎。”（第4213页）

案：按调“于今应有”下当有一断，添顿或逗均可。

二十七、曲与词体格迥殊、而能得其，并皆佳妙之故，则于用笔用字之法，思过半矣。（第4419页）

案：“迥殊”后顿号应改逗，“得其”下逗号须删。

二十八、记云：“余童丱时，先祖拙斋翁夜课余读书。会中秋，月色浩然。闻瓦上声如撒雹，甚怪之。先祖曰：“此月中桂子也。……是后未之见也。每遇中秋月明，辄忆此时事。……””“元注，是岁为丁丑，宋景炎二年，元至元十四年”。（第4501页）

案：此段引文标点亦颇淆乱。“先祖曰”乃“记”（指宋舒岳祥《月中桂记》，见《阆风集》卷11，《四库全书》本）所引，故其下双引号当改单引号。又“先祖曰”至“是后未之见也”一句止，此句下当添单引号。“元注”即“原注”也，二字当挪至引号外，并改其下逗号为冒号。末尾句号当在引号内。

二十九、“行云”句著一“湿字”，藏“行雨”在内。（第4847页）

案：此乃评吴文英《齐天乐》（烟波桃叶西陵路）中“梦不湿行云”一句，“字”字当移引号外。

《山西师大学报》1991年第一期

《传世藏书》疑误录

《传世藏书》(海南国际新闻出版中心,1996年)是一部大型古籍整理类图书。通过媒体,我们得知这部大书凡123巨册,字数超三亿;得知其由新闻出版署作为重点图书专门下文,由国宝级大师率全国各地数十位知名博导、教授领衔主编,参加整理者不计其数;也得知它曾作为重礼送给国家领导人,作为国礼送给联合国。我们不知道的是这部大书的整理质量到底如何——直至近日有机会翻阅其中的书画部分为止。这部分总体来说存在六类问题:

一、底本的选定十分随意,看不出作过全面的比较与权衡。且校勘记作得十分荒唐,所收书近40种,出校记的仅20余种,其中不少种还只寥寥数条。应景塞责,等诸儿戏。另近20种根本不作校勘,通篇不出一条校记。

仅举一书为例。《广艺舟双辑》,七万字左右,不出一校记。底本不少错讹,如:

"龙伯之人"误作"龙伯的人",(第3447页,以下但标页码,概省"第""页")

"安取汝"误作"安器汝",(同上)

"是无用于时者"误作"足无用于时者",(同上)

"游岁末"误作"游戏末",(同上)

"澹如楼"误作"詹如楼",(同上)

“深通此事”误作“深通比事”,(3450)

“即论书法”误作“即诸书法”,(3451)

“蔺献伯高怀玉题名”误作“兰(蘭)献伯高怀玉题名”,(3453)

“张通妻陶墓志”误作“通张妻陶墓志”,(3454)

“等于自郤”误作“等自于郤”,(3459)

“适当其会”误作“遮当其会”,(3464)

“褒斜”误作“裒斜”,(3468)

“窦泉(“泉”实当作“臮”)”误作“窦皋”,(3469、3486)

“夫书道”误作“未书道”,(3472)

“褒斜”误作“裦斜”,(3477、3486)

“七千余字”误作“七十余字”,(3477)

整理者均一仍其误,可知其于校勘之事,全未措意也。

二、繁简改换中问题颇多。

如当简而不简:

“倣”不简作“仿”,(2725)

“閤”不简作“阁”,(2728)

“颺”不简作“飏”,(2729)

“慤”不简作“悫”,(2731)

“搨”不简作“拓”,(2733)

“裦”不简作“褒”,(2747)

“適”不简作“适”,(3129)

“閒”不简作“闲”,(3149)

“埽”不简作“扫”,(3153)

“幾”不简作“几”,(3155)

“徵”不简作“征”，(3201)

“穀”不简作“谷”，(3202)

“緻”不简作“致”。(3395)

当简而误简：

“瓌”当简为“瑰”而简为“环”，(2775)

“纇”当简为“颣”而简为“颏”，(2839)

“徧”当简为“遍”而简为“偏”，(2852)

“書”当简为“书”而简为“昼”，(3291)

“減”当简为“减”而简为“灭”。(3399)

三、鲁鱼亥豕、乌焉为马之处甚多。

如人名：

“杜征南”误为“社征南”，(2753)

“董赟”误为“黄赟”，(2811)

“无咎”误为“旡咎”，(3014)

“惟寅”误为“惟宝”，(3074)

“巨然”误为“互然”，(3094)

“子由”误为“子出”，(3283)

“谢朓”误为“谢眺”，(3293)

“桂未谷”误为“杜未谷”，(3457)

“庾贲”误为“庚责”，(3460)

“窦泉”误为“窦皋”，(3464、3467)

“贝义渊”误为“具义渊”。(3486)

书名：

《宅京记》误为《乇京记》，(3319)

《内景经》误为《丙景经》。(3329)

其他：

“周赡”误为“周瞻”，（2713）

“力遒”误为“力道”，（同上）

“旦暮”误为“日暮”，（3127）

“泠风”误为“冷风”，（3137）

“延祐”误为“延祜”，（3146）

“侍妾”误为“待妾”，（3248）

“掉臂”误为“棹臂”，（3251）

“缘情”误为“绿情”，（3279）

“殷鉴”误为“殷监”，（3288）

“原委”误为“原季”，（3296）

“日昨”误为“曰昨”，（3310）

“优入”误为“优八”，（3328）

“正当尔不”误为“正当亦不”，（3430）

“扶问切”误为“扶问功”。（3457）

四、用字不合规范处亦时有所见。

如不规范用字：

“浮沉”之“沉”作“沈”，（2950）

“圆扁”之“圆”作“员”，（3330）

“趋”作“趣”，“疲”作“罢”。（3352）

生造字：

“箸”排作“箸”，（3250）

“卷”排作“劵”。（3347）

此类字形不得以古书中或有之为之狡辩。

五、断句标点体例不统一。

如书名有的加书名号，有的不加，甚至一段之中两种处理（例见 2730“后汉孙畅之”一段）；多位人名连称时，人名间有的加顿号，有的不加，此例甚多，不遑枚举。

六、断句标点的错误不一而足。

1. 始可品绘，工于彀中揖画，圣于方外。（2774）

按当作：“始可品绘工于彀中，揖画圣于方外。”

2. 画之神妙，功格往躅，前范黄氏录之详矣。（2775）

按当作：“画之神妙功格，往躅前范，黄氏录之详矣。”功格，功夫品格。往躅，过去的足迹，指前代的画作。黄氏，指《益州名画录》作者黄休复。

3. 其中西方一者，甚著奇工，精妙之极也焉。刍瑟磨像两堵……（2776）

按：“焉”当为“乌”之误，其后句号当移字前。“乌瑟刍磨”又译作“乌刍沙磨”，佛教神名。

4. 乾符中，居青城山。常道观焚，修至中和元年……（2777）

按当作：“乾符中，居青城山常道观焚修，至中和元年……”焚修，焚香修行。

5. 经月方毕，工更逾于前者。（2783）

按当作：“经月方毕工，更逾于前者。”

6.（程承辨）当孟氏广政中，与蒲师训、蒲延昌、赵才递相较敌其艺，皆推妙手。（2785）

按：“其艺”二字当属下。较敌，旗鼓相当。

7. 年代既远，颓损皆尽，唯唐杜相国及圣朝吕侍郎二十二处，见存六处，有写貌人名，一十六处，亡失写貌人姓氏。

(2785)

按当作:“年代既远,颓损皆尽,唯唐杜相国及圣朝二十二处见存,六处有写貌人名,一十六处亡失写貌姓氏。”文义始畅。

8. 休公休公逸艺无人加,声誉喧喧遍海涯,五七字诗一千首,大小篆字三十家。唐朝历历多名士,萧子云兼吴道子,若将书画比休公,只恐当时浪生死。休公休公始自江南来,入秦于今到蜀无交亲,诗名画手皆奇绝,觑你凡人争是人。瓦棺寺里维摩诘,舍卫需中辟支佛,若将此画比量看,总在人间为第一。(2787)

按:“涯”、“子”、“亲”、“佛”均为双句韵脚,其后逗号均应改句。又,“休公休公始自江南来入秦”为一句,“秦”字入韵。

9. 贺氏曰朗,虽非动人,不事笔力。犹阻学贫,三者若宦游旅泊,衣化风尘。(3397)

按当作:“贺氏曰朗,虽非动人。不事笔力,犹阻学贫。……”此段亦为韵文。

10. 若乃出自三公,一家面首,欧阳在焉。不顾偏丑,𪘨翘缩爽,了枭黝纠,如地隔华戎,屋殊户牖。(3398)

按当作:“若乃出自三公,一家面首。欧阳在焉,不顾偏丑。𪘨翘缩爽,了枭黝纠。……”此段亦为韵文。

诗歌赋赞等韵文,通常应在双句韵脚加句号,以体现其有韵文体的特征。整理者或不知其为韵文,或不了解韵文特征,往往或数韵一句,或一逗到底,同时亦多将句点破。除上举三例外,他如《秋山图歌》(2783)、《禅月大师应梦罗汉歌》(2787)、《黄荃竹赞》(2840)、《黄马赋》(2870)、“说饼”一段(2904)、“三十六病”一段(3029)、潘岳诔文(3354)、《述书赋》(3390—3402)等均为其例。

为省篇幅，兹不尽举。

11. 山阴道中顾揖不暇，最是佳处。又得安、石、逸少游咏其间，风流一时。(2912)

按：指挥淝水之战大败苻秦的谢安，字安石，《晋书》本传称“寓居会稽，与王羲之及高阳许询、桑门支遁游处，出则渔弋山水，入则言咏属文。”(中华书局，1994年)这里将之生生割裂成两半。

12. 曾益……注《李贺昌谷集》行世。(3109)

按：“李贺”二字当移出书名。

13. 朱完……曾定《许氏说文》行世。(3112)

按：“许氏”二字当移出书名。许氏者，《说文解字》作者许慎也。

14. 夏世良图绘《宝鉴》列日观于南宋李晞古之前。(3115)

按：“世”当为“士”，“图绘”二字当阑入书名。夏士良，名文彦，元人，著《图绘宝鉴》。

15. 虽未尝出以示人，然颇自矜，恃以为为举世所不为也。(3284)

按：“矜恃”成词，不得拆开。

16. 又六年，乃成《学诗识》小录十三卷。(3286)

按：“小录”二字当移书名内。“不贤者识其小者”，出《论语·子张》。

17. 则《进学解》所谓“长通于方，左右具宜者”，……(3293)

按：“者”字当移引号外。

18. 子书得晋人面目耳，随人言下，转不数十年，化为粪

壤。(3321)

按:“随人言下转”,随人俯仰之意。“下”后逗号当移“转”后。

19. 以策策马,用力在策,本得力在策末。(3322)

按:“策本”、“策末”对言,不得割开。“策”下逗号移“本”后。

20. 原砖又亡,幸有始《兴王碑》。(3325)

按:《始兴王碑》,梁书家贝义渊书。“始”应括于书名中。

21. 杭州龚定庵藏宋拓《八关齐》七十二字,一见疑为《鹤铭》,始知古人《鹤铭》,极似颜书之说有故。(3325)

按:末二句当为一句,作:“始知古人‘《鹤铭》极似颜书’之说有故。”

22. 真吴郡所谓“同自然之妙,有非力运所能成”。(3334)

按引号内二句当作:“同自然之妙有,非力运所能成”。语见孙过庭《书谱》。孙过庭为浙江富阳人,《书谱》题下自署“吴郡孙过庭”。

23. “然消息多方”以下七八百言,乃有思逸神飞之乐。“至为合作,闻夫家有南威”以至篇末,则穷变态,合情调,心手双畅。(3334)

按中三句当为:“乃有思逸神飞之乐,至为合作。‘闻夫家有南威’以至篇末,……”合作,指书画诗文合于法度。

24. 想足下使还,具时州将桓公告,慰情,企足下数使命也。(3336)

按:紧接下文包世臣疏证已明言:“‘告慰’者,言接其告欣慰也。‘情企’、‘数使’,(周)抚前助桓公平蜀,或欲引之北伐,有疏请也。”不知点校者何以视而不见。依之当作:“想足下使还,具时州将桓公告慰,情企足下,数使命也。”

25.“具时州将”时是也。(3336)

按当作:“‘具时’,州将时是也。”

26. 知彼清晏岁丰,又所出有无乡,故是名处。(3336)

按:下文包氏疏证云:“‘所出有无’,言有他处所无,是当时语。‘乡’……言蜀本古之名邦也。”据此当作:“知彼清晏岁丰,又所出有无,乡故是名处。”

27. 云谯周有孙,高尚不出。今为所在,其人有以副此志不,令人依依。(3337)

按:包世臣疏证云:“‘今为所’,言蜀已内属;‘在’,察也,犹‘在帝左右’之‘在’,连下九字为句。”故中二句当作:“今为所,在其人有以副此志不?”

28. 吾为逸民之怀久矣,足下何以等复及此,似梦中语耶?(3337)

按:下文包氏云:“‘等’,待也,言同具逸民之志,何以迟迟不决。”“‘复及此似梦中语’,想右军去官时有书留之也。”故后二句当标作:“足下何以等,复及此似梦中语耶?”

29.“后乃通会之际,人书俱老”。(3348)

按:此为孙过庭《书谱》语,当作“后乃通会。通会之际,人书俱老”。原文夺“通会”二字。

30. 知者相贺,比获《兰亭》之书,世情观之,未若野人之块,不阙于世。在世为无用之物,苟适余意,于余则有用已多。(3381)

按:此数句排比,若此标点则化排为散矣。“书”、“物”后宜改分号,“块”后改句号,“世”后改逗号。即:“知者相贺,比获《兰亭》之书;世情观之,未若野人之块。不阙于世,在世为无用之物;

苟适余意，于余则有用已多。”

31. 萧斋之名于此字，俱传矣。(3381)

按当作：“萧斋之名，于此字俱传矣。”

32. 下官此书，甚合作愿，聊存之。(3383)

按当作：“下官此书甚合作，愿聊存之。”

33. 然弃于泥土中久，与瓦砾同也。(3384)

按当作：“然弃于泥土中，久与瓦砾同也。”

34. 张彦远，河东人。能文工字，学隶书，喜作八分。(3445)

按后三句当作：“能文，工字学，隶书喜作八分。”

35.《唐书·宰相世系表》：雍门子，长湜；次澥，字坚冰；次阳冰，潮之为名。与湜、澥相类……(3460)

按：寻其文义，当标为：“雍门子，长湜；次澥，字坚冰；次阳冰；潮之为名，与湜、澥相类……”

36. 缝汝佳拓(3464)

按：“缝”为“绛”之误，句当标作：“《绛》、《汝》佳拓。”《绛帖》、《汝帖》，宋代丛帖。

37. 薛稷得于《贺若谊》而参用《贝义渊》肆姿之意。(3469)

按：《贺若谊》指隋《贺若谊碑》，加书名号不错。贝义渊为南朝梁书家，不当用书名号。

38. 后世品藻，只纾己怀，轻重等差，岂能免戾未？书道有天然，有工夫……(3472)

按：“未”为“夫”之误。后三句当标为：“岂能免戾？夫书道有天然，有工夫……”

以上所列六类问题往往纠互丛绕,使得书中满眼皆错的情形颇不乏见。

举3332为例,1700字的一页中,有三类凡10余处错讹。

一为文字之讹:

"己又系其故吏"之"己"误为"已","况自称胜父"之"况"误为"沉","姿态远远逊",衍一"远"字。

二为标点之讹:

"潭绛大观宝晋诸刻"、"停云郁冈"、"戏鸿"均应加书名,作"《潭》《绛》《大观》《宝晋》诸刻"、"《停云》《郁冈》"、"《戏鸿》"。"朱巨川《告身》"应作"《朱巨川告身》","刘中使"指颜真卿所书《刘中使帖》,应加书名号。

三为断句之讹:

1."不一二年,右军遂厌世焉,得见大令之小女玉润","焉"字当属下读。

2."然东床坦腹,右军尚少焉,得有妾反长于婿至七岁之多耶?""焉"字亦当属下。

3."若《保姆帖》,乃越僧得之以五百金,卖与韩侂胄者。书必出大令,或其时大令书尚多,集字精刻以诳侂胄未可知也。"当作:"若《保姆帖》,乃越僧得之,以五百金卖与韩侂胄者。书必出大令。或其时大令书尚多,集字精刻,以诳侂胄,未可知也。"

4."右军卒辛酉年五十九","辛酉"下当加一逗。

5."江左风流,偃然若接不受,毡墨之愚,可谓诸城而后,再逢通识者已。""不受"下逗号当移"若接"下。

常语云:开卷有益。遇到这种时候,谁还能说开卷有益,谁还能说读书是一种享受，整理古籍是一种功德呢？

质量是著作的生命。要想“传世”而不把功夫花在质量上，无异于意欲饱肚却去炒沙作糜，奢望而已。

近几年来，几部大书在出版界闹腾得很有些阵势，明眼人不难体会学术其表下隐藏着的商业气息。商业本身不是不能成为目的，但不应打着学术的幌子，以糟蹋学术作为手段。商人赚钱，职业使然，原无足论。那么多我们素所尊重的学者，不惜以自己的学术声誉换取蝇头微利，却不能不让人惋惜。一些德高望重的前辈，不明就里，满心以为真是在献身弘扬传统文化的宏伟事业，就更足令人徒增悲悯了。

近读陈四益先生《读〈四库全书〉档案札记》（见《丁丑四记》，华东师范大学出版社，1998 年）及《明清文学研究三人谈》（《文学遗产》，1999 年第四期），两文对这类行为啧有微词，可证世间还是有清醒的学者在。可惜这样的学者而今眼目下好像不是太多，而是太少了。

《书品》1999 年第五期

书法三维论

中国书法充分体现着中华民族的热情、智慧和巨大的艺术创造力。它与中华数千年文明相伴随,在幅员辽阔的华夏大地生生不息,浸透了无数艺术家的心血。时代、地域、书家,这书法发展的三维因素,就是我们探测这门独特的民族艺术衍变规律的最好视角。

书法与时代

文学是语言的艺术,以表现社会生活为内容。不同的时代,社会状况不同,文学的内容和风格都会有变化。所以《文心雕龙·时序》说:"时运交移,质文代变,古今情理,如可言乎?"(范文澜注本,人民文学出版社,1958 年)

书法与文学不同,是一门纯美的抽象艺术,与时代的联系也许不像文学那样密切,但时代对于书法影响、制约和推动作用同样是不可忽视的。地位相当于文学批评史上的《文心雕龙》的书法理论名著《书谱》说过这样一段话:

> 夫质以代兴,妍因俗易。虽书契之作,适以记言,而淳醨一迁,质文三变。驰骛沿革,物理常然。(据墨迹)

在这里,孙过庭不但指出了书法创作因时代发展而变化,还揭示了所谓“古质而今妍”，即由朴质转向华丽的变化规律。这与文学及至一切艺术发展的方向是一致的。西晋文学家同时也是书法家的陆机，在其《羽扇赋》中引宋玉语：“夫创始者恒朴，而饰终者必妍”(《陆机集》卷四，中华书局，1982 年)。这些都是符合辩证法的艺术发展观。

书法与时代的关系可以分成表层和深层两个层次。

从表层关系来说，表现在时代决定书法功能、书写字体、书写工具、书写材料，从而决定书法的面貌。

举商周到两汉这一阶段的书法发展为例。这一阶段的书法创作虽然丰富多彩，从书法史的角度分析，尚处于书法艺术的非自觉时代，书法的出现与存在多是为一种实用的目的。

甲骨文是商代先民占卜记事之辞，那时的社会生活相对来说比较单调，人们的思想也不复杂，文字只有 1500 个单字左右，且大都是象形和指事字，笔墨也远未广泛使用，记录方式是用刀刻契，书刻材料又是面积狭小、质地坚硬的龟背牛骨，所有这些便决定了甲骨文字结体的简明，笔画的直截，章法的随物赋形，饶具天然之趣。

进入周代，生产进一步发展，社会生活渐趋复杂，文字数目增多，结体也更繁密，记录方式是铭铸，铭铸材料也由坚硬窄小的甲骨变成相对平畅宽大的钟鼎、簋壶等铜器，因而钟鼎文的书法风格必然与甲骨文划然有别，一改甲骨的直质纯朴而为整饬融厚。

两汉碑刻有 450 多种，其中的风格差异很大，但绝大多数以分行布白的严谨有序为其特征。所以能有如此统一的整体特色，是因为树碑的目的多在传述墓中死人，或颂扬长官功德，都是庄严肃穆之事。加上碑碣均为石面，宽畅平整，为横竖成行、整齐划一的分行布白提供了物质的条件。

汉代简牍同汉代碑碣一样,也完全是实用的性质,但其用途却要宽泛得多,可以记载一切内容,如诏书、公文、历书、军书、医书、诗章、信札、账簿等,应有尽有。书写内容不同,书写环境不同,书法风格往往随之有异,但也贯穿着一种整体风格,并以之区别于汉碑,成为汉代书法艺术的另外一大系统。

简牍书法整体风格的形成同样是由于时代条件所赐。其时纸张尚未普及,不得不以简牍书写。剖竹为简,竹简窄细,即使木牍,为便于穿联成册,携带收藏,也不可能制作得过于宽大。为了节省不宽裕的书写材料,就必须使字迹横向发展,左撇右波。同时,虽然书者有意使字形扁阔,但为汉字自然体势所迫,有时难免不纵心上下挥展。由于简牍尤其是竹简光滑而稍呈弧面,简牍时代又无桌椅,书写时左手执简,右手挥笔,这样便形成了汉简强烈的特色,那就是笔法的夸张和放纵,主要表现在捺笔的伸展肥重和竖画的拖长笔势,中锋畅泻而下,颇具一种腾挪不羁的特殊风味①。

书法与时代的关系更深层地表现在受时代社会状况和文化心理的制约,同时又反映出所处时代的社会状况和文化心理。

商周以后,我国古代文化飞跃发展,贵族阶层特别重视礼教秩序的建立,钟鼎文的典雅、凝重和装饰性,就是适应上层社会的这种需要产生的。战国时代,诸雄纷争,社会分裂,文字也不统一。但从实物看,富强之国,书法整齐健美;弱小之国,书法潦草纤弱。《石鼓文》是秦国统一以前的书法,从石鼓书法浑穆雍容的风格上,可以依稀看见秦国当时的雄健气魄,以及后来统一中国的精神

---

① 参黎泉《简牍书法》,上海书画出版社,1985 年。

基础。产生于战国、秦立国后广泛采用的小篆，失去了石鼓文的森严气象，但这种严谨齐整、一笔不苟的规范化，正是大一统后要求秩序的象征。两汉时期，国家强盛，经济繁荣，汉碑的森森林立固然反映了汉帝国的赫赫声威，汉简的大量涌现更体现出社会文化的空前高涨[①]。

汉代以后，书法艺术同文学创作一样，迎来了它的自觉时代。作为一门独立的艺术门类，书法的发展与时代状况和文化风尚的关系更为密切。

明人董其昌论汉以后数代书法："晋人书取其韵，唐人书取其法，宋人书取其意。"（《容台别集》卷二，明崇祯三年刻本）清周星莲《临池管见》又加发挥："晋书如仙，唐书如圣，宋书如豪杰。"（《美术丛书》本，江苏古籍出版社，1997 年）三代书法何以形成各自不同的特色？很大程度上即归因于时代的不同。

魏晋南北朝时期版图割裂，是中国社会政治上动乱的时代。封建宗法礼教在这一阶段急剧崩溃，精神枷锁纷纷折毁，又是思想史和精神史上颇为自由奔放的时代。人生观的虚无思想与哲学观的玄学思想笼罩社会，使魏晋人格的自然主义和个性主义空前膨胀。

晋人胸襟虚灵，风神潇洒，诚如宗白华先生所云，"晋人以虚灵的胸襟、玄学的意味体会自然，乃能表里澄澈，一片空明，建立最高的晶莹的美的意境"。晋人"这优美的自由的心灵找到一种最适宜于表现他自己的艺术，这就是书法中的行草。行草艺术纯系一片神机，无法而有法，全在于下笔时点画自如，一点一拂皆有情

① 参黄苗子《书法演变和时代风尚》，《文史知识》，1987 年第七期。

趣，从头至尾，一气呵成，如天马行空，游行自在。又如庖丁之中肯綮，神行于虚。这种超妙的艺术，只有晋人萧散超脱的心灵，才能心手相应，登峰造极”①。

唐人张怀瓘盛赞王羲之父子的书法说：“逸少笔迹遒润，独擅一家之美。天质自然，丰神盖代。……子敬之法，非草非行。流便于行草，又处其中间。无藉因循，宁拘制则。挺然秀出，务于简易。情驰神纵，超逸优游。临事制宜，从意适便。有若风行雨散，润色花开。笔法体势之中，最为风流者也。”（《书议》，《法书要录》卷四，人民美术出版社，1984 年）这段话说尽了晋人书法的风流蕴藉，不正是那一时代精神文化气息的反映？诚如康有为《广艺舟双辑·宝南》所总结的：“书以晋人为最工，盖姿制散逸，谈锋要妙，风流相扇，其俗然也。”（《艺林名著丛刊》本，中国书店，1983 年）

到了唐代，时代条件发生了根本的变化。大唐帝国的建立，使国力日益强盛，带给唐代文化一种博大雄健的内在素质。东晋书法那种优雅妍媚的贵族气味已不能适应新兴帝国的蓬勃气象，取而代之的便是讲求挺然正气、严格法度的全新风尚。进入唐代，讲“法”的著述突然增多（如唐太宗《笔法诀》、欧阳询《三十六法》、《八诀》，张怀瓘《论用笔十法》、《玉堂禁经》等），唐代最有代表性的书法也是欧、虞、褚、薛、颜、柳的端楷。这些端楷虽然风格各有特色，却都一律被纳于谨严不苟的法度之中，共同体现着唐代书法的干霄气象。

宋代之后，社会状况又有不同。好似介于魏晋与唐代之间，国力的强盛已成为过去，社会又未至于魏晋六朝似的四分五裂。积

① 宗白华《论〈世说新语〉和晋人的美》，《艺境》，北京大学出版社，1989 年。

贫积弱的现实，使宋人失去了唐人那种积极进取的雄心，又未能如晋人那样，全然超脱于世俗的羁绊。他们只能在小康的生活中，在禅学和理学之风日盛的氛围里，修身养性，论文谈艺，消时解忧，书法正是最适宜于这样一种时代心境的艺术工具。饱读诗书的文人们不学而能，既不屑于点画格律的斤斤计较，又难以创造出自由的心灵才具备的飘逸神韵，这样便形成了信手点画而意态浓郁的宋人书法。宋代苏、黄、米、蔡四家的书法都典型地反映出宋人书法的上述特征，其中又以苏轼、米芾为最突出。

当然，以上所论时代决定书法面貌走向的两层因素还远没有概述尽书法与时代的全面关系。总体说来，一切事物内部和外部的动因都无不与时代有关，无不能纳入时代的范畴，这里只是从两种特定的角度进行考察罢了。

书 法 与 地 域

在国外纷然杂陈的社会学流派中，有一种“地理环境决定论”流派。这一流派起源甚早，流行则在 18 世纪前后。其基本观点是以自然条件作为社会发展的决定因素，认为人类文化发展的不同取决于地理环境的不同，受地理环境的支配。

这种以自然规律代替社会规律，以外部条件解释社会现象的出发点当然是形而上学的，但其学说本身却有相当合理的内核。地理环境对人文社会的影响是客观存在的，即使用唯物辩证法也可以加以合理的解释。比如，地势与气候的差异，必然导致经济发展状况和面貌的差异，必然影响建立于经济基础之上的上层建筑。

19 世纪法国史学家和哲学家丹纳将这一学说用于分析、解释文学艺术，认为“伟大的艺术和它的环境同时出现，决非偶然的巧合”，“我们研究自然界的气候，以便了解某种植物的出现，了解玉黍或燕麦，芦荟或松树；同样我们应当研究精神上的气候，以便了解某种艺术的出现，了解异教的雕塑或写实派的绘画，充满神秘气息的建筑或古典派的文学，柔媚的音乐或理想派的诗歌。精神文明的产物和动植物界的产物一样，只能用各自的环境来解释”，“要了解作品，这里比别的场合更需要研究制造作品的民族，启发作品的风俗习惯，产生作品的环境”。（分别见《艺术哲学》第二编第六章，第一编第一章，第四编引言。人民文学出版社，1983 年）

在我国古代的文艺批评中，虽然没有出现过类似“地理环境决定论”的学派，却也有很多人注意到不同地区文艺面貌的不同。唐人李延寿《北史 · 文苑传序》中说：

> 洛阳、江左，文雅尤盛。彼此好尚，互有异同。江左宫商发越，贵于清绮；河朔词义贞刚，重乎气质。气质则理胜其词，清绮则文过其意。理深者便于时用，文华者宜于咏歌。此其南北词人得失之大较也。（中华书局，1983 年）

这段话比较了我国南北文学的短长得失，是一篇浓缩的《南北文学不同论》。后来晚清刘师培的《南北文学不同论》，不妨看成是沿此思路扩展而成的。但是，这段短文尚未直接揭示南北文学不同特色的成因中，地理环境和风俗人情所起的巨大作用。

中华民族版图宏大，疆域辽阔，风土季候，随处各异，而以横穿东西的长江为界，划为南北两方。南方、北方，地势、土壤、气候、物产均有不同，其差异又以河南以西及西北高原的黄河流域和两湖以东的长江中下游为最显著。中原和西北土厚壑深，气候干燥；两湖和江南林木葱茏，气象万千，自古以来人文风貌就迥乎有异。北方人性情淳厚，胸襟开阔；南方人灵秀所钟，情思妩媚。北方诗质朴明快，南方诗绮丽多彩。“门前一株枣，岁岁不知老。阿婆不嫁女，哪得孙儿抱”（《折杨柳枝歌》，《乐府诗集》卷25，中华书局，1979年），这是北方女子的求偶歌；“蚕生春三月，春桑正含绿。女儿采春桑，歌吹当春曲”（《采桑度》，《乐府诗集》卷48），这是南方女子的思春曲。北方年画大红大绿，南方年画色彩细腻。西北有信天游，登高一吼，声震晴空；江南有丝竹调，浅吟低唱，缠绵悱恻。所有这些，不能不归结于地理环境造成的精神生活的差异。

书法这门历史悠久的民族艺术，它成长的过程和风貌的形成同样受到地理环境的影响，突出的表现就在北碑南帖风格趣味的不同。

我们今天学习书法，统言碑帖，实际上碑与帖在古代多有分别。碑是为歌功颂德、表墓纪事而立，目的在于托石之坚固，垂昭于后世。帖原意是一张随手书写的字纸条儿，后来为了书法的目的拣那些写得好的汇拢来刻在木版或横石上，以便保存和墨拓流传。当然今天将碑帖统称为书法已很有道理，因为所以要将碑字拓下印成册页，也就是从书法的角度着眼的。

但明白了碑与帖本来的不同，我们就可以分辨哪些是碑，哪些是帖，也就可以认识到碑与帖风格特色的明显差异。我们会看到，碑字多为篆隶、正楷，帖字则以行草、小楷为主。字体的选择，当然跟书写的内容、目的有关；字体的不同，自然会带来书风的不同。但是楷隶和行草本自可以写出多种多样的风格，为什么帖（尤其是以王珣和羲、献父子为代表的东晋帖）偏偏写得那样的虚灵澄澈、姿态媚好？为什么碑（尤其是以龙门造像等为代表的北魏碑）偏偏是那样的凝重朴郁、雄健浑穆？这无疑是与南北两地不同风光的孕育有关了。

东晋偏安江南，山水秀美，风清月朗。东晋士人生活优裕，游山泛水，风雅自命。在这种地理文化氛围下熏染出来的书法，不可能不是与山水相辉映、与书者同风流的“高风绝尘”之作。前引张怀瓘评王献之书法用了两句形象的语言：“风行雨散，润色花开”，这不正是江南的典型景色？

魏碑则不然。魏碑时当北魏，地处中原，天高土厚，壁陡石坚。其字也自与天然同化，不以婉丽著称，而以苍雄醒世，另具一种风姿和神采了。无独有偶，康有为《广艺舟双辑·余论》评龙门造像等魏碑，也用了两句形容词：“雄峻伟茂，高浑简穆”。这不又是中原自然风貌的写照吗？

南北书派，恰如同南北文学，各有工拙，各有优劣。清代学者阮元曾著《南北书派论》和《北碑南帖论》较其高下长短。前者曰：

> 南派乃江左风流，疏放妍妙，长于启牍，减笔至不可识。……北派则是中原古法，拘谨拙陋，长于碑榜。（《揅经室三集》卷一，道光三年文选楼刊本）

后者曰：

> 短笺长卷，意态挥洒，则帖擅其长；界格方严，法书深刻，则碑据其胜。（同上）

刘熙载《艺概·书概》亦曰：

> 篆尚婉而通，南帖似之；隶欲精而密，北碑似之。北书以骨胜，南书以韵胜。南书温雅，北书雄健。（上海古籍出版社，1982年）

这里需要指出的是，“南碑北帖”只是一个大略性的提法。南也有碑，北当然也有帖。就像地理环境本身就是千差万别一样，地理环境对文学艺术的影响更是复杂多样。它不是绝对的,更不是决定性的因素,这在开头已经提到过了。

书法与书家

“知人论世”是我国古代文艺批评的一条传统。这里不说“论世”,单论“知人”。两千多年前的孟子就说:“颂其诗,读其书,不知其人,可乎?”(《孟子·万章下》,《十三经注疏》本,中华书局,1979年)“知人”的理论所以提出,本身已暗含了这样一层思想,诗文作品必然要反映作者本人的一些东西,或思想,或为人,或性情,或品德。这样,了解了作家,才可以更好地理解作家创作出的作品。

到了汉代的扬雄,把这层暗含的意思说明了,并把适用的范围扩展到艺术领域:“言,心声也;书,心画也。”又进而曰:“声画形,君子小人见矣。”(《法言·问神》,《诸子集成》本,中华书局,1990年)就是说,不论文学还是书法,都是作者心灵的折光。一旦形于笔墨,作者心灵的高尚与龌龊,是君子还是小人,就昭然若揭于天下了。

这样的想法很好,却未免过于天真。人品与作品的关系十分复杂,有时还很曲折,并非如此单纯明了。不论是文学还是书法,作品不能反映人品,人品与作品不相一致的不在少数。

西晋极有文才的诗人潘岳作《闲居赋》自述心志,清雅高洁,实际上却“性轻躁,趋世利,与石崇等谄事贾谧,每候其出,与崇辄望尘而拜”。连他的母亲都对他说:“尔当知足,而干没不已乎?”(《晋书·潘岳传》,中华书局,1974年)其人品与文品之不合竟至如此！所以金代诗人元好问感慨道："心声心画总失真，文章宁复见为人？高情千古《闲居赋》，争信安仁拜路尘。"（《论诗三十首》之六，《遗山先生文集》卷11，《四部丛刊》本）

南唐后主李煜人品孱弱，其词作也极清便宛转之至，书法的风格却似劲铁画刚木，雄健挺出。黄庭坚《跋李后主书》："观江南李主手改表章，笔力不减柳诚悬（公权——引者）。"（《山谷题跋》卷四，《津逮秘书》本）宋董更《书录》卷中引浮休语曰："大字如截竹木，小字如聚针钉，似非笔迹所为。欧阳永叔谓颜鲁公书正直方重似其为人，若以书观后主，可不谓之倔强丈夫哉！"（台湾商务印书馆影印文渊阁《四库全书》本，1986年）

可见，我们不应将人品与作品的关系作简单的和绝对的理解，尤其书法是一种抽象的线条艺术，不以文字表现生活内容，也不以画面展现具体图景。人品高书品就一定高，这是孔子"有德者必有言"的道德本位思想；人品不高书品就必不会高，这同样是重道轻艺的儒家文艺观。唐穆宗问柳公权用笔的秘诀，柳回答："用笔在心，心正则笔正。"（见《旧唐书·柳公权传》，中华书局，1975年）苏东坡说："凡书像其为人。""古之论书者，兼论其平生。苟非其人，虽工不贵也。"（《书唐氏六家书后》，《苏轼文集》卷69，中华书局，1986年）明清之际书家傅山也说："作字先作人，人奇字自古。纲常叛周孔，笔墨不可补。诚悬有至论，笔力不专主。"（《作字示儿孙》，《霜红龛集》卷四，清宣统三年山阳丁宝铨刊本）诸如此类，不一而足。这些固然反映出古代艺术家重视自我人格修养的优良品质，却不能看作是艺术理论的至理名言。

长期以来，书论家拘于扬雄"声画辨君子小人"说，势不可免地会出现牵强不公之论，尤其对于传统认为人品低下的书家更是如此。发生在蔡京和赵孟頫身上的现象就能说明这一点。

话说回来，早在三国时钟繇便说："笔迹者界也，流美者人也。"（宋朱长文《墨池编》卷一《魏钟繇笔法》引，《四库全书》本[①]）书法是书家艺术旨趣和人格修养的产儿，与书家自然有着特殊的内在联系。但这种联系不是那种机械和庸俗的联系，与其说表现在君子小人的道德之辨（这种道德标准往往又是封建的和落后的，如对赵孟頫入仕元朝的指责），不如说表现在性格气质的个性之分。

书法虽是线条的，抽象的，其高妙之处正在于可以通过线条点画的变幻腾挪，来表现书家的性格情绪。用《书谱》的话来说，就是"达其性情，形其哀乐"。《艺概·书概》亦云："笔性墨情，皆以其人之性情为本。"这样，个性与气质不同的人，书法的风貌就有可能不同。举现代书家来说，最明显的莫过于鲁迅和郭沫若。鲁迅性格沉稳，思想深邃，其字也精谨严肃，气度内敛；郭沫若性情豪爽，胸襟开朗，其字也就气势雄强，跌宕恣逸。

《艺概·书概》中提出"书如其人"说："书，如也，如其学，如其才，如其志，总之曰，如其人而已。"学指学识，才指才气，志兼指志向与性情。相对扬雄的"心声心画"而言，这是一种较为全面的观点，比"声画辨君子小人"要宽泛灵活得多，也更能解释和分析书法创作历程中的实际现象。

据此，将书法史上的书法与书家综合起来考察，可以分成民间书法和民间书家、文人书法和文人书家两大群体。由于篇幅的关

---

① 此二句，《佩文斋书画谱》卷五《魏钟繇论书》据《书苑菁华》引作"用笔者天也，流美者地也"（今本《书苑菁华》未见），文意显逊。

系，本文只就文人书法和文人书家加以论述。

文人书法的出现应该是在书法逐渐成为有自觉意识的独立的艺术门类之后，也就是说，是汉代以后的事。文人一旦进入书法创作的行列，立刻显示出强大的优势。他们的学识渊博，文艺修养深厚，社会地位高，创作条件优越。他们以其才华智慧、学识修养、美学造诣使书法迅速向高级精妙的纯美艺术发展，为培育这朵奇异的民族艺术之花作出了极大贡献。

文人是一个宽泛和笼统的概念，其间存在的差别是很大的。这些差别直接导致文人书法内部的多样化。为了更好地了解书法与书家的关系，下面分别数类加以考察。

第一类是名士书法。

所谓名士，指那些思想上鄙弃礼教，行为上放任自然，人生观上通脱旷达的人。这类人以魏晋时期为最昌盛，也最典型。他们不困于俗务，无忧迫之心，或挥麈谈玄，品藻人物，或登山临水，竟日吟游，追求一种任情适意的人生情调。书法对他们来说，如同他们手中的麈尾和口里的玄言，是文采风流的标志和名士风度的装饰。这决定了他们书法潇洒简远、疏放妍妙的特色。被誉为“天下第一行书”的《兰亭序帖》，就是这样一幅由典型的名士（王羲之）在典型的名士情境（临水吟游）下创作出的典型的名士书法。明人方孝儒《论书》有云：“晋宋间人以风度相高，故其书如雅人胜士，潇洒蕴藉。折旋俯仰，容止姿态，自觉有出尘意。”（《题褚遂良书唐文皇帝哀册墨迹》，《逊志斋集》卷18，《四部丛刊》本）这正可以移作《兰亭序》的评语。

第二类是狂士书法。

所谓狂士，指性格豪放，落拓不羁，我行我素，毫无世俗禁忌，不受道德常规约束，全身心沉湎于书法的艺术境界的人。他们最具艺术家气质，正如为人处世不拘小节，不护细行一样，每当作书之时，常有惊世之举，或开怀畅饮，或狂呼有声，兴来不可止，兴去不可追。唯其如此，其书法也变动振荡，激情澎湃，具有浓郁的抒情气氛和个性特征。从张旭[①]的《古诗四帖》和怀素的《自叙帖》中，可以窥见狂士书法的风采。

还有一类狂士，严格说来应叫狷士，——孔子说过，狂者进取，狷者有所不为也。这类人命途坎坷，怀才不遇。不满现实，性格乖张。行为怪异，多遭非议。他们将满腹牢骚，忧愁不平，胸中块垒，一一寓于书法而发之。加上他们在美学观念上矜奇立异，反常背俗，"宁拙毋巧，宁丑毋媚，宁支离毋轻滑，宁直率毋安排"（傅山语，见《作字示儿孙》后跋语），书风怪硬生僻，奇特倔强，一如其人，表现出强烈的醒世骇俗的创造精神。明人徐渭的行草、傅山的草书，清人郑板桥的"六分半书"和金农的"漆书"，都是最有代表性的狷士书法。

第三类是庄士书法。

所谓庄士，即端庄之士，指那些身为朝臣，恪守儒道，严于立身，谨于从事的人。他们深受儒家正统思想影响，静心寡欲，笃志勤学，性情沉稳，同时又立朝忠谠，风范凛然，堪为一代名臣，人伦

---

① 李肇《国史补》卷上："旭饮酒辄草书，挥笔而大叫，以头揾水墨中而书之，天下呼为'张颠'。醒后自视，以为神异，不可复得。"（上海古籍出版社，1983 年）《新唐书·张旭传》、北宋朱长文《续书断·上》（《墨池编》卷三，《四库全书》本）等亦有相同记载。李颀《赠张旭》："张公性嗜酒，豁达无所营。皓首穷草隶，时称太湖精。露顶据胡床，长叫三五声。兴来洒素壁，挥笔如流星。下舍风萧条，寒草满户庭。问家何所有，生事如浮萍。左手持蟹螯，右手执丹经。瞪目视霄汉，不知醉与醒。"（《全唐诗》本，中华书局，1960 年）杜甫《饮中八仙歌》："张旭三杯草圣传，脱帽露顶王公前，挥毫落纸如云烟。"（同前）是典型的狂士书家。

准的。唐代的虞世南[①]、欧阳询、褚遂良、颜真卿、柳公权等都是这一类庄士书家。他们书法的共同特点是精于点画，谨于肩架，法度森然，有庙堂气象。欧阳询的《九成宫碑》、虞世南的《孔子庙堂碑》、颜真卿的《颜勤礼碑》、柳公权的《玄秘塔碑》都很鲜明地表现出这种特色。

第四类是学士书法。

所谓学士是指那些最为典型的诗文家和读书人，学士书法最能体现文人书法的特色。与上述几类比起来，这类人更生活化，更尘世化。他们完全是生活中普普通通的一分子，他们的书法完全是其日常生活的一部分[②]。他们的创作心态与名士不同，与狂士迥异。"为其山不高，地亦无灵；为其泉不深，水亦不清；为其书不精，亦无令名。后来足可深戒。"（怀素《论书帖》墨迹）这种狂士进取的求名之心他们是没有的。对于书法，他们有人下过一番专门的功夫，有的未必尽然。他们学书是为了寓意，为了自娱，可以蛮不在乎书法本身的水平高下[③]。但他们富于学识，字外功夫深，审美趣味高，有修养，有才分，因而都能写出一笔书卷味十足、意态隽永的字，启人心智，益人神思。他们追求的是一种雅趣——通常所

---

① 《旧唐书·虞世南传》载唐太宗"尝称世南有五绝，一曰德行，二曰忠直，三曰博学，四曰文辞，五曰书翰"，并以"当代名臣，人伦准的"称之。唐张怀瓘《书断·中》："有一于此，足为名臣，而世南兼之。"（《法书要录》卷八载）《续书断·上》称："世南貌醇谨，外若不胜衣，而学术渊博，论议持正，无少阿循。其中抗烈，不可夺也。故其为书，气秀色润，意和笔调，然而内含刚特，谨守法度，柔而莫渎，如其为人。"是典型的庄士书家。

② 欧阳修《试笔·学书消日》："自少所喜事多矣，中年以来渐以废去，或厌而不为，或好之未厌，力有不能而止者。其愈久益深，而尤不厌者，书也。"（《欧阳文忠公全集》卷130，清嘉庆24年刊本）

③ 欧阳修《试笔·学书工拙》："每书字，尝自嫌其不佳，而见者或称其可取。尝有初不自喜，隔数日视之，颇若稍可爱者。然此初欲寓其心以销日，何用较其工拙而区区于此，遂成一役之劳，岂非人心蔽于好胜邪？"（同上）

谓的文人雅趣：

纱帷昼暖墨花春，轻沤漂沫松麝熏。（李贺《杨生青花紫石砚歌》，《李贺诗集》，人民文学出版社，1984年）

明窗净几，笔研纸墨，皆极精良，亦自是人生一乐。（苏舜卿语，欧阳修《试笔·学书为乐》引，《欧阳文忠公全集》卷130）

这一诗一文最能体现这种学士书法创作的环境和追求的情调。

试笔消长日，耽书遣百忧。余生得如此，万事复何求！（欧阳修《试笔》，《欧阳文忠公全集》卷57）

经史日与圣贤遇，参以吟咏为自娱。兴来弄翰尤得意，真楷之外精草书。（韩琦《谢官师杜公寄惠草书》，《安阳集》卷二，《四库全书》本）

这两首诗最堪作为学士书家创作心态的传神写照。

第五类是俗士书法。

所谓俗士书法，主要指宋代的院体书和明清的馆阁体。王羲之书经过初唐大力鼓吹，奠定了书法史上不可动摇的地位。宋代以后，皇帝重视书法，建立专门书法机构，设置专门书法人员，如御书院设祗候，翰林学士院中亦有翰林侍书、待诏等。这些人以当时仍然炽行的王字，尤其是唐代怀仁和尚集的《王书圣教序》为习字范本，许多制诰文书也是《圣教序》的风格。这种状况一直沿续到南宋。王羲之的书法本是艺术价值极高的优入圣域之作，但这些“院”中人沾染官气，名利心强，趋时投俗，气格卑下，学而不化，取貌遗神，逐渐将字体变成油滑平板、千篇一律的俗书，不仅将王字原有的高风远韵消失干净，而且还尘俗之气满纸，被人们目为“院体”，颇受垢病。

馆阁体是流行于明清时期的一种书体，“馆阁”之义同“院”差不多，是朝廷机关如昭文馆、史馆、秘馆、龙图阁之类的缩称。明代恢复汉族统治后重新施行科举制度，同时加强思想意识形态的控制。在科举试场上，文章的内容要严格遵循朱熹《四书集注》的思想，形式是法度森严的八股文，文章的书写则要求平正圆润、循规守矩、状如算子的"乌、方、光"的字体。同时，馆阁之内书写诏令公文的字体也一律准此，成为标准的官体。明初永乐时的中书舍人沈度就是馆阁体书法的代表，当时很多的诏令制诰都出自其人之手。馆阁字体的流行，严重地束缚了书家个性的发挥和艺术的创造力，是书法艺术的一次倒退。它同八股文一样，沦为世人俗子求取功名的干禄工具，又是书法艺术的一次堕落。

《北京社会科学》1991 年第三期

中国书法的艺术哲学

书法是最具中国特色的一门艺术，是中华民族艺术的代表，不仅因为它是在中国文字、中国文具、中国智慧相聚合下的产物，还因为它的产生、形成、发展，无不承受着民族文化雨露的浇灌，在它的艺术法则和美学特质中，必然地体现出传统哲学思想的制约和影响。

书法的阴阳观

中国古代的哲学思想中，最古老、最重要的一个范畴是“道”。《老子》第 25 章说：“有物混成，先天地生。吾不知其名，字之曰道。”（《诸子集成》本，中华书局，1986 年）《周易 · 系辞上》也说：“形而上者谓之道。”（《十三经注疏》本，中华书局，1982 年）可知这是儒道二家共同讲求的本体论。

道是什么？道家不作正面回答。它认为“道常无名”（第 32 章）、“道可道，非常道”（第一章），意思是道是可以说清的话，在说出的同时便失去所赋予道的含义了。

回答这个问题的是儒家。《周易 · 系辞上》这样定义：“一阴一阳之谓道。”

所谓阴阳，本来的意思与哲学毫不相干，是指物体承受太阳光线的向背。后来所以发展成哲学的概念,是因为它代表了一件事物相反的两个方面。人们认识到,这种相反相成的二极对立,不仅存在于有形的具体事物,无形的抽象现象中同样也有。从宇宙来说,日为阳,月则为阴;从季候来说,春夏为阳,秋冬为阴;从人世来说,生为阳,死则为阴。阴阳于是成为古代哲学解释自然与社会普遍具有的两种对立力量的代名词。

阴阳矛盾的普遍存在,促成了宇宙间万事万物、万千现象的消长存亡。这就是道的本体论意义。

东汉书法家蔡邕《九势》说:

> 夫书肇於自然。自然既立,阴阳生焉;阴阳既立①,形势出矣。(宋陈思《书苑菁华》卷19引,《四库全书》本)

蔡邕认为,大自然自其存在之日起,便有阴阳对立统一。如上所说,这是古代早有的哲学思想。他将这一哲学思想首先与书法艺术联系起来,所谓"阴阳既生,形势出矣",这才是他的贡献,意义重大。

要说清这一点,得先解释"形势"二字。

"形"好理解,指落实在简帛纸张等物质载体上的具体形态。"势",指这些形态相互之间的种种关系。形有形,势无形。无形的势是决定有形的形的内在力量,并且通过形表现出自身的存在。对于一件书法作品来说,形与势是同一所指的表里两面,不可须臾拆分。不存在有形无势或有势无形的书法,就像不存在有血肉没有筋骨或有筋骨没有血肉的人一样。

既然如此,显然每笔画、每个字、每幅作品都有一定的形,也就

---

① "立"当为"生"。

有一定的势。它们的“形势”是与生俱有的，为什么说“阴阳既生，形势出矣”？

这是因为，虽然每字必备形势，高下却各自不同。这里的形势是专指美的、好看的、可以称为艺术的那一类而言的。同是一幅字，为什么有的是艺术品，有的是鬼画符？就是因为它们的形势——点画的姿态、单字的肩架、整幅的章法妍媸不同。如何才能去媸求妍，除劣取优，获得美的形势？这就要说到“阴阳既生，形势出矣”两句了，必须懂得阴阳对立、相反相成的道理才行。

中国书法正是以这一体现了辩证思想的阴阳观，作为自身理论与实践的指导的，说它是中国书法艺术的哲学灵魂并不过分。

中国字的组成要素是点画，作为书法艺术书写对象的中国字，便要讲求那些点画的表现——笔法，点画的安排——结体，一幅完整的书法作品，往往还是多字的组合排列——章法。笔法、结体、章法，就是组成中国书法的全部形式法则。所以说阴阳观是书法艺术的哲学指导，正因为它贯穿于这中国书法的全部形式法则之中。

不妨分门别类地摘引一些前人的论述来看。

> 书有二法，一曰疾，二曰涩。得疾涩二法，书妙尽矣。（汉蔡琰《述石室神授笔势》，《佩文斋书画谱》卷五，中国书店，1984 年）
>
> 分间下注，浓纤有方，肥瘦相和，骨力相称。（梁萧衍《论书启》，《法书要录》卷二，人民美术出版社，1984 年）
>
> 最不可忙，忙则失势；次不可缓，缓则骨痴。又不可瘦，瘦则形枯；复不可肥，肥则质浊。（欧阳询《传授诀》，《墨池编》卷一，《四库全书》本）

迟速虚实,若轮扁斫轮,不徐不疾。(虞世南《笔髓·释真》,《墨池编》卷一)

将欲顺之,必故逆之;将欲落之,必故起之。(笪重光《书筏》,《美术丛书》本,江苏古籍出版社,1997年)

以上论笔法。

凡落笔结字,上皆覆下,下以承上,使其形势,递相映带。(蔡邕《九势》)

或偃或仰,或敧或侧,或小或大,或长或短。(王羲之《书论》,《墨池编》卷一①)

若平直相似,状如算子,上下方整,前后齐平,此不是书,但得其点画耳。(同上《题卫夫人〈笔阵图〉后》,《法书要录》卷一)

画促则字势横,画疏则字形慢。拘则乏势,放又少则。(萧衍《论书启》)

以上论结体。

抑扬得所,趋舍无违。(萧衍《论书启》)

篇幅以章法为先。运实为虚,实处俱灵;以虚为实,断处俱续。……若行间有高下疏密,须得参差掩映之迹。(清蒋骥《续书法论》,《美术丛书》本)

以上论章法。

不难看出,这些论述一律体现阴阳矛盾的哲学思想。笔法方面,笔迹的纤秾、方圆、浓淡,笔势的疾涩、顺逆、起落,笔意的虚实、

① 《书苑菁华》卷一引王羲之《笔阵图》作:"有偃有仰,有敧有斜,或小或大,或长或短。"

缓急、动静；结体方面，点画的疏密、承覆，字体的大小、长短，字态的偃仰、向背；章法方面，行气的起伏，行距的宽窄，上下的仰覆，左右的趋避，哪一项不是对立统一的矛盾组合？正是在这错综复杂的矛盾组合中，古代艺术家们很好地利用了矛盾构成与转化的辩证原理，在实际形态的矛盾对立中，求得审美视觉上的和谐统一。

怎样才能达到这个境界？“违而不犯，和而不同”，唐代兼书家与书论家于一身的孙过庭在《书谱》中所说八字，不啻为书法美学的箴言警诀，道出了书法艺术变化莫测而又和谐悦目的奥秘所在。宋代词人姜夔说过：“字之长短、大小、斜正、疏密，天然不齐，孰能一之？”（《续书谱》，《百川学海》本）这话并不准确。今天报纸书刊的印刷字体除疏密一项外，全给它统一了，可谓整齐爽目，然而没有谁承认它是书法艺术，只能属于王羲之讥讽过的“算子”，就因为它违反了“和而不同”的艺术准则。

但从另一面说，我们平时写字都是信手点画，错落不齐的，绝无“算子”之嫌，为什么称得上书法的同样凤毛麟角呢？这又是因为没有做到“违而不犯”，在实际形态的矛盾对立中，求得审美视觉和谐统一的缘故。我们只是“信手”，却没有“点画”到点子上；“错落”是有余了，“有致”却谈不上。说到底，这两种情形都是它们的“形势”不好。

这就回到前面的话题上来了。“阴阳既生，形势出矣”。只有掌握了充满辩证原理的阴阳哲学观，才能妙笔生花，创作出神韵无穷的艺术作品。

书法的自然观

自然是客观存在的物质世界,中国古代往往以“天地”作为它的代称。《周易·系辞下》说:“天地之大德曰生。”把自然界看成是不断运动、变化的生命过程。寒来暑往,春荣秋谢,世界按照它固有的规律周行运转,生生不息,这就是自然。

这一层意义上的自然与人工相对。

还有一种自然。它不是指存在于人意识之外的客观世界,相反,是意识形态领域内使用的概念。与它相对的反义词不是“人工”,而是“做作”。一群人在台上歌唱舞蹈,都是人工之作,有的自然,有的却不自然。这种不自然就是做作。

中国书法的自然观体现在与这两种自然的联系之中。

书法与第一种自然的联系是上节所引蔡邕所说的“肇于自然”,即起源于自然。

书法肇于自然,这与中国古代关于文字起源的说法一致。古人认为,文字是“仰则观象于天,俯则观法于地”、“近取诸身,远取诸物”(许慎《说文解字叙》,中华书局,1977 年)的产物,又说造字者“像山川江海之状,虫蛇鸟兽之迹,而立六书”(虞世南《笔髓·原古》)在现存最早的文字甲骨文中,象形字占的比重很大,日月、山川、目鼻、舟矢之类,分别就是“观象于天”、“观法于地”、“近取诸身”、“远取诸物”的实例。中国书法的产生,是以汉民族的方块文字作为前提。汉字之与书法,就好比花与果的关系,那么和汉字一样,说书法也起源于自然,在逻辑上是站得住脚的。

但书法起源于自然不仅是逻辑的推论。书法毕竟不等同于文字，书法起源与文字同步的说法并不严密。书法在文字之外还多了点什么，或者说文字还要加上点什么，才能称作书法。那就是讲究点画、肩架、章法的姿态。这些姿态的安排，正是来于自然的启示，用黄庭坚的话说就是“得江山之助”①，这才是说书法肇于自然的重要原因。下面分效法、拟态、取势三点加以说明。

效法，是说书法家受自然界某些特殊现象的启发，从而获得书法创作的某些技法。草狂张旭述其老舅语云：“吾闻昔日说书，若学有工而迹不至。后闻于褚河南曰：‘用笔当须如印泥画沙。’思所以不悟。后于江岛，遇见沙地平净，令人意悦欲书。乃偶以利锋画其劲险之状，明利媚好。乃悟用笔如锥画沙，使其藏锋，画乃沉着。当其用笔，常欲使其透过纸背，此功成之极矣。”（颜真卿《传张旭十二意笔法记》载，《墨池编》卷一）颜真卿也是从“屋漏痕”中领悟笔法的顿挫沉著（见陆羽《唐僧怀素传》，载《文苑菁华》卷18，《四库全书》本）。此外像前人总结的“体折而势圆”的“折钗股”，笔道稳准沉的“印印泥”等，都属此类。

拟态，是指模拟自然界中某些事物的天然状态，作为书法创作的有益借鉴。《晋书》本传载王羲之性最爱鹅，不惜书写《道德经》交换，也许正是从鹅颈的扭曲摆动中，发现了笔势应有的流转圆活。张旭自言“始吾见公主担夫争路，而得笔法之意。后见公孙氏舞‘剑器’，而得其神”（唐李肇《国史补》卷上，上海古籍出版社，1983年），文与可自言“见路蛇相斗而草书长”（苏轼《书张少

① 黄庭坚《书自作草后》：“余寓居开元寺之怡偲堂，坐见江山，每于此中作草，似得江山之助。”（《山谷别集》卷十，《四库全书》本）古代文论中也有这种看法。王勃《越州秋日宴山亭序》：“东山可望，林泉生谢客之文；南国多才，江山助屈平之气。”（《全唐文》卷181，中华书局，1983年）《新唐书·张说传》亦谓张说：“既谪岳州，而诗益凄婉，人谓得江山助云。”（中华书局，1975年）

公判状》引,《苏轼文集》卷69,中华书局,1986年),黄庭坚则云本感意到笔不到,及到宜宾,“舟中观长年荡桨,群丁拨棹,乃觉少进,意之所到,辄能用笔”(《跋唐道人编余草稿》,《山谷别集》卷12,《四库全书》本)。

取势,是从大自然生机勃发的万千气象中激发出自己艺术创作的冲动,增进书法作品的蓬勃气势。张旭常观“孤蓬自振,惊沙坐飞”(见《唐僧怀素传》);怀素自言“贫僧观夏云多奇峰,辄尝师之。夏云因风变化,乃无常势”(同前),宋人雷太简则“闻江声而笔法进”(见苏轼《书张少公判状》)。自然界或悠闲或激扬的奇伟景观,警醒了艺术家的性灵,扩大了他们的胸襟,使他们领悟到生命的激情与艺术的真谛,从而创作出摄人心魄的艺术作品。

书法是一种造型艺术,它使用的物质手段是线条。大千世界丰富庞杂,抽象出来,也就是错综变化的线条组合。张怀瓘《书议》论书法,有“囊括万殊,裁成一相。或寄以骋纵横之志,或托以散郁结之怀”(《法书要录》卷四)之句,信然!

其实,自然对于艺术的恩惠何止于书法一隅呢?凡是艺术,莫不如此。“伯牙鼓琴而六马仰秣”(《荀子·劝学》),伯牙的善琴是古今闻名的。唐吴兢《乐府古题要解》卷下云:“旧说伯牙学鼓琴于成连先生,三年而成。至于精神寂寞,情志专一,尚未能也。成连云:‘吾师子春在海中,能移人情。’乃与伯牙延望,无人。至蓬莱山,留伯牙曰:‘吾将迎吾师。’刺船而去,旬时不返。但闻海上水汩汲漰澌之声,山林窅冥,群鸟悲号。怆然叹曰:‘先生将移我情。’乃援琴而歌之。曲终,成连刺船而还,伯牙遂为天下妙手。”(《历代诗话续编》本,中华书局,1983年)

兼文学家与书法家于一身的苏轼,有感于张旭与伯牙事,写下这样的诗句:“剑舞有神通草圣,海山无事化琴工。”(《授经台》,《苏轼诗集》卷五,中华书局,1982 年)他悟到取法自然的秘诀,终取得旷代的成就。

书法与第二种自然的联系,表现在刘熙载所说的“造乎自然”,即臻于自然。

刘熙载在《艺概·书概》中云:“书当造乎自然,蔡中郎但谓书肇于自然,此立天定人,尚未及乎由人复天也。”(上海古籍出版社,1982 年)所言极是。

书法同其他艺术一样,是人工造化的产物。越是精美之作,越浸透着书法家的心智机巧,这本来是毫无疑问的。

然而,似乎与这种无须争辩的事实相反,几乎所有艺术家追求的最高目标都是“造乎自然”。“书之微妙,道合自然”(《用笔法》,《墨池编》卷一),这是秦代李斯之言;“同自然之妙有,非力运之能成”(《书谱》墨迹),这是唐代孙过庭之言。这里并不排斥人工的存在,毋宁说是在肯定和体现人工前提下的一种刻意追求。如果否认人工的存在,“造乎自然”的理论意义又安在哉?

倘若这种理解不错,似乎可将上引孙过庭的两句话稍加变动,改作“以力运之所成,达自然之妙有”,因为凡是人工之物,无不经由力运而成。同时,艺术家希望达到的“自然”,也非原始意义的天然状态,而是一种艺术的境界,一种美学的原则。改“同”为“达”,更能体现这种追求的历程。

明白书法艺术的这种最高追求,才能理解古人为什么那样热衷于“与天为徒”(《庄子·人间世》语),——反过来说,即以自然为师。这正因为大自然透露出最天然生机的万千事物,本身就是“造乎自然”的最好样板。怎能说“大自然”不自然呢?如果说书法家们的着眼点在笔法、结构、章法技巧的借鉴,这当然不错,但这种借鉴的出发点却是自然。屋漏痕也好,坼壁也罢,篙师撑船,担夫争道,它们无不有一个共同之点,就是自然而为,天然而成,决无扭捏造作之态,或许这才是大自然对他们的最大启迪。

古代的书法理论著述,最爱用形象品评作品,其中反映出的传统思维问题姑且不论,这里感兴趣的是这些形象大都取于自然界的风貌景观。这些风貌景观,有的具体实在,有的虚幻玄渺。梁袁昂《古今书评》评萧思话书"若龙跳天门,虎卧凤阁"(《法书要录》卷二),虎卧凤阁或许可见,龙跳天门谁能得知?但是我们无须计较这些,因为它们,还有《书谱》里的"悬针垂露"、"奔雷坠石"、"鸿飞兽骇"、"鸾舞蛇惊"之类,统统不过是比喻而已。

与"做作"相对的"自然"是一个艺术审美的范畴,什么是自然,什么是不自然,很难用语言加以精确的界定。而大自然中的一切总是自然的,所以古人往往爱用其中的具体景物来比喻、形容那些在他们看来"臻于自然"的作品。这并不意味着一定要相似于自然界的某些物象,才能叫做"臻于自然"。

实际上,书法不同于用形象作为自身内容的绘画,它没有能力再现自然界任何一种物象,也无须有这样的义务。龙跳天门固属子虚乌有,虎卧凤阁何尝能够再现在书法中?即使悬针垂露一类具体而微的物象,也未必能准确描述那些点画的形状。如果我们去斤斤考核何谓"鸿飞兽骇之姿",何谓"鸾舞蛇惊之态",那就是痴人面前说不得梦了。

在这种地方,最不能够见言忘意,而应因言求意,抓住这些比喻的中心意思,即这些书法作品各不相同的风格、丰富的表现力和强烈的感染力,都是建立和归宿在"自然"这一艺术境界上的。所以说，在这种传统书法理论著述的独特风格中，同样可以清楚地看出中国书法所具有的自然观。

书法的中庸观

“中庸”是孔子人生哲学的中心。《论语·雍也》：“中庸之为德也，其至矣乎？民鲜久矣。”（《十三经注疏》本）在众弟子中他最满意的是颜回，因为颜回不仅做得到箪食瓢饮，乐道安贫，而且还能够独行中庸之道。

但从孔子本人开始，这条人生哲学就逐渐地运用到文学领域。如诗歌，内容上可以乐，可以哀，可以怨，但要“乐而不淫”，“哀而不伤”，“怨而不怒”，风格上要遵循“温柔敦厚”的“诗教”。

儒家思想是传统时代的统治思想，支配和影响古代文化和社会意识形态的各个方面，原本是不奇怪的。

书法这门传统艺术同样受到中庸思想的制约。明代书学家项穆将风格万千的书法归于“中和”二字，认为“人之于书，得心应手，千形百状，不过曰‘中和’。”（《书法雅言》，《美术丛书》本）“中和”一词正源出《礼记·中庸》的“致中和”（《十三经注疏》本）。项穆对书法风格的整体归结也许不很确当，但无论从历代的书学理论中，还是书法作品与书法史的诸多现象中，确实可以感受到中庸哲学制约力量的存在。

前文说，中国书法理论总体贯穿着纤秾、疾涩、顺逆、起伏、承覆、趋舍等等一系列矛盾范畴组成的阴阳哲学观。这里想强调的是，这种哲学观所指示的方向不在对立和冲突，而在和谐与统一，并由此决定了书学理论诸多方面的内容，突出表现在下面两点：

一、创作心境上的平和论。

汉蔡邕《笔论》认为创作之前应该"默坐静思"(《秦汉魏四朝用笔法》引,《书苑菁华》卷一),传为晋王羲之的《笔势论》也要求"凝神静虑"(《书苑菁华》卷一),唐代虞世南则强调:"欲书之时,当收其视听,绝虑凝神。正心和气,则契于妙。心神不正,则书欹斜;志气不和,书则颠仆。"(《笔髓·契妙》)

世传张旭"旭饮酒辄草书,挥笔而大叫,以头揾水墨中而书之"(李肇《国史补》卷上,上海古籍出版社,1983 年),怀素也是"酒酣兴发,遇墙壁衣器靡不书之"(元盛熙明《法书考》卷一载唐人语,《四库全书》本),但出现在草圣身上的事例是不具典型性的。

二、书法形体上的平稳论。

创作心境的平和,目的在创作平稳调和的书法形体。虽然王羲之讥讽"上下方整,前后齐平"的"算子"书,却同样说过"书字贵平正安稳"(《笔阵图》,《书苑菁华》卷一)。还说:"平稳为本,分间布置,上下齐平,均其体势,大者促之令小,小者纵之令大,自然宽狭得所,不失其宜。"(《笔势论》,《墨池编》卷一)欧阳询也有《传授诀》表达相同的意思:"每秉笔必在圆正。运气力,纵横重轻,凝神静虑;审字势,四面停匀,八边具备。长短合度,粗细折中。""上下齐平"也好,"四面停匀"也好,不是对于视觉上形的绝对整齐划一,而是对于感觉上平稳调和的审美追求。笔画上可以(而且必须,也是必然)有粗有细,但应该做到"粗而不钝,细而能壮"(虞世南《笔髓论·指意》,《书苑菁华》卷一);字体上可以有长有短,也得让人感觉着"长而不为有余,短而不为不足"(同前)。……可以看到,这种平稳调和的获得,不是以僵硬呆板、牺牲生机为条件，相反，灵气飞动、生意盎然本来就是平稳调和的固有内容。总而言之，“会于中和，斯为美善”（《书法雅言》），中和是中国书法追求的美学境界，它的内涵是渊妙而广博的。

理论和观念的作用巨大深远。它是实践的总结，又反过来指导着实践。中国书法的中庸观不仅在很大程度上影响书法创作的面目，也决定着书法史上的种种现象。现在我们来剖析一例。

中国古代书学理论（文学理论亦然）特别讲求人品与书品的统一，这种统一实际上又是人品重于书品。历史上只有因人废书的情况，很难找出人以书重的事例。这说明的是古代艺术家的道德感，还是艺术的不幸，属于另外讨论的范围。这里要说的是颜真卿。颜真卿作为一个忠谠耿直的忠臣、清廉刚正的官吏、抗击安史叛军并终至以身殉国的烈士，几乎具备了封建时代无可挑剔的人格风范。

一方面由于字如其人，一方面字以人重，颜真卿的书法的确备极推崇。苏轼说：“颜鲁公书雄秀独出，一变古法，如杜子美诗，格力天纵，奄有汉、魏、晋、宋以来风流，后之作者，殆难复措手。”（《书唐氏六家书后》，《苏轼文集》卷69）评价不可谓不高矣。即使如此，他在书法史上却不得不屈服于一人之下，这个人就是王羲之。

中国古代常将某一思想学派、艺术流派公认的最高领袖或权威冠以“圣”的徽号。在书坛上荣膺“书圣”殊誉的偏偏不是风范凛然的颜真卿，而是爱鹅、爱山林、爱开玩笑、名士派头十足的王羲之。要解释其中的原因，就必须从两人的实际创作出发，沿着传统书法所遵循的“中庸”哲学加以考察。

比较王、颜二人的不同,最便利莫过于他们的《丧乱帖》和《祭侄帖》了。前者是王羲之的一封书牍,写的是在兵燹之际,祖先的坟茔遭受破坏。后者是颜真卿的一篇祭文,追悼在抗击安史叛军中捐躯的亲侄儿。前者云:

> 丧乱之极,先墓再离荼毒。追惟酷甚,号慕摧绝。痛贯心肝,痛当奈何、奈何!(据墨迹)

后者云:

> 贼臣不救,孤城围逼。父陷于死,巢倾卵覆。天不悔祸,谁为荼毒。念尔遘残,百身何赎。呜呼哀哉!(据墨迹)

从这些以血泪凝成的文辞中不难看出,王羲之和颜真卿作书时的悲恸心情是颇为相似的。

然而,两人在相似心情下写出的书法,风格却迥然异趣。翻开《祭侄帖》,映入眼帘的是点画的参差错乱,落笔的坚决果断,笔触的疾速外露,结体的欹侧变幻,行距的忽直忽斜,块块墨痕的或浓或淡。所有这些,散发出作者挥毫作书时时而悲壮、时而沉痛、时而慷慨、时而悲凉的情绪。作者任这种情绪自由奔放,一泻无余,丝毫不加掩饰与节制,以至于我们面对这幅静静的墨迹,竟然能够清晰地感触到一种强烈的感情的冲击波,不由自主地肃然端坐,神情也会庄重起来。

《丧乱帖》却是另一番景象。它的笔画粗重,起止却颇为分明。笔势急促,结构却疏密有致。有些字迹突然潦草连笔,另有些却显得工稳。这些都明显标志作者的心情抑郁,却又在竭力克制这种抑郁。特别是章法上布白基本整饬,字体大小一致,就更冲淡了悲剧的气氛。

《礼记·中庸》曰："喜怒哀乐之未发，谓之中；发而皆中节，谓之和。中也者，天下之大本也；和也者，天下之达道也。致中和，天地位焉，万物育焉。"《论语·八佾》："子曰：《关雎》'乐而不淫，哀而不伤'。"[①]《丧乱帖》可以说就是"哀而不伤"、"致中和"的典范。

如果说王羲之在极度悲愤心情下的作品都能竭力恪守中庸之道，其他作品就更不难想象是何种风貌了。展开他的《兰亭序》帖，我们看那浓淡适宜的笔墨，修润得当的点画，从容不迫的结体，舒缓有致的行款，再读读在这样的行款、结体、点画、笔墨配合一体下书写而成的文辞，什么"此地有崇山峻岭，茂林修竹，又有清流激湍，映带左右"，什么"是日也，天朗气清，惠风和畅，仰观宇宙之大，俯察品类之盛"，真正从风格到文辞都展示给人一种风流蕴藉、熏然若春的美的世界。

为什么"书圣"的殊荣归属王羲之，而不是颜真卿，现在可以回答这个问题了。就是因为王羲之的书法"推方履度，动必中庸"（唐张怀瓘《书断·评》，《法书要录》卷九），"字体馨逸，举止安和"（清周星莲《临池管见》，《美术丛书》本），最普遍、典型、鲜明地契合了中庸之道，契合了书法艺术传统的审美准则，在中和之美的格式上树立了后人难以超越的样板。

我们民族的审美胸怀是博大的，它有着兼容并蓄的雍容气度。颜真卿《祭侄帖》具有的悲壮美与崇高美，深深地震撼无数人的灵魂，但无论如何它终究只能屈居"天下第一行书"《兰亭序》之后，

---

① 孔安国注："言其和也。"（《论语注疏》，《十三经注疏》本）朱熹注："淫者，乐之过而失其正者也。伤者，哀之过而害于和者也。"（《四书章句集注·论语集注》，中华书局，1983年）

充当“天下行书第二”(元代书家鲜于枢《祭侄帖》卷尾跋语墨迹),就像它的作者颜真卿屈居王羲之之下一样。所有这些只能证明:中庸之道和中和之美才是中国书法的基本审美观。

《中国文化月刊》(台湾)第166期(1993年)

书法与佛教

佛学与书艺

不知我们是否思考过这样一个现象，佛道二教，佛教是印度的舶来品，却不仅在中国扎根开花，发展壮大，与儒道分庭抗礼，而且远播东瀛，弘扬四海，跻身于世界性三大宗教（佛教、基督教、伊斯兰教）之列。相比之下，中国土生土长的宗教道教却无此鸿运。原因何在？

从宗教义理来说，道讲长生，可信性小；佛说来世，信者众，是很重要的因素。更重要的是，道教典籍，大都玄言秘语，可读性差；佛家文字，善说故事，爱用比喻，形象生动，文学味浓，对于扩大佛教影响极为有利。

能够证明上述观点的，不仅有佛道二藏本身，从佛道二教的教徒来看，其文艺修养高下判然，亦可作为佐证。道教徒通文晓艺者少，有为之者，亦多头巾气，鲜有大成。佛教徒则相反，擅长艺文者不仅多，而且不乏名流大家。比如诗，便有明僧正勉所编《古今禅藻集》28 卷，收录自晋迄明僧人诗作近 4000 首，蔚然大观。其中美句佳什，在在皆是。以谢灵运、王维、白居易、苏轼等为典型的历代文人最喜与僧人交往（与道士往来相对较少），且多躬亲事佛，自称居士，不能说与佛典重艺及佛徒擅艺无关。

书法乃艺术之一途，佛门中人在书法这门艺术中据有的位置同样（甚至说更为）重要。其擅书法者之众，仅以唐朝一代来看，《佩文斋书画谱》卷30即录入近100家，尤为可贵者质量多居上乘。佛教徒中的一流书家并不罕见，书法史上与王羲之、欧阳询、颜真卿、柳公权、苏轼、黄庭坚等相并提的，有智永、怀素等人。辩才、怀仁创作未臻一流，地位却很特殊。他如唐代的高闲、贯休、齐己，宋代的道潜、惠崇、仲殊等，不专以书名，却多有成就，在当时颇为人称道。

精工艺文的佛徒如此普遍，粗粗看来不好理解：文学反映喧嚣沸腾的人间世，表达对生活的感受与理解；书法通过线条的组合，流注书家的情绪于笔墨，如同草圣张旭，“喜怒窘穷、忧悲愉佚、怨恨思慕、酣醉无聊不平，有动于心，必于草书焉发之”（韩愈《送高闲上人序》，《东雅堂昌黎集注》卷21，《四库全书》本）。要之，艺文皆是“有动于心”的产物。佛家所讲究者却与此相反。佛家的教义，根本有二，一在“空”：“一切法空，是空亦空，是名空空。”（《大智度论》卷46，《大正新修大藏经》本，下引佛经同）一在“静”：“唯取极静，由静力故，永断烦恼。”（《圆觉经》）要求摒除尘俗，视身如古井，万物不婴于心。所以佛法与艺事看似完全相违背的。

但从另一面看，佛法对文艺创作又具有积极作用，表现在下列三点。

首先，文艺创作要求作者既全身心投入，又与表现对象保持一定距离，入乎其中而又出乎其外，才能对所反映的事物有更正确之把握，才能使自己的情绪有更适宜之表现。佛家讲求的“空”、“静”在这方面为佛徒从事艺文创作提供了先天条件。苏轼在《送参寥师》诗中有很好的揭露：

> 退之论草书，万事未尝屏。忧愁不平气，一寓笔所骋。颇怪浮屠人，视身如枯井。颓然寄淡泊，谁与发豪猛。细思乃不然，真巧非幻影。欲令诗语妙，无厌空且静。静故了群动，空故纳万境。(《苏轼诗集》卷17，中华书局，1982年)

“退之论草书”数句，所指就是上面所引《送高闲上人序》。韩退之在那篇文章中也提出过苏轼这段诗句开头的疑问，即浮屠之人，淡泊无嗜，颓堕委靡，何以能够专一于技，以至于成。东坡的回答是：“细思乃不然”。欲使诗语生妙，空静必不可少。唯有心静才能明了“群动”——一切生命的发展变化；心空才能容纳“万境”——大千世界中的万事万物。参寥和尚是诗人，所以苏轼最后落笔在诗歌艺术，作出“诗法（诗歌与佛法）不相妨”的结论。完全可以说，这个结论同样适用于书法艺术，说“书法（书艺与佛法）不相妨”，是能够解释为什么佛门弟子中有那么多出色的书家的。

其次，与“空”、“静”的教义相联系，佛家要求教徒破除一切欲念，包括功名之心。他们从事书艺，多能不受功利思想的诱惑，将之当作增进修养、方便悟道的辅助手段。艺术成功的条件很多，其中重要的一条是“正心”。唐穆宗问柳宗元书法的诀窍，柳答曰：“心正则笔正。”（《旧唐书》本传，中华书局，1975年）这答语的主要含义在讲人品的重要性。人品包括从事事业的动机，一个利欲熏心的人，是不能真正臻于艺术化境的。佛教徒接受的去欲教义，客观上有助于其专心于书艺的追求。加上佛教倡导刻苦献身的精神，教徒们将自己视作解脱人类烦恼的探索者，因而多能自觉遵守戒规条律，苦其心志，劳其筋骨。这种精神自然也会在其书艺活动中产生具大作用。如智永，如怀素，在这方面均是相当突出的代表。

再有,佛家某些特有的思维方式对佛徒乃至一般人的书艺创作有相当的启发。比如唐代形成的中国式佛教——南禅宗,在学法成佛的方式上与此前佛教各派均有不同。佛家认为人生烦恼皆由妄执妄分所致,所以要求尽斩尘缘。南禅却不将烦恼归于客观,相反认为"青青翠竹尽是法身,郁郁黄花无非般若"(《景德传灯录》卷28,《四部丛刊三编》本),万物皆含佛性,悟与不悟全在一己之心。因而南禅的思维方式往往取直觉顿悟,不讲逻辑推理。这与近代所谓的灵感论颇能相通。打开一部书法史可以看到,有很多借物悟道的有名实例,如唐代张旭见公主与担夫争道,颜真卿见雨水下注屋檐,宋代黄庭坚见篙师撑船荡桨,文与可见路旁两蛇相斗,使他们顿悟出用笔、结体、布白之道。我们注意到,这一类的例子大都出现在唐宋两代,唐宋正是南禅最兴旺时期,个中消息是可以想知的。

另外,佛教信徒遁入空门之后,免除了诸多人间俗务,清心静念,相对说来空余时间较多;唐宋以前印刷业未克昌盛,佛徒们诵读佛经,往往只能笔墨誊抄。这些都为他们从事书法创作提供了客观上的条件与动因。

僧人与书法

不论以上分析是否有理,"浮屠人善幻,多技能"(《送高闲上人序》),僧人中的书法家很多,是一个不可否认的事实。这里仅就僧人书家中几类不同的代表人物略作叙述。

在僧人书家中,有一类是可以称得上一流大家的,与书法史上其他名手相比,毫不逊色。这其中的第一人当推隋僧智永。

智永俗姓王，会稽（今江苏绍兴）人，书圣王羲之七世孙。入道后，法号智永，人称永禅师。唐李绰《尚书故实》载："永往住吴兴永福寺，积年学书[①]，秃笔头十瓮，每瓮皆数石。人来觅书，并请题头者如市。所居户限为之穿穴，乃用铁叶裹之，人谓为'铁门限'。后取笔头瘗之，号为'退笔冢'。"（《丛书集成初编》本）。这些带有佳话色彩的记载充分显示出智永的勤奋、成就以及由此获得的声誉。苏轼将其书比之陶渊明诗，评价极高："永禅师书，骨气深稳，体兼众妙，精能之至，反造疏淡。如观陶彭泽诗，初若散缓不收，反复不已，乃识其奇趣。"（《书唐氏六家书后》，《苏轼文集》卷69，中华书局，1986年）

《尚书故实》还记载，智永入隋以前，南朝梁武帝命殷铁石在当时所存王羲之法帖中拓下1000个不重复的单字，命周兴嗣编成四字一句的韵文，作为其子的启蒙课本。智永自临800本，分散天下，江南诸寺各留一本，流传至广。唐代便曾传至日本，至今尚存彼邦。国内也有别本流行，为历代学书者所宝重。《宣和书谱》卷17评其书曰："以羲之为师法，笔力纵横，真草兼备，绰有祖风。"自智永手书《千字文》后，历代皆有书家以各种书体重写，至今未辍。既普及了文化，又促进了书坛的繁荣和书艺的发展，不能不推智永的开举之功。

在书法技法的推广上，智永也是一个重要人物。我们知道，在名目繁复的用笔法中，最具影响的是"永字八法"，因为一般认为构成各种字形的基本点画大致包含在"永"字八画中。张怀瓘《玉

---

① 《宣和书谱》卷17亦称智永："励志书札，起楼于所居之侧，因自誓曰：'书不成，不下此楼。'"（上海书画出版社，1984年）

堂禁经》云:"所用八体该于万字,墨道最不可不明也①。"(《墨池编》卷二,《四库全书》本)而这一笔法正是经张芝、锺繇、王羲之等的传授,到了智永,"智永发其旨趣,授于虞秘监世南,自兹传授遂广彰焉"(同上)。这是智永对书法发展的另一贡献。

另据北宋朱长文《续书断·上》:"浮图智永学逸少书精极,名重于陈,世南从学焉,尽得其法,而有以过之。"(《墨池编》卷三)

还有一点可说的是,《兰亭序》被誉为"天下第一行书",其作者为书圣王羲之,已为定论。而郭沫若《由王谢墓志的出土论到〈兰亭序〉的真伪》(《文物》,1965 年第六期)认为,《兰亭序》字体不类晋书,文章情调亦与王羲之性情不符,文章和书法均为伪托。伪托者何人?正是隋僧智永。郭氏在历数智永成就后说:"像这样一位大书家是能够写出《兰亭序》来的,而且他也会做文章。我乐于肯定:《兰亭序》的文章和墨迹就是智永所依托。"这一观点尚未为学界所接受,却说明作为一代文化巨匠的郭沫若对智永的推崇。

称得上一代书法奇人的是唐代中期的书僧怀素。怀素俗姓钱,字藏真。据其《自叙帖》墨迹所述,幼而事佛,经禅之暇,颇好笔翰。为寻求前贤书迹,担笈杖锡,云游四方。唐人陆羽《唐僧怀素传》(《书苑菁华》卷 18,《四库全书》本)记其贫寒穷困,无钱买纸,便于故里种植芭蕉万余株,以供挥洒。又以漆涂于木板之上,反复书写,木板洞穿。与智永一样,他也有"弃笔堆积,埋于山下,号曰笔冢"(唐李肇《国史补》卷中,上海古籍出版社,1983 年)的记载。从这里,不难感受佛家对事业执着进取、刻苦献身的精神。这也是中华民族文化精神的一个优良传统。

---

① 后"不"字原作"遽",据《佩文斋书画谱》卷三所载改,中国书店,1984 年。

怀素作书，有十足狂僧之态。唐人谓其“援笔制电，随手万变。酒酣兴发，遇墙壁衣器靡不书之”（元盛熙明《法书考》卷一载），他自己在《自叙帖》中也曾援引别人的描摹、夸赞，如“志在新奇无定则，古瘦漓骊半无墨。醉来信手两三行，醒后却书书不得”、“粉壁长廊数十间，兴来小豁胸中气。忽然绝叫三五声，满壁纵横千万字”（据墨迹），等等，足见此老潇洒豪放之风。

怀素草书真迹流传甚多，宋人董逌评曰：“虽驰骋绳墨外，而回旋进退，莫不中节。”（《广川书跋》卷八，《丛书集成初编》本）苏轼谓其“近于有道者”（《跋王巩所收藏真书》，《东坡题跋》卷四，《丛书集成初编》本）。最负盛名的有：一、《苦笋帖》，尺牍，草书，仅两行 14 字，文曰：“苦笋及茗异常佳，乃可迳来。怀素白。”笔墨飞动，宛转多姿。二、《自叙帖》，草书，自叙学书经历及时人评赞，为著名狂草法帖。三、《千字文》，怀素曾书写《千字文》数十种，现存四种，以小字草书本为最善。四、《论书帖》，草书，帖文极力推崇书法艺术的地位，风格潇洒奔放，出神入化。

怀素的成就既是勤学不懈的结果，亦与其具有的“自然”观有关。苏轼在上引文中称其“为人傥荡，本不求工，所以能工”，这是“顺乎自然”的“自然”观；同时他还直接取法大自然，曾自述诀窍曰：“贫僧观夏云多奇峰，辄常师之。”（见陆羽《唐僧怀素传》）这是“道法自然”的“自然”观。颜真卿激赏之，曰：“草圣之妙，代不乏人，可谓闻所未闻也。”（《法书考》卷三载）

下面所述的两位书僧属于另一种类型。他们不因书法本身的成就，而是由于别的缘故，占据了书法史的一席之地。

辩才是永禅师的弟子，俗姓袁，博学工文。每临永禅师书，逼真乱本。其名与《兰亭》轶事紧密相联。据唐人何延之《兰亭记》

（载《法书要录》卷三，人民美术出版社，1984 年），《兰亭》帖先传至智永，智永临终前付给辩才。辩才深心宝爱，凿梁以贮之。入唐之后，太宗获知《兰亭》下落，三度延请，供养优洽，辩才矢口否认贮有此帖。太宗命监察御史萧翼乔装见辩才，与之讲论书艺。辩才视为同道，遂出《兰亭》与之共赏。萧翼终于探知名帖藏身之所，乘辩才外出，窃得以归太宗。《兰亭》帖最终被当作殉葬品埋入地下，与泥土同朽，人间永失至宝，当然是一桩永以为憾之事。但这件故事反映出的古人对书法艺术的热爱，以及辩才拼力保护书法艺术品的热肠古道，是令人向往的。

唐代初年长安弘福寺僧怀仁是又一个王字热爱者。《宣和书谱》卷 11 称其"积年学王羲之书，其合处几得意味。若语渊源，固未足以升羲之之堂也。然点画寓于法度，非初学所能到者"。但于今似已无作品流传。

三藏法师玄奘从印度取回大量佛经，于长安弘福寺传译。唐太宗李世民及太子治为其作序作记，以旌其功。玄奘上启答谢，太宗、高宗又作答书，这些需要立碑纪念。太宗最喜欢王字，却无法起数百年前的人于地下，为其书碑，这一任务便落在怀仁肩上。

怀仁花费长达 25 年的时间，从内府所藏大量王字中挑出碑文所需之字，连缀成文，让人勒石镌刻，立于弘福寺，这就是书法史上开集字先河的名碑《集王书圣教序》。难能在于，挑出各字本不相联，经过他的悉心选换安排，如同王羲之一气写成，不见丝毫龃龉。宋人黄伯思引《书苑》称："逸少剧迹，咸萃其中。"并谓："今观碑中字与右军遗帖所有者，纤微克肖。"（《东观余论》卷下，《四库全书》本）今人亦充分肯定其美仑美奂的集字艺术，启功先生云："但看每个字笔画的顿挫、流动，字形、字势的精密优美，上下字、前后行的呼应连贯，真足以使人惊讶叹赏。这块碑文不仅是古代法书的一件名作，也不仅是王羲之字迹的一个宝库，实际上是几个方面综合而成的古代工艺美术的一件绝品。”(《〈集王羲之书圣教序〉宋拓整幅的发现兼谈此碑的一些问题》，《启功丛稿》，中华书局，1981 年）据此，怀仁对书法艺术的贡献是可以和那些一流大家相媲美的了。

除上述成就卓著及在书法史上位置特出者外，擅长书艺的一般僧人更多。其中多有极负时名者，实际成就亦颇可观，惜乎作品流存不多，妨害了今人对其作出应有的评价。如中唐书僧高闲，尚有草书《千字文》墨迹残卷存世，笔迹粗犷，气势逼人，然今日为人知晓，已多赖韩愈《送高闲上人序》之力。遑论齐己、贯休这类文学史上有名的诗僧，只能从书录中仿佛其书法之大概了①。至于惠崇、参寥之流，如果不是与文人交往而被提及，更不会引起后人的注意。不过，他们都有一段辉煌的过去，都以自己的辛劳与才智为中国书法史增添过光彩，我们不应将他们忘记。

书法中的佛家文字

书法以文字作为书写对象。武则天立过一块无字碑，但没有人称它为书法。

有文字必定有文字表现的内容。大到铭功记事，小至吊哀侯病，应有尽有。其中有关佛家文字的作品是与众不同的一类。细分可有三类：

① 如《宣和书谱》评齐己：“笔迹洒落，得行字法，望之知其非寻常释子所书也。”（卷 11）评贯休：“作字尤奇崛，至草书益胜，崭峻之状，可以想见其人。”（卷 19）

一、佛教经典。

就书写佛教经典的书法作品来看，经生是主要的创作力量。所谓经生，指古代从事抄写佛经的人。这些人可以是佛门中人，亦可以是在俗弟子。写经的出现，从写经手主观说，或为职责所在，或为奉佛之举，或为谋生之道；从客观需要看，古代雕版印刷始于隋唐，北宋中期方有活字印刷问世，在此之前欲获诵佛经，主要依靠传抄。今日所见经生写经多为唐及唐以前物，原因殆亦在此。

另外，历代均有信佛者因某种特殊目的，如为亲人祝福、为自己禳灾，而假手经生或者亲自书经。武则天于咸亨元年(670年)造《妙法莲华经》3000部。该经每部七卷，当然不会武氏亲抄，只能由经生代劳。今日所存跋尾半段，上书"奉为二亲敬造《妙法莲华经》三千部。……伏愿先慈传辉慧炬，托荫禅云，百福庄严，万灵扶护"(据启功先生《武则天所造经》，《启功丛稿》)云云，点明了写经的目的。

经生写经的艺术水平如何？由于经生多是社会地位不高的无名之辈，有些甚至文化素养较低，因而不得后人重视，被称为"经生俗书"。这实在是一种世俗的偏见。经生写经的风格，时代不同、书手不同，风格自然不同。但水平容有参差，字体或有工拙，由于佛法庄严，写者恭敬，基本面目多是分行布白整饬缜密，"笔墨流动，结构精严，常出碑上名家法度之外"(《〈多宝塔碑法书〉跋》，《启功丛稿》)。这从有名的晋人写《和光般若经》、《妙法莲华经》等八种佛经残卷、隋人写《大般涅槃经》残卷以及众多的唐人写经中皆可看出。又我们知道，凡习书者无不推重颜真卿，习颜字者无不临《多宝塔》。据启功先生《〈多宝塔碑法书〉跋》考证，该碑字体平易近人，与颜书诸碑俱不类，正可能为当时的佐吏经生代笔。由此可见经生书法水平之一斑。

经生写经而外，名书家写经者亦很普遍，名书家写经的名碑帖亦不罕见。般若部的著名佛经《金刚经》，王知敬、徐浩、柳公权、苏轼、赵孟𫖯等大家均曾手写，今皆可见。泰山花岗岩溪床所刻大摩崖《金刚经》，字大逾尺，雄伟壮丽，或以之为北齐书家唐邕所书。草圣张旭及欧阳询都写过《心经》，赵孟𫖯写过《四十二章经》、《妙法莲华经》，前者为其生平第一得意之作，后者乃其为中峰和尚书，七万余言，字字精谨，洵为杰作。

二、塔铭院记、僧人碑传。

有关这一类的书法作品很多，且多有为名家所作者。原因是，佛教自汉末传入中国，很快发展壮大，超过了本土的道教。历代文人崇信者既不在少数，喜与僧友交接者甚为寻常，就连韩愈一类坚决辟佛者亦不例外，作为书法家的文人自然更是如此。他们与僧人过从，诗文唱和，谈禅论道，或借以消除现实中的苦闷，或借以显示自己的脱俗。他们十分乐意为僧友撰写塔铭、寺记、院碑一类的文字。他们与方外友结下了深厚友谊，当其圆寂之后，往往为其书碑，甚至亲自撰文，以示悼念。

从僧人方面来说，与文人往还的亦多为才学之士，他们身在空门，并非全绝尘事。他们既爱与文人交游，也希望文人中的书家为其作书，用以扩大佛教以及自身的影响，这也是弘扬佛法的一种途径。

属于塔铭院记一类的佛家文字，因用途不同，有种种名称。或曰寺碑：《等慈寺碑》，唐颜师古撰并书；《法华寺碑》，唐李邕撰并书；《兴国寺碑》，元赵孟𫖯书。或曰塔铭：《弘教寺塔铭》，唐欧阳询书；《无忧王寺塔碑》，唐扬播书。或曰塔碑：《多宝塔碑》，唐颜真卿书;《玄秘塔碑》,唐柳公权书;《泗州普照寺灵瑞塔碑》,赵孟頫撰并书。此外还有戒坛铭(《少林寺戒坛铭》)、寺记(《妙严寺记》)、题名(《般若台题名》)、浮图铭(《云居寺石浮图铭》)、禅院碑(《沂阳县普济禅院碑》)等等。

僧人虽云参透生死,却与俗人一样,终不免于一死。既死之后,不仅立碑,还要造塔,来盛放尸骨。因此不但有碑文,还有塔铭。如玄奘三藏法师便有《玄奘法师塔铭》,释建初书,现存长安县兴教寺。墓碑更多,且不乏名家手笔,如《道因法师碑》,初唐欧阳通书。通为欧阳询之子,书法深得父风;《孟法师碑》,初唐名家褚遂良书;《信行禅师碑》,初唐名家薛稷书;《大照禅师碑》,盛唐名家李邕书;《大证禅师碑》、《不空和尚碑》,有"怒猊抉石、渴骥奔泉"之誉的盛唐名家徐浩书;《大鉴禅师碑》,中唐柳公权书;《乘光禅师碑》,中唐诗人刘禹锡书。刘禹锡极善书,只是书名为诗名所掩,不广为人知晓而已。

三、龙门造像题记。

龙门造像题记是另一类与佛教有关的文字。龙门在河南洛阳南40里,有洞窟1000余,造像10多万尊,许多佛像均有题记、碑碣,数量浩大,风格独特,艺术价值极高,尤以北魏时期造像中的20种,通称《龙门二十品》者为最著名。《二十品》刀凿而成,棱角分明,刚毅峻洁,极具特色。以之为代表的北魏造像题字后来即被称为"魏碑体",在书法史上具有标志时代的意义。

魏碑体在后世的学者甚众,许多书家不仅取法其中,而且因之成名。清人包世臣《艺舟双辑》、康有为《广艺舟双辑》均大加推崇。它与前此的甲骨、金文、汉碑、王字,后出的欧体、颜体、柳体、苏体等同享盛誉,成为我国书法艺术的瑰丽珍宝。

由上来可知，佛教与书法的关系是很密切的。一方面，佛学、佛教、僧人对书法艺术均有很大的促进；另一方面，书法为传播、弘扬佛教作出了自己的贡献。准确一点说，佛教与书法这两个不同领域是互为作用的。比如，在印刷技术尚不发达的古代，以写经为主要方式的书法艺术极有助于佛教的传播与发展，佛经的传入又为中国的书法艺术提供了广阔的实践空间。佛家渊妙教义和高僧们道德文章的感染，吸引了众多文人书家倾心佛教，他们在书写佛家文字的当下，往往怀着庄重、恭敬的心态，这种心态是造成写经体独特的书法艺术神韵的重要原因。

又比如，魏碑的出现也足以说明佛教与书法两个不同领域的交互影响。题记为造像而设，造像的目的在宣扬佛教，实际上却促成了魏碑体的产生；魏碑是经典性的法书，人们在观赏和临习之余，又对佛教教义、佛教史和佛教艺术获得了更多的了解。

先人创造的一切精神财富，相联互通，构成一个有机的文化系统。只有多方探求、全面把握，才稍可深入堂奥，略睹这一文化系统的繁复、博大与辉煌。

《中国文化月刊》(台湾)第198期(1996年)

“匆匆不暇草书”考释

一

“匆匆不暇草书”是书法史上的一句隽语，见诸西晋卫恒《四体书势》。《三国志·魏志·刘劭传》“光禄大夫京兆韦诞”下裴松之注引《四体书势》：

> 汉兴而有草书，不知作者姓名。至章帝时，齐相杜度号善作篇。后有崔瑗、崔寔，亦皆称工。杜氏结字甚安，而书体微瘦。崔氏甚得笔势，而结字小疏。弘农张伯英者，因而转精其巧。凡家之衣帛，必书而后练之，临池学书，池水尽黑。下笔必为楷则，号“匆匆不暇草”。寸纸不见遗，至今世人尤宝之。韦仲将谓之草圣。（中华书局，1982 年）

松之南朝宋人，这是恒语较早的文献记载。唐欧阳询《艺文类聚》（上海古籍出版社，1982 年）卷 74 引《四体书势》亦作“匆匆不暇草”。《晋书·卫瓘传》（中华书局，1974 年）附卫恒传载恒《四体书势》则作“匆匆不暇草书”。

南朝宋王愔《文（字）志》有大致相同的记载：

> （芝）尤好草书，学崔、杜之法，家之衣帛，必书而后练。临池学书，水为之黑。下笔则为楷则，号“匆匆不暇草书”，为世所宝，寸纸不遗，韦仲将谓之草圣也。（《后汉书·张奂传》

"长子芝,字伯英,最知名"下李贤注引,中华书局,1965 年)

又宋羊欣《采古来能书人名》亦谓:

> 弘农张芝,高尚不仕,善草书,精劲绝伦。家之衣帛,必先书而后练。临池学书,池水尽墨。每书云:"匆匆不暇草书。"人谓为草圣。(齐书家王僧虔录,载《法书要录》卷一,辽宁教育出版社,1998 年)

可知王、羊所记与《四体书势》史源相关,或当即出《四体书势》,亦未可知。

"匆匆不暇草"与"匆匆不暇草书"义固无别。令人感兴趣的是,从上下文看,可以确知两点,一、关于张芝的这段话谈论的是书法,话中的"草"或"草书"作为书法之一体被提及。因而"草"之为义虽有"草创"、"潦草"、"草稿"等多重含义,均与此处无干。二、所谓"号"者,称也,云也,曰也。张芝固然精于草书,人亦称之为"草圣",无奈其"下笔必为楷则"①,还自称"匆匆不暇草(书)"。

张芝同时人赵壹有《非草书》(载《法书要录》卷一)一文,先批评张芝说:"若夫褒杜、崔,沮罗、赵,忻忻有自臧之意者,无乃近于矜技,贱彼贵我哉!"②接着又批评当时人受张芝影响:

---

① 按这里的"楷则"当指隶书。卫恒《四体书势》:"隶书者,篆之捷也,上谷王次仲始作楷法。"所指即为隶书。启功先生《古代字体论稿·八分》:"汉碑字体的特点,在于规矩整齐,所以称为楷法。楷是'标准'、'楷模'的意思,这也即是它得升为雅体的一种资格。后来楷这一形容词当作书体的专名,则是晋代以后的事。"(文物出版社,1999 年)《宣和书谱》卷 13 谓张芝:"每作楷字,则曰'匆匆不暇草书'。其精勤如此。故于草书尤工。"(上海书画出版社,1984 年)将《四体书势》等"下笔必为楷则"句改为"每作楷字","楷"就成"楷书"了。不妥。又包世臣《艺舟双辑·自跋草书答十二问》引《晋书》载卫恒语后云:"始知作草如真,乃汉晋相承草法。"(《艺林名著丛刊》本)亦似将文中"楷则"理解为真书。

② 杜、崔、罗、赵谓杜度、崔瑗、罗晖、赵袭。张芝自称"上比崔、杜不足,下方罗、赵有余",语载《四体书势》、《后汉书·赵岐传》注引《决录注》、《艺文类聚》卷74 引《三辅决录》等,赵壹的批评便是针对这句话的。

龀齿以上,苟任涉学,皆废仓颉、史籀,竞以杜、崔为楷,私书相与,庶独就书,云"适迫遽,故不及草"。草本易而速,今反难而迟,失指多矣①。

"云适迫遽"云云,显与"匆匆不暇草书"若合符契。说明当时"慕张生之草书"的那些人不仅学习张芝的草书,也摹仿张芝的话头。

所以,从这句话的上下文看,从当时人的理解看,若就该句的原初意义来说,应断作"匆匆,不暇草书",殆可无疑。

清康、乾间人杭世骏《订讹类编》卷一:

窃以"匆匆不暇"为句,"草书"为句。言因匆匆不暇之故,所以不为楷书而为草书。(中华书局,1997 年)

显误。

二

但问题亦正由此产生。

我们知道,草书有起于汉代之说,但也有人认为起于秦时②。按一种字体的形成有一个由出现到定型的过程,必然不可能一蹴而就,秦与汉的两种说法应该正反映了草书形成的这一过程。

草书有章草和今草之分(狂草与今草本质无别),通常认为,

---

① 余所点校《法书要录》(辽宁教育出版社,1998 年),于此段后数句标作:"私书相与,庶独就书云。适迫遽故不及草,草本易而速,今反难而迟,失指多矣。"不知何故致误。

② 前说如许慎《说文解字叙》云:"汉兴有草书。"卫恒《四体书势》从而以为:"汉兴而有草书。"赵翼《陔余丛考》卷 21:"褚少孙补《史记三王世家》云:'谨论次其真草诏书,编于左方。'是少孙所亲见简策之文,可见武帝时已有草书矣。"(河北人民出版社,1990 年)后说见下面正文中所引赵壹及蔡邕语。

章草是汉隶简易后的快写体，今草则是章草或真书简易后的快写体①。从其起源看，均是取其书写便捷与快速的实用功能。东汉中期崔瑗《草书势》：

> 草书之法，盖又简略。应时谕指，用于卒迫。兼功并用，爱日省力。……机微要妙，临时从宜。（《晋书·卫瓘传》附卫恒传载恒《四体书势》引）

汉末赵壹《非草书》：

> 盖秦之末，刑峻网密。官书烦冗，战攻并作。军书交驰，羽檄纷飞。故为隶草，趋急速耳。

及梁武帝《草书状》引蔡邕：

> 昔秦之时，诸侯争长，简檄相传，望烽走驿。以篆隶之难，不能救速，遂作赴急之书，盖今草书是也。（张怀瓘《书断·草书》引，《法书要录》卷七）

这几位书法史上早期书论家都指出了草书起源于实用这一事实。

草书求快速便捷的实用性决定了书体的基本面目，崔瑗《草书势》形容：

> 竦企鸟跱，志在飞移。狡兽暴骇，将奔未驰。

魏晋间杨泉《草书赋》形容：

> 乍杨柳而奋发，似龙凤之腾仪。应神灵之变化，象日月之盈亏。（载《艺文类聚》卷74“巧艺部”）

西晋索靖《草书状》形容：

> 宛若银钩，漂若惊鸾。舒翼未发，若举复安。虫蛇虬蟉，

---

① 《法书要录》卷七载唐张怀瓘《书断·章草》：“章草即隶书之捷，草（指今草——引者）亦章草之捷也。”启功先生《古代字体论稿·草书、章草》：“前者（指章草——引者）是旧隶体也即是汉隶的快写体，而后者（指今草——引者）是新隶体也即是真书的快写体。”

或往或还。(载《晋书·索靖传》,又见《艺文类聚》卷74"巧艺部")

唐张怀瓘《书议》形容:

或烟收雾合,或电激星流。以风骨为体,以变化为用。有类云霞聚散,触遇成形;龙虎威神,飞动增势。(载《法书要录》卷四)

从这些形容中不难见出草书字体的飞动变化,同时可以想象书家创作时笔道的急速流走。

不妨再看张旭、怀素这两位书法史上的今草、狂草大师创作时的情形:

露顶据胡床,长叫三五声。兴来洒素壁,挥笔如流星。(唐李颀《赠张旭》,《全唐诗》卷132,中华书局,1960年)

驰毫骤墨列奔驷,满座失声看不及。(戴叔伦语,怀素《自叙帖》引。又见戴氏《怀素上人草书歌》,《全唐诗》卷273,"列"作"剧")

同时人的亲眼所见,艺术夸张固然有之,真实性是无可怀疑的。由此可知草书书写速度之快,果不其然。

张芝在书法史上被认为是章草大家[①],又被认为是今草的创立者[②],并得到王羲之一类大家的称许[③]。北宋《淳化阁帖》中刻有他的章草《八月帖》、今草《今欲归帖》等,《宣和书谱》(上海书

① 见唐虞世南《书旨述》(载《法书要录》卷三)、张怀瓘《书断·章草》(《法书要录》卷七)。

② 见《书断·章草》、《书断·草书》。但也有人认为今草的确立者为王羲之,批评张怀瓘"擅自把今草的确立,推早到后汉末张芝的身上"。见徐邦达《五体书新论》,收入《现代书法论文选》(上海书画出版社,1980年)。

③ 见孙过庭《书谱》引王羲之、《书断·神品》引宋羊欣、《书谱》、《书断·神品》、怀素《自叙帖》引颜真卿、黄庭坚《观王熙叔唐本草书歌》(《山谷诗外集补》卷二,《丛书集成初编》本)、《宣和书谱》卷13等语。中有推其为"百世不易之法式"者。

画出版社,1984 年)卷 13 亦录其今草《冠军帖》、章草《消息帖》。其中难免伪作,但其善书是无可置疑的。因而,张芝的创作应当不会脱离上述草书流速急迫的基本特点。然则为何又竟有因“匆匆”而反致“不暇草书”之语呢?

三

《周易·系辞上》曰:“一阴一阳之谓道。”阴阳是古代哲学解释自然与社会普遍具有的两种对抗力量的代名词。中国书学理论同样贯穿着极强的对立统一辩证思想。比如传为蔡邕的《笔势》曰:“书有二法,一曰疾,二曰涩。得疾涩二法,书妙尽矣。”①唐欧阳询《传授诀》曰:“最不可忙,忙则失势;次不可缓,缓则骨痴。”(载《墨池编》卷一,台湾商务印书馆影印文渊阁《四库全书》本,1986 年)虞世南《笔髓·释真》亦曰:“迟速虚实,若轮扁斫轮,不徐不疾。”②(载《墨池编》卷一)在这里,“疾涩”、“忙缓”、“迟速”、“徐疾”就是“阴阳”一语的具体化。孙过庭《书谱》将笔法论中这一对相反相成的关系推阐得尤为充分:

> 至有未悟淹留,偏追劲疾;不能迅速,翻效迟重。夫劲速者,超逸之机;迟留者,赏会之致。将返其速,行臻会美之方;专溺于迟,终爽绝伦之妙。能速不速,所谓淹留;因迟就迟,讵

① 此段蔡琰《述石室神授笔势》(载《佩文斋书画谱》卷五,《四库全书》本)谓“臣父造八分,时神授笔法曰”云云,愚以为所谓“神授”者,不过蔡邕或其女自“神”其语而已。

② 近人余绍宋《书画书录解题》卷九谓:“虞永兴有《书旨述》一篇,载张彦远《法书要录》,论篆、籀、草、隶,文词甚美。此篇则仅言真、行、草,殊无精义,文词乖拙,不类永兴。……其为托名伪作,盖无疑也。”(浙江人民出版社,1982 年)此说固堪为一家之言,但并不妨碍这段话的正确性。

名赏会！非夫心闲手敏，难以兼通者焉。（据墨迹）

南宋姜夔《续书谱》亦专设“迟速”条云：

迟以取妍，速以取劲。先必能速，然后为迟。若素不能速，而专事迟，则无神气；若专事速，又多失势。（《丛书集成初编》本）

可见在书法创作中，处理好迟速徐疾这一对矛盾是十分重要的。

书法诸体，面目各异，然其理实有相通者在。以真、草二体为例，就其形言，或静如处子，或动若脱兔，似乎决然相反；就其势论，则昔有东坡云：

真书难于飘扬，草书难于严重。（《跋王晋卿所藏莲华经》，《东坡题跋》卷四，《津逮秘书》本）

又有山谷云：

楷法欲如快马入阵，草法欲左规右矩，此古人妙处也。（清倪涛《六艺之一录》卷273，载《四库全书》本）

苏、黄书法巨擘，其言自然可信，可知真、草之间，并不存在鸿沟。至清人朱和羹仍云：

楷法与作行草，用笔一理。作楷不以行草之笔出之，则全无血脉；行草不以作楷之笔出之，则全无起讫。……吾意楷须融洽，行草须分明。（《临池心解》，《美术丛书》本，江苏古籍出版社，1997年）

更有甚者，则如清人王澍之言：

草书须以楷法为之，一点一拂，皆敛入规矩，乃是右军嫡嗣。（《竹云题跋》卷四“十种千文·草书第九”，海山仙馆丛书本）

故曰姜夔《续书谱》所谓“古人作草，如今人作真，何尝苟且”者，非一家之私语矣。

由上来可知，从实用角度观察，草书书写速度无疑快于隶、楷等其他书体，此亦草体优于其他书体之处。但从艺术角度立论，则另有可说。

那么在张芝所处的汉末，书法的社会地位怎样？书法是否被普遍视作一门艺术呢？答案是肯定的。

我们先看一条材料。

《汉书·陈遵传》载：

> （遵）性善书，与人尺牍，主皆藏去以为荣。（中华书局，1983年）

遵西汉末人，早于张芝一百数十年。到了东汉末时会是一种什么状况，就不难想象。

很可珍贵的，是张芝同时人赵壹《非草书》中为后人留下的人们竞相钻研草书的情形：

> 钻坚仰高，忘其疲劳。夕惕不息，昃不暇食①。十日一笔，月数丸墨。领袖如皂，唇齿常黑。虽处众坐，不遑谈戏。展指画地，以草刿壁。臂穿皮刮，指爪摧折。见腮出血，犹不休辍。

这正如启功先生所说："无论旧体或新体的草书，到了汉末，已成为满城争唱的新调，只看汉末赵壹的《非草书》一文所讥讽的，便可以见到当时人对于草书的普遍爱好。"（《古代字体论稿·草书、章草》）

如此看来，张芝"家之衣帛，必书而后练之，临池学书，池水尽黑"，不过风会使然，本不足奇。康有为《广艺舟双楫·本汉》叙述两汉书法之盛：

---

① "昃"，通行本作"仄"，此据《太平御览》（中华书局，1995年）卷749改。

> 汉人极讲书法，羊欣称萧何题前殿额，覃思三月，观者如流水。《金壶记》曰：“萧何用退笔书裳大工。”此虽未足信，然张安世以善书给事尚书，严延年善史书，奏成手中，奄忽如神。史游工散隶，王尊能史书，谷永工笔札。陈遵性善隶书，与人尺牍，主皆藏去以为荣。此皆著于汉史者。可见前汉风尚，已笃好之。降逮后汉，好书尤甚。曹喜、杜度、崔瑗、蔡邕、刘德升之徒，并擅精能，各创新制。至灵帝好书，开鸿都之观，善书之人鳞集，万流仰风，争工笔札。当是时，中郎为之魁。张芝、师宜官、钟繇、梁鹄、胡昭、邯郸淳、卫觊、韦诞、皇象之徒，各以古文、草隶名家。……邯郸、韦、卫精于古文，张芝圣于草法。书至汉末，盖盛极矣。（《艺林名著丛刊》本，中国书店，1983年）

毋宁说，张芝的出现，正由于有这样的社会基础。他能成为“草圣”，他被称为“草圣”，不过说明他是这些众多书家中成就突出的一个代表罢了。

现在可以得出这样的结论，在张芝手中，就像在一般人手中，写字当然不会丧失实用的功能；但张芝除了一般人，又是不一般的人，是“书圣”，是“书圣”中的“草圣”，赵壹《非草书》批评他扬己抑人，贱彼贵我，忻忻自臧，“无乃近于矜技”①，已见前引，可知他更是将写字当作一门艺术活动来进行的。他的草书虽然不会脱离流速急迫的基本特点，但他必然深谙草书创作中迟速徐疾的关系，

① 唐韩方明《授笔要说》（载《书苑菁华》卷20）评张芝亦有“矜巧自许”之语：“时有罗晖、赵袭，并善书，与张芝同著名，而张矜巧自许，众颇惑之。尝与太仆朱宽书云：‘上比崔、杜不足，下方罗、赵有余。’”然检《晋书·卫瓘传》附卫恒传载恒《四体书势》云：“罗叔景、赵元嗣者，与伯英并时，见称于西州，而矜巧自与，众颇惑之。故英自称‘上比崔、杜不足，下方罗、赵有余。’”两相比勘，疑韩氏此段即出《四体书势》，而将“矜巧自与（许）”的罗、赵误属张芝了。

也一定会处理好这一对相反相成的矛盾关系。

“匆匆，不暇草书”，固属隽语，又岂可仅以隽语邈视之哉①！

四

隽语者，西方人所谓的“佯谬”（Paradox）是也，其特点是似非而是，被形容为“翻斤斗的真理”（a truth doing a somersault）。子曰“欲速则不达”（《论语·子路》），就是一句有名的隽语。

隽语以一种看似荒谬的方式表达真理，往往使人难于理解。张芝“匆匆不暇草书”这句隽语在后世广为人称引，但对它的理解并不一致，就是由于这个原因。

先看一类材料。

唐蔡希综《法书论》：

> 张伯英偏工于章草，代莫过之。每与人书，下笔必为楷则，云：“匆匆不假（按当作“暇”——引者）草书。”何者？草不以静思闲雅，发于中虑，则失其妙用矣②。（载《书苑菁华》卷12，《四库全书》本）

北宋黄庭坚《书自草李潮八分歌后》：

---

① 当然，说这句话体现着“草圣”张芝对草书艺术迟速徐疾关系的辩证观，不排除还可能具有其他含义。赵壹谓张芝忻忻自臧，近于矜技。是否可以说这句话正是其用以“矜技”的才人伎俩，多少含有自高其技、自神其艺的成分？

② 按早在东汉蔡邕就曾说：“欲书先散怀抱，任情恣性，然后书之。若迫于事，虽中山兔毫，不能佳也。”（《笔论》，《秦汉魏四朝用笔法》引，《书苑菁华》卷一；又见《汉萧何蔡邕笔法》引，《墨池编》卷一）三国吴皇象亦谓：“如逸豫之余，手调适而意佳娱，正可以小展。”（《论草书》，载《佩文斋书画谱》卷五）晋王羲之又谓：“夫欲书者，先干研墨，凝神静思，预想字形大小偃仰、平直振动，令筋脉相连，意在笔前，然后作字。”（《题卫夫人〈笔阵图〉后》，载《法书要录》卷一）蔡说正可与此诸说互参。此亦殆即杜诗所谓“能事不受相促迫”（《戏题王宰画山水图歌》，《杜诗详注》卷九，中华书局，1979 年）者欤？

元符三年七月二十三日，余将至青衣，吾宗子舟求余作草，拨忙作此，殊不工。古人云：“匆匆不暇草”，端不虚语。(《山谷题跋》卷八，《津逮秘书》本)

又《代书》：

遣奴迫王事，不暇学惊蛇[1]。(《山谷外集诗注》卷七，《四部丛刊续编》本)

陈师道《答无咎画苑》：

卒行无好步，事忙不草书。能事莫促迫，快手多粗疏。(《后山逸诗》卷上，《后山诗注补笺》本，中华书局，1995年)

赵彦材(次公)：

草书以迟为工，所谓“匆匆不及草书”是也。(《九家集注杜诗》卷一，杜甫《醉歌行》“总角草书又神速”句下注，《杜诗引得》本，上海古籍出版社，1985年)

南宋江少虞《事实类苑》卷52：

谚云：“信速不及草书，家贫不辨(按当作“办”——引者)素食”。言其难卒(按即“猝”字——引者)置也。(《四库全书》本)

元方回《七月十五日书》：

家贫难办素食，事忙不及草书。今日果然如此，古人可信非欤？(《桐江续集》卷26，《四库全书》本)

清厉鹗《书马文毅公汇草辨疑后》：

张伯英下笔必为楷则，号“匆匆不暇草书”。草书虽减体，其转折牵竖之妙，唯凝静不挠，始能为之。(《樊榭山房文

① 惊蛇，比喻书法灵动飞舞，常用以形容草书。陆游《午晴试笔》：“明窗揽笔聊挥洒，飒飒惊蛇又数行。”(《剑南诗稿》卷51，《四部备要》本)

集》卷八,《四部丛刊》本)

叶矫然《龙性堂诗话续编》:

“匆匆不暇草书”,方知草书非易就者。(《清诗话续编》本,中华书局,1983 年)

刘熙载《艺概·书概》:

欲作草书,必先释智遗形,以至于超鸿濛,混希夷,然后下笔。古人言“匆匆不及草书”,有以也。(上海古籍出版社,1978 年)

今人祝嘉《书法初步》:

赵子昂一天可以写一万字,康里子山说他一天可以写三万字。古人所谓行笔如飞,就是写篆隶楷行都能快,况于草书呢?断没有迟的道理。但究竟这话怎么理解呢?我以为这也不是难懂的。因为草书是高等艺术品,像画画一样,古人的狂草实在不是应用的东西,就是章草比较规矩些的,有时也不是容易懂的。他不是应用的东西,而是赏玩的东西,知道这个意思,问题就很容易解答了。比方有一个会写字的人,当匆忙的时候,人家拿纸来求他写字,他一定推到别天的。因为迫遽,没有闲情去逞本领,只好写普通应用的行书了。(载所著《书学论集》,金陵书画社,1982 年)

上来这些古今书家、书论家的实践体会和理论分析,无疑有助于我们领会这句隽语的深刻含义①。

---

① 郑孝胥亦有《题怀素自叙卷子诗》:“草书初学患不熟,久之稍熟患不生。……观其能速不速处,蝉蜕一切如无形。”(据张谦辑《海藏书法抉微》,《明清书法论文选》,上海书店出版社,1995 年)从怀素狂草《自序帖》中竟能看出其不速处,颇堪玩味。又林散之先生《论书》绝句(载其《笔谈书法》,古吴轩出版社,1996 年):“狂草应从行楷入,伯英遗法到藏真。锥沙自见笔中力,写出真灵泣鬼神。”当代草圣所谓“伯英遗法”何指?从首句看,或即指“匆匆不暇草书”一句,似亦并非不可能。

这句隽语蕴含的意义的确是深刻的，其所透露的信息也很丰富。启功先生在前引那段话后又接说：

看《四体书势》和《后汉书·张奂传》引张芝所说“匆匆不暇草书”，也都说明这时草书不但已成为公开的、合法的字体，并且还成为珍贵的艺术品。

从中我们不仅知道草书发展到汉末，已由一种“应时谕指，用于卒迫”的临时草率的字体变成“公开、合法”的字体，从一种应用性的“赴急之书”变成“珍贵的艺术品”，同上引赵壹《非草书》中所反映的“草书热”相映证，还可看出当时草书之盛，草书在书法这门艺术中所占地位之高。普通人不仅“夕惕不息，昃不暇食。十日一笔，月数丸墨”地竞相钻研草书，并且“私书相与，庶独就书，云‘适迫遽，故不及草’”，在书信往还中已经形成了以写草书为对他人尊重的风气。如果不写草书，至少也要说上“匆匆，不暇草书”一类虽然可能是敷衍但表面绝对是解释加道歉的话。而时间紧迫，就不能写草书，这无疑反映出当时人对于草书严肃认真的创作态度。

五

再看另一类材料。

首先是赵壹的《非草书》。前面说过，文中批评当时人受张芝影响：

龀齿以上，苟任涉学，皆废仓颉、史籀，竞以杜、崔为楷，私书相与，庶独就书，云“适迫遽，故不及草”。草本易而速，今反难而迟，失指多矣。

赵壹的问题出在他对作为艺术的书法不能从艺术的角度进行评

价,对草书的艺术性、艺术价值尚未有自觉而明确的认识。"指"者"旨"也,他认为当时人们写草书"难而迟"是失去了草书的本旨。他不曾想,为什么"易而速"的草书会变得"难而迟",不知从"易而速"到"难而迟"正是草书从实用到艺术的变化。从实用的角度要求艺术,自然龃龉难合。

后世绍述其说者不乏其人。宋李之仪《跋山谷草书渔父词十五章后》:

> "家贫不办素食,事忙不及草书",此特一时之语耳。正不暇则行,行不暇则草,盖理之常也。间有蔽于'不及'之语,而特于草字行笔,故为迟缓,从而加驰骋以遂其蔽。久之虽欲稍急,不复可得。(《姑溪居士文集》卷39,《丛书集成初编》本)

从"正不暇则行,行不暇则草"二句可知,他所谓"理之常也"也只是实用之"理"而非艺术之"理"。又宋高宗赵构《翰墨志》:

> 草书之法,昔人用以趋急速而务简易,删难省烦,损复为单,……后世或云"忙不及草"者,岂草之本旨哉!正须翰动若驰,落纸云烟,方佳耳。(《丛书集成初编》本)

此赵与彼赵(壹)相去近千载,而在对草书的认识上寸进不加,诚亦吁可怪矣。

还有可怪的如明末清初的倪后瞻,本有"轻、重、疾、徐四法,唯徐为要。徐者缓也,即留得笔住也。此法一熟,则诸法方可运用"之论(《书法论》,载《六艺之一录》卷303),却又说:

> 或曰古人有"忙中不及作草"之说,奈何?曰:斯人斯时所未学者草耳,未学则以为难,举其难者答客,理或然欤!抑客之所索于我者意在草,故答之云尔。羊山先生曰:"此说误。'不及作草'者,不及别草再誊清也。"(《倪氏杂著笔

法》，据《明清书法论文选》，上海书店，1994 年）

倪氏之说想当然尔，不值一驳；而“羊山先生”之说则下开虞兆漋说之先河。

清康熙时诸生虞兆漋《天香楼偶得》“草书”条云：

> 草书之作，其原始于汉黄门令史游之《急就章》，本名章草，张怀瓘《书法》所谓“损隶之规矩，纵逸奔放，赴速急就”是也，厥后张芝变为今草，较之章草尤为便捷，而《晋书·卫恒传》乃云“匆匆不暇草书”，似乎草书反属迟难，子瞻所以讥之也。或者又矫为之说云：“古人草书正不苟且，故较之楷书为更迟耳。”愚以为皆非也。盖草书自无不速者，若《恒传》所云草书，则因急遽之中不及起草，犹今人所云打草稿耳。书不起草，则不免涂抹添改，有失敬谨之意，故言及之，岂谓舞凤惊龙之笔，必吮毫濡墨而不挥之俄顷者乎？（北京图书馆分馆藏清抄一卷本）

此说博得清人杭世骏的赞同（见《订讹类编》卷一），雍乾时大诗人兼学者袁枚也附和。《随园随笔》卷 17“匆匆不及草书非今之草字”条：

> 《是斋日记》云：“古人称‘匆匆不及草书’者乃起草稿之草，言匆匆故不及先起草稿也。”若今之行草乃正是匆急所书，有何不暇之有？（《随园三十种》本）

按任何语言都有特定的语境，分析、研究语言不能抛开其所从属的背景。本文首节提到，这句话所在的上下文谈论的是书法，话中的“草书”决然是作为书法之一体被提及，与“草创”、“潦草”、“草稿”诸义并无关系。虞氏进而谓“匆匆，不暇草书”为“急遽之中不及起草，犹今人所云打草稿耳。书不起草，不免涂抹添改，有失敬谨之意，故言及之”之意。鄙意以为原文如若真欲表达此类意思，应写作“匆匆草书”（实际上今天信札中仍常用“匆草”等字样），而不应拐弯告诉对方“因为匆忙，未打草稿——所以此信涂抹添改，成了草稿，有失敬谨”，此人情之所易晓者。

虞氏释“草书”为“草稿”，其谬甚显，屡遭非议。乾嘉时赵翼《陔余丛考》卷21“不暇草书”条，明斥“此说甚新，然亦非也”，并申其观点云：

> 为草书必经营结撰，摹形揣势而始成，故倍难于真书，非如后世之习用便易。观成公绥所记《草书势》，索靖所述《草书状》，其不易作可知。卫恒亦有《论草书》一篇，尤见结构之难也。草书至王羲之始尽善，然其《题卫夫人〈笔阵图〉后》所言学草书之法，如点必须空中遥掷笔之类，自非可苟作者。恒尚在羲之前，则正当讲求结体用笔时，是以作草甚难，而匆遽时有不暇也。（河北人民出版社，1990年）

从艺术角度着眼，赵氏所论甚是①。

又道咸间李联琇《好云楼二集》卷14亦谓：

> 《晋书》：张芝下笔必为楷，号“匆匆未暇草书”。是草书明对楷言。乃《是斋日记》云：“古人称‘匆匆不及草书’者，乃起草稿之草，言匆匆故不及起草稿也。若今之行草乃正是匆匆所书，何不暇之有。”琇按：草书为后汉张伯英所造，见于张怀瓘《书断》。当伯英时赵壹有《非草书》论云：“今之学者不思其简易之旨，云‘适迫遽，故不及草’。草本易而速，今反难

① 但该段原文首云“《晋书·卫恒传》云‘匆匆不暇草书’，乃最速者反云不暇”，中云“卫恒亦有《论草书》一篇，尤见结构之难”，末云“恒尚在羲之前”云云，细绎其文脉，似乎赵氏将“匆匆不暇草书”误当作卫恒的话了。反观虞文，此误似沿自虞。

> 而迟,失旨多矣。"可证伯英之"不暇草书"实指行草之草言,是斋臆说无据。(清咸丰11年恩养堂刊本。注)

我于赵、李二说,无间言矣。

尚须稍加补充申辩的,是虞兆漋文中提及的"子瞻所以讥之"一句。

按《东坡题跋》卷四《评草书》:

> 书初无意于嘉乃嘉尔。草书虽是积学乃成,然要是出于欲速。古人云:"匆匆不及草书。"此语非是。若匆匆不及,乃是平时亦有意于学。

虞氏所指当即此文。不曾想"此语非是"四字,说明东坡正是将"草书"作为书体而非草稿来理解的。然则东坡是否真的如上述诸人一样不赞同张芝此说呢?问题并非那么简单。东坡此处意在强调非功利心和无得失念在文艺创作中的重要性。他在《跋文与可草书》(《东坡题跋》卷四)中亦赞赏与可"落笔如风,初不经意"的创作态度,在《跋王巩所收藏真书》(同前)中又说怀素"其为人倪荡,本不求工,所以能工此"[①]。他对张芝的否定不过是从这一特定角度随机作出的,不能视作确凿不移之论。

何况文人作文,常凭兴会,辩才如涌、笔舌澜翻的苏东坡更是如此。其《王颐赴建州钱监求诗及草书》云:"留诗河上慰离别,草书未暇缘匆匆。"(《苏轼诗集》卷六,中华书局,1982年)《题王逸少帖》云:"为君草书续其终,待我他日不匆匆。"[②](同前卷25)不

---

① 启功先生《论书札记》云:"人以佳纸嘱余书,无一惬意者。有所珍惜,且有心求好耳。拙笔如斯,想高手或不例外。眼前无精粗纸,手下无乖合字,胸中无得失念,难矣哉。"(《论书绝句》附,三联书店,1997年)很有助于我们理解苏东坡的这个观点。

② 纪晓岚评:"题此诗必作行、楷,故末二句云然。"(《纪评苏诗》卷25,清同治八年刊本)

知虞氏曾否见此二诗，又当作何解释？

最后我们看姚鼐《论书绝句》五首之二：

笔端神动有天随，迅速淹留两未知。莫道匆匆真不暇，苦将矜意作张芝。（《惜抱轩诗文集》卷八，上海古籍出版社，1992 年）

按《庄子·在宥》："神动而天随。"郭象注："神顺物而动，天随理而行。"（《庄子集释》本，中华书局，1982 年）全诗大意说写字速度的迟速应顺从自然，主旨合于东坡《自评文》所谓"常行于所当行，常止于不可不止"（《东坡题跋》卷一），亦与东坡上述"无意乃嘉"说差近。所以他反对张芝"匆匆，不暇草书"的话，评此语为"矜意"。"矜意"之"矜"，既可理解为刻意、故意，又可理解为如赵壹《非草书》所斥的"矜技"，夸耀自负也。显然，姚鼐对这句话原义的理解亦是"匆匆，不暇草书"。他从一个新的角度去否定张芝的这个说法，自然有其道理，但却不是本文要谈的话题了。

注：钱钟书先生《管锥编·全晋文卷 30》（中华书局，1979 年）赞同李联琇对虞氏释"草"为"草稿"的批驳，但认为他举《非草书》为证属"似是实非"，"只齐末而不察本"，因为时人所云"适迫遽，故不及草"与张芝所云"不暇草书"并不同义，"夫张芝草圣也，赵壹推为'有超俗绝世之才者'，'不暇草书'之语乃芝自道良工心苦也；至'今之学草书者'学焉而尚未能，恐仓卒下笔而反失故我，遂以'不及草'为解。"

按，钱著素以明察秋毫、抉隐发幽为人叹服，然若此等辨张芝语与众人语异同处，似稍有索求过深之嫌。正因当时人与张芝水平悬殊，他们才一味邯郸学步，赵壹文中有"西施心疢，捧胸而颦，众愚效之，只增其丑"数句，本已明言这一点。他们是否真正明白张芝此语的深意固可存疑，但并不妨碍他们的鹦鹉学舌。就是说，他们的"适迫遽故不及草"应该是仿张芝"匆匆不暇草书"而发，二者语义是相同的。因此，李联琇以之作为张芝所指是草书而非草稿的佐证是有说服力的，谈不上"似是而非"，不存在"齐末而不察本"的问题。

顺便谈到,钱先生又认为《四体书势》所记张芝“下笔必为楷则”,“‘楷则’正指草书,非云‘不暇草’而作楷书,乃谓落笔不苟,足资法范。故‘韦仲将谓之草圣’;使下笔必为真楷,何缘被此佳号哉?”可以仿钱先生的方式反问:如果张芝凡下笔则必为草,“匆匆不暇草”之语自何而出?假使张芝所作果为草书而“落笔不苟,足资法范”,那只说明他态度的认真和技艺的高超,而不必然表明其必待不匆匆时方可作出“足资法范”之书。不苟不必然意味着不匆匆,二者不是同一概念。这样,促使他说出“匆匆不暇草书”的逻辑理由依然不见。故而关于“楷则”所指,我还是保留不同的看法。

至于钱先生“使下笔必为真楷,何缘被此佳号”的诘问并不难回答。“下笔必为楷则”者,极言其慎写草字耳,非从来不写之谓也。钱先生不是坚决否认自己是搞比较文学的吗?又有谁能不承认他是中国古今独步的比较文学大师!

《书法丛刊》2000 年第三期

我所理解的启功先生

1995年11月，北京师范大学举行“《汉语现象论丛》学术讨论会”。会议结束前，书的作者，一直正襟危坐、凝神倾听的老人从座位上站起来讲话。

老人微躬身体，表情很认真地说：

> 我内侄孩子小的时候，他的一个同学常跟他一块上家里来玩。有时我嫌他们闹，就跟他们说，你们出去玩吧，乖，啊？
>
> 如此几次，终于有一天，我听见他俩出去，那个孩子边下楼边很有些不解地问，那个老头老说我们乖，我们哪儿乖啊？
>
> 今天上午听了各位的发言，给我的感觉我就像那小孩，我不禁要自问一声，我哪儿乖啊？

这位老人就是我们熟悉的启功先生。

庞杂简要的启功先生

谈起启功先生的治学，他称自己是“庞杂寡要”。“庞杂”不妨看成自许，“寡要”应该改成“简要”。既“庞杂”，又“简要”，这话怎么讲？

我们看启先生的著述，不像一般的学者，选定一方水土，就持续不懈地精耕细作下去，而是凭着自己的兴趣，像一个贪玩的游客，哪里觉得有趣，就往哪里钻。他的研究涉及古代文史、语言文字、书画文物等多方面。是为“庞杂”。但是我们发现，除注释《红楼梦》（人民文学出版社）、参与校编《敦煌变文集》（同前）和点校《清史稿》（中华书局）外，他所有的研究成果基本包括在《古代字体论稿》（文物出版社）、《诗文声律论稿》（中华书局）、《论书绝句》（三联书店）、《汉语现象论丛》（中华书局）、《启功丛稿》（论文、题跋、诗词卷，同前）几书中。我们知道粮食追求高产的风气几十年前曾经刮过，学术追求高产的风气现在正在刮，而且大有愈刮愈烈之势，听说高校中常能见到扛着“科研成果”去评职称的现象。那么比较起来，启先生的“简”是不言而喻的。

至于“要”，我们可以举他两部专著来看。古代汉字形体方面，历来存在许多问题，尤其是文献记载的字体名称和实物中的字体形状往往分歧错互，给后代辨识古代文字、探索古代文字发展、判断某些文物或古籍的真伪造成很多困难。出版于1964年的《古代字体论稿》就此作了条分缕析、全面充分的论述，赢得读者广泛好评。而细数全书字数，不过区区三万余字！诚如陈金生先生的评价：“这是一本高容量的书，是一部由博返约的书。我认为这本书同时也可以作为写作方面的一个范例。”（《见多识广，由博返约》，《汉语现象问题讨论论文集》，文物出版社，1996年）我们又知道，汉语的声律也是一个纷繁复杂的问题，以其聚讼纷纭，有人以“马蜂窝”称之。启功先生奋身一捅，于1977年出版《诗文声律论稿》一书，而全书篇幅又不过四万余字。徐无闻先生曾向我夸赞，这薄薄的一本小册子，实已超过了另一位语言学家厚厚的一本同类著作。程毅中先生也说：“读到他的《诗文声律论稿》，打心底里佩服，觉得他已经把许多疑难复杂的问题轻松而巧妙地讲清楚

了。”(《〈诗文声律论稿〉读书报告》,同上)

听说近来国外女性时装流行“简约主义”,我不知道“简约”的“主义”是什么,但其中必然有一个“以简驭繁”、“以少胜多”的思想前提,没有这个前提,“简约”就无所谓可贵。当然不必说启先生的文风与国外女性时装趋势暗合,因为“辞约旨丰”、“以少许胜多多许”本来就是我们前人写作的一个好传统:“要辞达而理举,故无取乎冗长”(陆机《文赋》)!

启先生的治学道路是极富特色的。他是古代文史研究家,又是首屈一指的文物鉴定家,从六十年代起,便为各地博物馆收藏的书画碑帖作鉴定,足迹遍于全国。这样,他就能发挥自己兼擅二长的特殊优势,走一条他人力所不及的交叉研究的路子。

比如他写《碑帖中的古代文学资料》,就碑帖中有关古典文学的材料作了示范性的清理爬梳。这些资料可分三类,一是文学家所书自己的文学作品,二是书法家所书他人的文学作品,三是有关作家和作品的考证资料。这三类资料的作用又有四项,一是有助于作品的校勘,二是有助于集外的补编,三是有助于作家作品史实的考证,四是有助于创作技巧的研究。文中并对每一类资料和资料的每一项用途都各举实例加以说明。简单的一例如,樊宗师是韩愈非常推重的作家,原有文集 291 卷,但传至今天的只剩下《绛守居园池记》等两篇,都是几乎没法句读的怪文,所以现在对他的评价很差。而近年来出土了《樊涚墓志》,樊宗师撰文,文理平正通达,绝不那样艰涩。这不但可以补《樊绍述集》的不足,而且使我们见到唐代这位古文家的真面,对他的文学成就可以重新评价。

利用书法碑帖去促进古代文学和历史的研究,这在文物出土日富和资料检索方便的今天,无疑为人们开启了一个大有可为的新天地。

反过来看，启先生是一个文史研究家，也就决定了他对于书画碑帖的态度，与那些收藏家乃至古董商迥然不同，既非把它们当作矜奇夸富甚至待价而沽的珍宝玩物，也不仅仅局限于究其字画之艺术，拓本之先后，流传之经过，而是能够顾及作品本身内容的研究，不仅从中找出于己有用的材料，同时也发现人们视而未见的问题。

书法史上有一方著名的《怀仁集王书圣教序》碑，是唐僧怀仁根据序文所需，从当时所存王羲之字中挑选连缀而成，序后并附《心经》等其他内容。由于具有极高的艺术价值，历代学书者无不从中取法。然而在它作为著名法帖而被广为临习的上千年中，竟无人能察觉其文字上的白玉青蝇。在《题怀仁集王羲之书圣教序》中，启先生指出，唐译佛经，对音用字，俱极精审，“般若”之“般”不用“波”，“波罗”之“波”不用“般”，因为“若”字发音与“般”字元音一致，可以相接，正好用以表现连绵的梵音。而怀仁集书《心经》，于两句“波罗揭谛”咒语都作“般罗揭谛”，这在唐代石刻或写本佛经中均未曾见，此乃一不可解之事。又，《心经》是《般若波罗蜜多心经》的简称，“般若”意为智慧，“波罗蜜多”意即到彼岸，后世误以“多心”为词，遂有人将“多心经”连称。此碑《心经》尾题作《般若多心经》，可知怀仁亦有此误，此其二。从这两条错误的发现，我们不得不叹服启先生治学的心细如发和对佛典与音韵学的谙熟于心。

纵观启先生的治学历程，贯穿着一个基本精神，那就是脚踏实地，不为空言。今天已成为显学的敦煌变文研究，其变文的最早汇集本《敦煌变文集》就是由启先生同另外五先生共同编校，人民文学出版社1957年出版的，至今仍无一个更完备的本子能够代替[①]。解放后由作家出版社最早印行的《红楼梦》，也是启先生负责注释的。1957年人民文学出版社出版新版，启先生又将注释全部撰写过，增加新注很多，对旧注也大都经过纠正、补充、修改、删汰和重新编排。数十年来，人们使用的都是这个本子。《红楼梦》是一部体制恢宏的社会百科全书，可以想见，要对它进行注释，非博学君子实难措手。

长期以来，启功先生对汉语中的诸问题萦绕于心，陆续写成一系列文章。他自称这些稿子只是一堆问题，这些问题又多是从汉语呈现出来的种种现象着眼的，所以总名之曰《汉语现象论丛》。出乎作者意料的是，这本由"行外人"写的书一出，竟然引起"行内人"的高度评价。这些评价被结成《汉语现象问题讨论集》，由文物出版社出版。专家们惊异于作者对汉语有如此之高的感悟力，他的研究不是从理论到理论，从概念到概念，而是从现象到理论，从现象到规律。不管作者是否认可，他的努力实际是旨在建立完全从汉语事实出发、适合汉语特点的汉语语言学体系。这当然不是容易达到的目标，但可以肯定，这部新著以其广阔的视野、独特的方法，为人们开拓了汉语语言学研究的新思路。

启先生的文章，长可达数万言，短不过几百字。然而无论长短，无不从实处着笔，绝无大而化之之弊。前者如他的专著《古代字体论稿》、《诗文声律论稿》，后者如《启功丛稿·题跋卷》中收入的金石书画和文史题跋。这里举《池塘春草·敕勒牛羊》中的一段来看。

---

① 此段文字作于1989年。项楚先生《敦煌变文选注》（巴蜀书社，1990年）、黄征、张涌泉《敦煌变文校注》（中华书局，1997年）堪称后出转精之作。

“敕勒川，阴山下。天似穹庐，笼盖四野。天苍苍，野茫茫，风吹草低见牛羊。”这首广为传诵的《敕勒歌》，在文学史上是个争论不休的课题，争论的焦点大都在其为鲜卑语之汉译文，还是直用汉语所歌，对诗歌文本的探寻却反而忽略了。启先生另辟蹊径，以自己对诗文声律长期研究的敏感发现，其歌“下”、“野”为韵，“苍”、“茫”、“羊”为韵，韵脚由仄转平，和谐流走，唯“野”韵句式为三、三、四、四，“羊”韵句式为三、三、七，读之欠匀称，因而“庐”、“笼”二字中可能有一字为衍文，或者为急读之衬字。此说一出，中华书局柴剑虹先生发现明人胡应麟《诗薮》卷三引此诗即无“笼”字，证实了启先生用理校法得出的推断。从这里，我们不难再次领略启先生治学的慧心独具和求实精神。

对于《红楼梦》这部巨著，启先生也始终坚持一以贯之的踏实学风，凭借自己对清代旗籍人生活习惯的熟习和广博渊深的历史文化知识，提出令人耳目全新的独特见解。他在《文史》第 11 辑上发表的《注释〈红楼梦〉的几个问题》就是如此。

薛宝钗终于做了宝玉的配偶，一般人都从封建社会对自由恋爱的压迫、对人性的桎梏去尽情发挥，启先生却认为，这固然有悲剧故事情节的必要安排，也实有封建家庭的生活背景。封建家庭中，祖父尽管是最高权威人物，但对隔辈人的婚姻究竟要尊重孙子的父母的意见，尤其是母亲的意见，因为婆媳的关系是最要紧的。贾母爱孙儿宝玉，当然也爱外孙女黛玉，何况黛玉父母已死，贾母对她的怜爱，不言而喻会更多些。如果勉强把她嫁给宝玉，自己死后，黛玉的命运还要操于王夫人之手，贾母又何敢鲁莽从事呢？宝玉的婚姻既由王夫人做主，那么宝钗中选，自然是必然的结果。另外，从前习惯“中表不婚”，尤其是姑姑、舅舅的子女不婚。如果姑姑的女儿嫁给舅舅的儿子,叫做"骨肉还家",更犯大忌。血缘太近的人结婚,"其生不蕃",这本是古人从经验得来的结论,一直在民间流传着。本书的作者赋予书中的情节,又岂能例外!所以不管后四十回的作者是谁,我们也应该承认他的处理完全合乎当时的生活背景,而不是专为悲剧性质硬行安排的这种情节。

像这样从与众不同的角度所作的分析,只能令人敛衽无间言。

还可以说的一点是,启功先生的文章篇幅可长可短,体裁或文或白,却无不像一件件艺术品,珠圆玉润,灵光四射,从结构到措辞都精加磨炼而又臻于自然,"极炼如不炼,出色而本色"(借《艺概·词曲概》评古乐府语)。他的研究著述中除了对学术之真的追求外,完全贯穿着他的艺术中所体现的那种气质与性灵。可以说,他的学术研究就是他艺术创作的一种延伸,他的学术研究就是他另一种形式的艺术创作。

教外别传的启功先生

启先生是一个才思敏捷、自成风格的诗人。他在潜心书画艺术和文史研究的同时,一直不间断旧体诗词的创作。他的《论书绝句》(香港三联书店、北京三联书店)是以传统的绝句形式表达精辟的书学观点,《启功丛稿·诗词卷》则汇集了他数十年来诗词铭赞的创作。

翻开《启功韵语》的"自序",豁然在目的是这么几行:"这些语言,可以美其名曰诗,比较恰当,实应算是胡说。我们这族人在古代曾被广义地称为胡人,那么胡人后裔所说,当然不愧为胡说。"记得有人给人下的定义是"具有幽默和感受幽默这两种能力的一种动物”,如此说来,幽默便足以成为衡量一个人天资与智慧的天然标志。印证我所读过的书和结识的人,斯言实为不谬。从启先生诗词诙谐、幽默、生动、风趣的整体风格中,最能看出他超然、旷达、洒脱的人生观和历史观。

沧海桑田的历史,他是这样歌咏的:

古史从头看,几千年,兴亡成败,眼花缭乱。多少王侯多少贼,早已全都完蛋。尽成了,灰尘一片。大本糊涂流水账,电子机,难得从头算。竟自有,若干卷。　　书中人物千千万,细分来,寿终天命,少于一半。试问其余哪里去,脖子被人切断。还使劲,龂龂争辩。檐下飞蚊生自灭,不曾知,何故团团转。谁参透,这公案。(《贺新郎·咏史》)

性命攸关的疾病,他是这样对待的:

旧病重来,依样葫芦,地覆天翻。怪非观珍宝,眼球震颤,未逢国色,魂魄拘挛。郑重要求:病魔足下,可否虚衷听一言。亲爱的,你何时与我,永断牵缠。　　多蒙友好相怜,劝努力精心治一番。只南行半里,首都医院,似无特效,姑且周旋。奇事惊人,大夫高叫:“现有磷酸组织胺。别害怕,虽药称剧毒,管保平安。”(《沁园春·美尼尔氏综合症》)

夜梦初回,地转天旋,两眼难睁。忽翻肠搅肚,连呕带泻,头沉向下,脚软飘空。耳里蝉嘶,渐如牛吼,最后悬锤撞大钟。真要命,似这般滋味,不易形容。　　明朝去找医生,服本海拉明,乘晕宁。说脑中血管,老年硬化,发生阻碍,失去平衡。此证称为,美尼尔氏,不是寻常暑气蒸。稍可惜,现药无特效,且待公薨。(《沁园春·美尼尔氏综合症》)

坎壈不平的一生,他是这样评价的:

检点平生，往日全非，百事无聊。计幼时孤露，中年坎坷，如今渐老，幻想俱抛。半世生涯，教书卖画，不过闲吹乞食箫，谁似我，真有名无实，饭桶脓胞。　偶然弄些蹊跷，像博学多闻见解超。笑左翻右找，东拼西凑，繁繁琐琐，絮絮叨叨。这样文章，人人会作，惭愧篇篇稿费高。收拾起，一孤堆拉杂，敬待摧烧。（《沁园春·自序》）

中学生，副教授。博不精，专不透。名虽扬，实不够。高不成，低不就。瘫趋左，派曾右。面微圆，皮欠厚。妻已亡，并无后。丧犹新，病照旧。六十六，非不寿。八宝山，渐相凑。计平生，谥曰陋。身与名，一齐臭。（《自撰墓志铭》）

一种迷人的胸襟、眼识和性情，一种对生命与历史的俯视与醒悟，一种在这种俯视与醒悟中油然生出的气韵风神！

什么是诗人的风采？这就是！

以愚之浅见拙识，启功先生的诗风与聂翁绀弩最相仿佛，其成就亦正堪与其相比肩。而环顾当代旧体诗坛，亦正以此二公为最富特色、引人入胜也。程千帆先生评聂翁诗："作者是诗国中的教外别传，正由于他能屈刀为镜，点铁成金，大胆从事离经叛道的创造，焕发出新异的光彩，才使得一些陈陈相因的作品黯然失色。"（《读〈倾盖集〉所见》）我以为完全可以移评启功先生的诗。

最后我要以肃敬的心情提及的是组诗《痛心篇》。

结婚四十年，从来无吵闹。白头老夫妻，相爱如年少。

相依四十年，半贫半多病。虽然两个人，只有一条命。

…………

谨按启功先生夫人姓章，讳宝琛，1975 年逝世。《痛心篇》20 首，乃作者于其两次病笃和去世之后所作。诗中一反悼亡之作的陈词滥调，用最普通、最朴素的语言，表现出与亡妻之间生死相依的深厚感情以及丧妻的巨大悲恸。更感人的是，作者的诗句不仅是用笔写在纸上，更是用心写在世间。丧妻至今，先生一直鳏居，10年前还有《赌赢歌》问世，盖先生夫人生前与先生曾有再娶之戏言也。

从这组诗篇中，我们分明发现了启功先生的另外一面，在他那陶然于心、超然于物的人生态度的深处，是否还隐藏着一种其他的什么东西呢？而这种东西似乎也是我们许多人所缺乏的。

平易通达的启功先生

在当今这个时代，架子与地位成正比的人多，架子高于地位的人更多。启先生却反是，可以用“名声高，门槛低”六字来概括。一年四季，启先生家中几乎天天宾客盈门。求教的、访问的、谈工作的、要字的，甚至什么事也没有，就爱来听听启先生聊天的。什么样的朋友他都有，什么样的人都能见。家中客常满，常常是后到的得等前一拨走后才有容身之地。来访者中固然也有不足与言者。一次一个不速之客落坐便道，我是某某收藏家，某某的字我已有了，现在还缺你的。也不要太多，来个一大张一小张就行。“碰到这种人，能把你鼻子给气歪了。”但更多的时候，他的兴致比客人还高，满屋子只听见他一人笑吟吟地在那儿侃侃而谈。你可别说这是“大名人”有意作出的“平易近人”，要知道，启先生本来是一个多么健谈的人！

听启先生聊天，与读他的文章有一种相同的感觉，即他避人之已言，道人之未言或不能言，观察问题的角度很新鲜，思路很独特，同时持论包括语言表述又很平易通达，不仅不偏不激，有时简直让人觉得过于浅白。他最反对那种神神秘秘的观点和琐琐碎碎的理论。书法史上历来被人津津乐道的各种各样的技法，他不屑一顾。比如执笔法，他常说，没听说有挟筷法的，怎么方便把菜饭送进嘴里，就怎么挟。写字的道理为什么不同样，怎么写得顺手，怎么写得好，就怎么执呢？这几年讨论文学史的写法，闹得不亦乐乎。有人征询启先生的意见。他总有一句话奉送："你爱怎样写就怎样写！"

但最让我的心灵受到震动，使我久久不能忘怀的，读者诸君不会想到，竟是一句最最普通的大白话。那是入学后不久的一天下午，我带着在一张报纸上临写的《冯摹兰亭序》去给他看，他坐在桌边，就着我的毛病为我讲书法。那时毕竟同启先生不太熟悉，听着老先生兴致很高，娓娓而谈，我既兴奋，又不免有些拘谨。可慢慢地，我的拘谨感不知不觉间消失了。因为他讲的内容太实在了，一点没有玄虚的成分。他讲他认为结字之重要在乎用笔之上；讲每字有四中心，而非通常所谓的一个中心；讲书法结构的黄金分割说；讲结构的一些基本法则，如横平竖直是不可能的；三横划上二横紧下一横松，三竖划左二竖紧右一竖松；写楷书最好加点丝结，带点行意，等等。这些可不是教条，是启先生大量分析前贤诸家的字后发现的规律，其中也包含了自己数十年临池实践的体会。

而且启先生的讲解那样生动，我问既然欧、褚、颜、柳都符合"四个中心说"，这几家的面目为什么各不相同呢？启先生回答，我们都是人，人的骨骼基本是相同的，但每个人脸形各异，胖瘦不一，穿的衣服也各色各样，所以就不同了。一批人个子有高有矮，但坐在一条长凳上，从屁股到肩基本是一样的，高的人是在腿长，妇女是在颈脖长、眉眼细，如此而已。这么一打比方，比正面的解释还要清楚，给人的印象深极了。

可最让我心灵受到震动的一句大白话是什么呢？他接着跟我说，我平时上街，见到街上的牌匾，看到某一个字好看，就停下脚步，琢磨琢磨它为什么好看，噢，原来这一笔是这样写的，以后就知道了。

他说时语调那样平常，表情那样自然，而我却简直愣住了。在我面前的，是一个什么样的人物啊？大名鼎鼎的启功先生，海内外知名的书法大家！多少人提到他的名字肃然起敬，多少人为获得他的一张法书梦寐以求。就是这样的一个人物，竟然会在大街上停住脚步，为的是看别人的字是怎么写的？而且他不仅这么做了，还能将它说出来，并且说得那样坦然，不觉什么“丢份”，也不是故作谦虚，一点矫情的成分都没有！

在刹那间，我的脑海里翻过很多想法。《老子》说：“江海所以能为百谷王者，以其善下之，故能为百谷王。”启先生没有想过作什么“百谷王”，也没有因为想当百谷王而有意去“下之”。启先生所以能成为“百谷王”，当然更不是仅仅由于能够“下之”。但是在我的感受里，就是那句话普通的大白话，淋漓尽致地吐露出一个真正的“百谷王”的底蕴，同时也启发我们去思考许许多多的东西，关于艺术，关于学术，关于人生的……

很多年以后，我读到启先生一篇文章，那是载于《文物与考古论集》的《书画鉴定三议》，当中有这么一段话：

> 我听到刘盼遂先生谈过，王静安先生对学生所提出研究的结果或考证的问题，常用不同的三个字为答：一是“弗晓得”，一是“弗的确”，一是“不见得”。王先生的学术水平，比

> 我们这些所谓“鉴定家”们的鉴定水平，恐怕谁也无法说低吧？我现在几乎可以说：凡有时肯说或敢说自己有“不清楚”、“没懂得”、“待研究”的人，必定是一位真正的伟大鉴定家。

我才恍然大悟，不仅启先生为然，一切成大事业、大学问者，其所从事的专业或有不同，所走的道路或有相异，其自身所具备的质素，的确是有着共通之处的！

谑而不虐的启功先生

学者和艺术家是不同的。这当然不是指从事专业的不同，而是指个性风格的差异。典型的学者，长在于严谨踏实，短在于刻板凝滞。艺术家则反是，激情有余，常嫌流于做作。但是我有这样一个强烈的印象，启功先生的性格中兼有学者的儒雅和艺术家的洒脱，却绝无学者的板滞和艺术家的狂诞。并且我敢肯定，凡是熟识启先生的人都会和我有同样感受的。

不知启先生同不同意，我冒昧地给他归纳了两点：聊天像做学问，做学问像聊天，当学者像艺术家，当艺术家又像学者。这话怎么说呢？凡是听过启先生闲聊、读过启先生的文章、看过启先生写字的人，都会明白。

每次听启先生聊天，我都忍不住要惊叹他惊人的记性、广博的知识、明晰的思维和强大的说服力；看启先生写字，才知道“启体”那特有的遒媚、隽永，是在多么认真的态度、严肃的神情中创作出。那字字精警中显示出来的深厚功力，岂是藉口才思横流而乱涂乱抹的“花架子”可比。

而读他的文章呢，感觉却全然相反。虽然他的文章不乏精严的构思、新颖的观点、新鲜的知识、独特的思路，但更迷人的是那生动的语言、流转的机锋、曲折无不尽意的漂亮的文笔，压抑不住地透出一种轻松，一种机敏，一种飞扬的才气，充分显示出作者本人豁达、诙谐的天性。读启先生的文章，仿佛对面听着启先生笑吟吟地在那儿妙语联珠、谈笑风生，作者的性情、声气乃至写到得意处那种破颜偷乐的表情都宛然可见。不贤识小，就我个人来讲，最让我欢喜赞叹的地方就在这里。

你看他分析汉语特点的一段文字：

> 词的用字可以伸缩加减：重字叠词，可以加强语气，这已不待言。减字加重语气，也常有的。如否定对方一个论点，应该说“不能”、“不是”、“不然”……时，急切中只说一个字“不”，先顶住对方，然后再加申述理由，这些都是与环境语气有关的。如：“你做完功课了吗？”“没！”小孩这样回答，大人听着觉得幼稚可爱。但老人见面说：“你的喘好些吗？”“没！”这准是喘的说不全这句话了。（《古代诗歌骈文的语法问题》）

再看讲述碑帖的一段文字：

> 还有一种叫墓志，也是一大宗。坟里埋块石头，写上这人是谁，预备日后坟让人不知道是谁了，挖开一瞧，人家好给他埋上。这用意是很天真的，没想到后来人家正因为他坟里有墓志，就来挖他的坟。这情形多得很。（《金石书画漫谈》）

再看批评古人的一段文字：

> 包慎伯云：“用笔之法，见于画之两端，而古人雄厚恣肆，今人断不可企及者，则在画之中截。”又云：“试取古帖横直画蒙其两端而玩其中截，则人人共见矣。”充此说也，则板凳、门

闩、房梁、枝干，无不胜于古帖之横直画。若铁轨绵延，累千万里而不见两端，惜慎伯之不及见也。(《跋〈艺舟双辑〉》)

再看调侃自己的一段文字：

其中所论，有重复，有矛盾，亦有忍俊不禁而杂以嘲嬉者。或以此病相告，乃自解嘲曰：重复者，为表叮咛，所以显其重要性也；矛盾者，以示周全，所以避免片面性也；嘲嬉者，为破岑寂，所以增其趣味性也。(《论书绝句一百首引言》)

这些顺手牵出的幽默与讽刺以典雅而活泼的语句出之，正可谓“善戏谑兮，不为虐兮”，在启功先生的著作中比比可见。夜阑人静，灯下每读至此，不禁拊髀而笑。可这些又岂仅仅是博人一粲的玩笑？其中蕴含的学识人所易见，会心的读者难道不能从中体味到一种诗人的气质，一种哲人的眼识，一种通人的胸襟？在这里，学养固然是重要的，光有它又远远不够，从某种意义上说，学养可以日积月累，“取之有道”，气质、眼识、胸襟更多的却是关乎人的心性与禀赋，“求之无方”。

幽默是一个人天资、智慧的天然标记，谁又能说不是一个人自信、充实、乐观、坚强的人格美的外在表征呢？

好之者不如乐之者的启功先生

当今学界，比较值得提出的有两类人，一类是什么时髦写什么，写什么似乎就真的懂什么（而不是相反，懂什么才写什么，写什么就能让什么变得时髦），下笔雌黄，放言高论，以通人自居，以新一代学术领袖自视的学者；一类是甘坐冷板凳、不求闻达、孜孜矻矻、皓首穷经的学者。前者当然可以称为“做学问”，只是这里的“做”多少有些近义于“做戏”的那个“做”。他们是将学问当成一种达到某种目的的工具,因此总有一种“做”给人看的感觉;后者可以说真正是在做学问,他们为学术献身的精神的确令人敬佩。他们是将学问当成了一份工作,非常的敬业,但他们这种做学问的过程以及这种学问的物化形态——著述,都不能将做学问的快乐传达到读者心中,让读者产生共鸣。

这两类人的境界是大不相同的,但硬要寻其相通的一点,那就是都少了一些真性情,不是古人常说的那种“性情中人”。

启先生给人的感觉则大有异于是。我们知道,启先生是当代权威的书画鉴定家,又是当代书法界享有盛誉的书法家,又是当代卓有成就的文史学者和独具风格的旧诗词作家。他研究诗文,又创作诗文,研究书画,又创作书画,是研究和创作的两面手,又是涉足学术界和艺术界的双栖人物,那么,我们自然可以称他为艺术家,称他为学者了。但我觉得,与其说他是在“搞艺术”、“做学问”,不如说他是在“玩艺术”、“玩学问”。

这个“玩”字常常不被看成好词儿,我为什么会用上这个词呢?让我们先看一首他写的《贺新郎》吧:

> 癖嗜生来坏。却无关,虫鱼玩好,衣冠穿戴。历代法书金石刻,哪怕单篇碎块,我看着、全都可爱。一片模糊残点画,读成文,拍案连称快。自己觉,还不赖。　　西陲写本零头在。更如同,精金美玉,心房脑盖。黄白麻笺分软硬,晋魏隋唐时代。笔法有、方圆流派。烟墨浆糊沾满手,揭还粘,躁性偏多耐。这件事,真奇怪!

一个沉迷于金石书法的艺术家天真不泯和无限丰富的精神世界,活灵活现地展示在我们的眼前。这样的人,这样的精神境界,“我看着”,崇敬、景仰、钦佩、艳羡,说什么都不会错,首先却不是这些,首先是——这里用得上启先生词中的词儿了:“可爱”。

还可以读读这一组诗:

深灯醉眼尽模糊,春草诗心倦更无。夜半长吟邻舍骂,敛将酸涩入圆珠。(《自题画葡萄》)

窗下余膏夜半明,当年校史伴孤灯。可怜剩墨闲挥洒,块垒填胸偶一平。(《题旧作山水小卷》)

斗室南窗竹几竿,曈昽晴日不知寒。风标只合研朱写,禁得旁人冷眼看。(《自题画竹》)

白露横江晓月孤,篷窗断梦醒来初。荷香十里清难写,昨夜沉吟记已无。(《题画白莲》)

瓶里孤花户外桐,绿阴扶梦醉颠翁。日斜睡起浑无事,淡墨横吹纸上风。(《睡起作画漫题》)

作诗作画时的适意,作出好诗好画的快意和按捺不住的得意,自然、真切、毫不做作地流露出来。从这里可以知道我所谓“玩”的意义了。孔子说:“知之者不如好之者,好之者不如乐之者。”(《论语·雍也》)对于文艺创作,对于学术研究,启先生就是孔夫子说的这么一个“乐之者”!

这里所谓“乐”,不仅可理解为“乐于”,而且有“快乐”的含义。准确一点,也许该这么说,艺术、学问在启功先生是发乎本心的需求,是他学养与心性的综合外现,已成为他生活的一种方式,生命的一部分。如同水之于鱼,蓝天之于鸟,他能从那里寻得盎然的乐趣,并在创作和研究的过程中充盈着这种乐趣。这样,我们读他的艺术创作,如书画、诗歌,能感受一种人文的力量;读他的文章著述,能获得一种艺术的美感。他的为学与为艺,究其精神实质,实在是一脉相通的！

启先生夜半吟诗而招致“邻舍骂”，我则夜半搦管而担心“先生骂”。因为在我看来，启先生就是《老子》所说的“善为士者”：“古之善为士者，微妙玄通，深不可识。”以我之拙笔浅识，来写“深不可识”的启功先生，必然不能形容他博大的精神世界于万一。但《老子》接着又云：“夫唯不可识，故强为之容。”所以我谨遵老子之指示，如此这番地“强为之容”——恐怕只算是“强聒不休”吧，不知能得到老先生的印可否？

合《古典文学知识》1990 年第二期、
《读书》1990 年第 11 期、
《人物》1997 年第三期、
《文史知识》1999 年第七期四文

“多宝道人”王利器先生

好像进了“‘王’将军之武库”

知道王利器先生的名字，是我还在四川大学做学生的时候。那时候常听到老师和老师的老师们提起他们这位毕业于40年代初的师长和同学，只知道他住在遥远的北京，是我们学校值得骄傲的一个学者。

慢慢地升入研究生，开始懂得去图书馆看看课外书了，也开始多少留意一点报刊上的文章，才知道不得了，怎么到处都能见到“王利器”的名字。尽是砖头厚的书不说，还尽是出自中华书局、文学古籍刊行社、人民文学出版社、上海古籍出版社这一类顶呱呱的出版机构。

更让人感觉奇怪的，明明知道他是人民文学出版社的人，看他的文章，却一会儿署“北京大学历史系教授”，一会儿署“中国社会科学院世界宗教研究所研究员”，我便好生纳闷，难道这位老先生是个云游僧不成？自打解放以来，我们国家不兴自由兼职的呀，提倡的是螺丝钉精神，把你安在哪儿，你就在哪儿发个几十年的光去吧。这位老先生何以独能例外？

等到有能力看看他这些书的书名，翻翻他这些文章的内容，那就更不得了。按常理说，要知道一个人的学术门径，去看看他的著作就会明白。可我看了王先生的著作,却不得其门而入。从范围来说,从先秦到明清,从经史子集、佛道二藏到戏曲小说,无所不赅;就方法而言,辞章、理义、考据,文献整理、理论研究,新旧兼备。真正是进了“王”将军之武库,让人眼花缭乱了。

还让人不得不佩服的是,王先生有好几副笔墨,面目迥然不同。他的那些个大部头的“校注”、“集解”、“辑稿”,遍搜群籍,详加按断,字字有来历,句句见出处,是典型的乾嘉学风,汉儒作派。遑论内容,单讲文辞,即便到了今天仍让我常兴“莫测高深,不知所云”之叹。可他的散文或随笔却大不如此。《中国现代社会科学家传略》(第二辑,山西人民出版社,1982 年)中载入他的一篇自传,开头一段道:

> 江津杜里西南,有山横亘于其间曰骆骕,以其形似骆驼得名。綦江自东南来,经山麓北流,两岸盛产黄柑,就是驰名中外的江津广柑出产地;每当开花季节,浓香扑鼻,人行其间,不出百步,就醺醺欲醉了。笋溪自贵州桐梓来,经骆骕山西麓,迤逦向北流去,两岸则盛产慈竹、水竹、苦竹、斑竹,一簇簇地望不到尽头,溪因以得名。綦江与笋溪合流于羊满嘴,北流至江口入大江。骆骕山余脉自南而北,走向和笋溪相同,至福来山截然而止。登福来远眺,四围山色,若隐若现。东望浮图关,其下则邑人彭大雅所筑之重庆城也;南望虎脑山,其下则虞允文题“刚直御史”杜莘老之墓也;西望黑石山,则白屋吴生葬诗魂之处也;北望圣泉寺,则有明刑部侍郎江渊读书之地也。山川炳灵,往哲挺生,每一登临,令人油然而生向往之心。福来山脚,笋溪河边,老屋数椽,那就是我的老家之所在;盖自始祖于清初移民入川之际,从湖北麻城孝感乡来卜居于

此，到我这一代，已经十世了。

文笔摇曳，笔端含情，字面上只是对故乡形胜与乡先贤客观的描写，内心深处的眷念之情与自豪之感却昭然若揭。“东望”怎样，“西望”怎样，“其上”如何如何，“其下”如何如何，颇有些司马长卿《子虚赋》的味道。而若论其文辞典雅而不繁复，语气舒缓而不夸张，似还有以过之呢。

后来有幸得识这位乡前辈，才知道王先生这副不同于学究体的文笔却是其来有自。他幼年即从家塾老师学作诗文，从写诗、填词、做骈四骊六的律赋到对对子，都经过严格的训练。有一次塾师出题目曰《赋得浔阳琵琶》，以“同是天涯沦落人”为韵。他开头写道：“江心月白，人面花红。”老师在这儿圈了又圈，还眉批道：“一起全神在握。”备加赏誉。

又有一次做诗，题是《春归》，老师对末二句“满地落花红不扫，尚留春色在人间”又是一滚圈下去，并加评语云：“一结有俞曲园‘花落春犹在’之意。”并告诉他曲园老人以此句名于时，故以“春在堂”名其书斋。从此他才于《四书备旨》、《赋学正鹄》之外，始知有俞曲园其人。

数十年后的1946年，王先生到北京大学中文系任教，有一节课与俞平伯先生同时，与俞先生在教员休息室见面时，他以几十年前的这桩情事相告，并说直到最近才把《春在堂全书》配齐。俞先生既感动又惊诧，说：“没想到您还是曲园老人引导入门的呢。”从此往来就日益密切了。

"古之学者为己,今之学者为人"

王利器先生1912年腊月初十日出生在四川江津,从念私塾开始,到中学毕业为止,在这"山川炳灵,往哲挺生"的土地上生活了20多个春秋,度过了难忘的青少年时代,接受了良好的教育,为日后走上治学的道路打下了坚实的基础。

在长达一个甲子的岁月中,这位学者不负家乡对他的养育之恩,用辉煌的成就回报家乡一份份厚礼。犹记当我第一次翻开中国社会科学出版社1983年出版的《文境秘府论校注》,见到每卷目下赫然标着:

日本国金刚峰寺禅念沙门遍照金刚撰

中华人民共和国四川江津王利器校注

的字样时,内心油然升腾起一种神圣庄严之感,同时也被老人缠绵一生的乡梓之情深深感动。而1991年8月号的《中华英才》同时刊出了对两位江津老人图文并茂的采访,一位是王利器先生,另一位是中华人民共和国的开国元勋聂荣臻元帅,这又不禁使人想起《左传·召公二十四年》"太上有立德,其次有立功,其次有立言,虽久不废,此之谓不朽"的至理名言。

但是,欲以"立言"而至于"不朽",又岂是轻巧之事,易致之举?有谁知道它凝聚了王利器先生多少辛勤的劳作与汗水!

1931年,青年王利器就读的江津中学迎来了他们的新校长吴芳吉先生。吴先生是一位著名的诗人,人称"白屋诗人"者是也。同时也是一位勤学而有成就的学者,在当时与吴雨僧(宓)齐名,并称二吴。他的寝室就在王利器所在三年级宿舍的对面,同学们每天都能看见半夜里他窗户亮起的灯光。吴校长也要求全体学生同时早起自习，灯光相映，书声琅琅，将之称为有朝气。

王先生正是在这里养成了早起的习惯，从此60年来如一日，每天迟不过四、五点，早则二、三点，当人们从甜美的梦乡中醒来时，他已经端坐在书桌前工作好几个小时了。1940年他考入北京大学文科研究所，在那里又养成了每天拿半天来写论文，半天读未见之书的习惯，哪天耽搁了，心里便不了然，好像欠了一笔债似的。

王先生治学不仅勤奋，而且极为严谨。我们只看见他一本接一本的专著问世，称他为多产作家，却不知他的每一本书和每一篇文章都不仅不曾率尔为之，很多还是倾其十数年甚至数十年时间方克于成。

还是在川大中文系当学生时，王先生在系里诸先生指导下攻读《风俗通义》，并完成了30来万字的《风俗通义校注》稿。但等到正式出版，竟是在40年后的1981年了，其字数也增至近40万言。在这年由中华书局出版的这部书的"叙例"末，明明白白地记录着作者最后修订它的时间："1979年国庆30周年纪念日"。如果再翻开中华书局1992、1993年出版的《盐铁论校注》和《颜氏家训集解》，其"前言"和"叙录"末也明明白白地写着："1966年国际劳动节初稿，1979年国际劳动节二稿，1989年国际劳动节三稿"，"1955年5月初稿，1978年3月5日重稿，1989年3月第三次增订"。在今天这个浮躁不安和急功近利的世界里，这是多么匪夷所思的事啊。

君不见，当我们走进书店翻翻那些五花八门的书的"后记"，不难看到的是"本书在半年/三月/一月中匆匆完成"之类的字样。这些作者不以为这是对学术不负责的表现，还借此炫耀自己才思的敏捷呢!“古之学者为己,今之学者为人”,现而今的事情确实与旧时大不相同了。

“呼我为牛吾应之,呼我为马吾应之”

我们都知道这几十年以来知识分子的经历。王利器先生又岂有能力独逃于他那一代知识分子所遭受的命运之外?

1943 年他在北大文科研究所毕业后,应邀回母校川大协助办理文科研究所,工资定为 330 元,生活相当优裕。1946 年又应邀回北大执教,被聘为高级讲师,月薪仍为 330 元,与教授的待遇相差无几。王先生回忆那段时期的生活说,那时家属尚未来京,他在学校吃单身包伙,每个星期只需八角,吃得很好。那时的钱一方面用来买书,一方面用来接济他人。

“抗战胜利后四川来北平的青年学生很多,他们有时来借钱,借啥子哟,每月给个三、四元,生活费就解决了。”

当时旧书店经营发生困难,政府拨钱购书,以示支持。此事张政烺先生经手,他托张先生购进不少好书。记得最清楚的一种,是用一条黄金买得日本影印宋本《世说新语》,“我说想买这套书,他说好,告诉书店,书店马上就派人送来了。”

解放前夕,国民党把平津两地的部分知识分子分几批抢运到南京,列在名单上的人随时等候通知,哪天通知哪天走。胡适当时是北大校长,列在第二批,是从校长办公室直接接走的,走时桌上还留着《水经注》的稿子。第三次抢运时,城外机场已经解放。国民党想办法,准备将东西长安街的牌楼拆了,把街道拉通当跑道,起落飞机。北平的文化人都起来反对,不许国民党破坏文物,实际上是不愿跟着国民党跑，所以飞机最终未能降落在长安街上。

王利器先生的名字也列在了名单上。他八叔父的内弟刁素贞是国民党空军后勤处处长，在这之前就几次动员他走，说局势不好，用飞机送他，或到重庆，或到南京。王利器回答得很干脆，我与北大同仁同进退，哪里也不去。

王先生一家，解放前住在红楼内，50 年代初搬到东四十条北大教授宿舍，共住七间房。那里原先是和硕纶亲王府，有一块“翠芳别墅”的牌匾挂在他们家的门上，启功先生还曾经向他讨过这块老家的牌匾呢。他们前后的芳邻，有向达、容肇祖、张政烺等，那时的日子是平静而惬意的。

1953 年他奉命调到人民文学出版社工作，不几年，如同其他知识分子一样，厄运不可逃避地降临了。在 1957 年开始的那场“反右”运动中，王利器被戏剧性地划成了右派。

他还清楚地记得，第二天这场运动就要结束了，头一天晚上，党委的人请他去，转着圈儿说了一通话，中心意思是我们社右派的名额还差一个，党委讨论后，决定由你来当。王利器先生当时的回答今天看来也同样“幽默”，他说，“你们晓得我不懂政治的，听组织安排吧。”右派这就算当上了。

1980 年，社长严文井主持大会，说划错了，为王先生平反。并在会上透露了一段内幕。当年社里决定“推举”王先生做右派的时候，严文井说，“我看老王不像右派嘛。”当场有人说，老王不像，我看你才像！“这样，我还能说什么呢？”

因为反右活动第二天就结束了，王先生这个右派总算没有吃皮肉之苦。但接下来一系列的影响是不可避免的：他的工资开始大幅度下降，直至最后只发给少量的生活费。住房也从七间一减再减，最后变成了一间。“文革”时家里更成了造反派光顾的场所，附近中学的小将们更是常来打劫，看到什么感兴趣的东西抄起就走，动辄还要现钱。后来在美国普林斯顿大学获得博士学位的幺儿贞平当时在跟郁风学画，又在捣鼓无线电。中学生们一天来到他家，用一只床单将他的东西一股脑儿席卷而去，害得孩子哭了好多天。

更让人痛心的，是王先生的三万册藏书、20 多个敦煌卷子和凝聚着他几十年心血的数万张卡片。80 年代落实政策时，退还给他的书籍不足一万册，敦煌卷子只剩下了八个，而他向当年搜查他家的打砸抢者清问卡片的下落时，他们第一句话告诉他，“你的那些小纸片我们一张也没要。”王先生一阵高兴。紧接着第二句话，“全送给造纸厂去造还魂纸了。”

“当时我就哭了。”老人说。

还特别值得提出的一件事，是我在王先生被发还的书籍中看到了这样两套书，一套是日本江户刻本《管子纂诂》，一套是康熙 34 年刻本《寄园寄所寄》。前者每册的封面和卷首都钤着一方“江青藏书之印”，后者卷首下原钤有“王利器印”、“藏用”两方姓名印，而就在书主人姓名印上端的书眉上，又赫然加盖了另外两方名章：“康生之章”和“康生”。

“还有更稀奇的呢”，王先生说。“我的另一套书，雍正年间序刻本《西厢记》上也多了康生的两方章，一方是他的名章，还有一方你猜是什么？是‘天下为公’！这真是不知天下有羞耻二字，以至于斯！”

又特地叮嘱道：“这件事我早就想公之于众，不然的话，以后谁看见这些不语先生，再说我跟这些人有关系，那真是跳进黄河也洗不清的。”

我跟老人开上了玩笑:“王先生,看来你现在已经蛮懂政治了呢!”

不用说,这样的岁月使王先生的学术研究受到了相当大的影响。他自称原先是不观秦汉以下书的,50 年代初奉调到出版社后,在郑振铎领导下整理《水浒》一书,几十年来人民文学出版社印行的三卷本《水浒全传》就是他点校的。同时他还以解经的方式为《水浒全传》作注,这在治小说的历史上是前无古人的创举。其书部头之大,超过 200 万字,在 50 年代中期即已交人民文学出版社,并已排出校样。但由于意外地做了右派,稿子自然撤了下来。

今天右派的问题不存在了,新时期又出现了新问题。在市场经济的大潮下,经济效益成了主要矛盾。稿子在几家出版社盘桓了若干年后,最终又回到了主人的手里,至今还躺在 85 岁老人的书柜里呢。

正是在这样的岁月里,王先生锲而不舍、坚忍不拔的治学精神得到了充分的发挥。

用王先生自己的话说,塞翁失马,焉知非福。右派的帽子使他得以从当年繁重的编辑事务中解放出来,从此含垢忍辱,苟全性命于乱世,在人不堪其忧的环境里,闹中取静,安之若素,朝斯夕斯,专心一意,就是文章著作遭受禁锢,也从不气馁。十年内乱中,不管说他是白专道路也好,反动学术权威也好,他都诺诺连声,唯唯听命,“呼我为牛吾应之,呼我为马吾应之”,不仅以此幸免于难,也以此换得了宝贵的写作时间。叫他去陪斗“受教育”,提他去“过堂”,甚至把他住处的地板都撬开了,墙壁都凿穿了,片纸只字都搜光了,直至把他关了四年的牛棚,他都泰然处之,随遇而安。

每当那些不可一世的人要他交代问题的时候,他枯坐冥搜,煞有介事,其实思想早已开了小差,去悬想在学术上没有解决的问题了。

这样,当阴霾驱尽,旭日重升,他的问题也像他鹤发童颜的面目一样大白于天下的时候,他竟一连交出去10多部稿子,它们是:《盐铁论校注》增订本、《风俗通义校注》、《颜氏家训集解》、《文心雕龙校证》、《文境秘府论校注》、《郑康成年谱》、《李士桢李煦父子年谱》、《宋会要辑补》、《历代笑话集续编》、《元明清三代禁毁小说戏曲史料订本》、《九籥集》校点本、《警世通言》校点本、《越缦堂读书简端记》等,约有六、七百万字,还不断发表单篇论文,差不多每月都有,后来结成《耐雪堂集》(专收有关《水浒传》、《红楼梦》的文章,多雅致的名字!)、《晓传书斋文史论集》(以书斋名名书,所谓“书为晓者传”也)、《王利器论学杂著》三书,分别由中国社会科学出版社、香港中文大学出版社、北京师范学院出版社出版。最近,又有一部《葛洪论》将在台湾出版。有人问他“奥妙何在”,他说:“完全没有啥子奥妙,就是这些年来,我本着锲而不舍的精神在干,他们搞他的,我搞我的,如此而已。”

最能体现这种锲而不舍精神的,是他对《吕氏春秋》一书的研究。

也是在大学期间,在治《风俗通义》的同时,王先生便开始了《吕氏春秋》的研究工作。大学毕业进入北大文科研究所后,又选定以注疏该书作为毕业论文,取名为《吕氏春秋比义》。比义者,考校众说,以见其义也。三年后毕业时,积稿盈帙,竟逾200万字。1946年,送至南京交教育部审查,准备授予学位。寄出后北平围城,从此下落不明。直到1982年春,海峡两岸交通稍频,才有机会从台北“教育部”打听到当年由原中央大学李笠教授担任审稿人。

可是再一追查，李教授如同无数教授一样，在丙午浩劫中家抄人亡，家中也一无所剩了。几十年来所抱的一线希望，至此彻底破灭。此时的王先生已年届古稀，这样的消息给他带来的沮丧是可以想见的。

但王先生并未就此罢休，而是下定决心，以争朝夕的精神拿起笔来，夜以继日，从头做起！当又是十几个寒暑飘然而逝的时候，又一部200万言的稿子写成了！并且，在国家古籍整理出版规划小组的支持下，这部在长达半个世纪的时光中命途多舛的书稿有望在年内面世，这是多么令人高兴的事啊！

“多君致力勤，校注良不苟”

王先生不仅著述丰富，而且每一部都有很高的质量。就以他生平第一部著作《风俗通义校注》来说，将时光拉回半个世纪前的1940年，那时他在四川大学毕业，正遇上重庆政府教育部举办第一届大学生毕业会考。学校将他的这部毕业论文推荐去参加，没曾想竟然得了满分，教育部除给本人颁发“荣誉学生”称号，将其姓名在当时大小报纸上公布，并发给一大笔奖金外，也给予学校以隆重的奖励，那就是特许川大开办文科研究所。

这部稿子也使他同中国学术史上另一位鼎鼎大名的人物傅斯年先生发生了联系，从此为现代学林留下了一段佳话。

那是在他大学毕业的当年，适逢北大文科研究所招生，他将这部给他带来盛誉的书稿寄到昆明（战时北大文科研究所在此）去报考，由于邮路不畅，接到要他去重庆中英庚款管理委员会参加考试的通知时，已过了考试日期。

他抱着一试的心理到了重庆，中英庚款管理委员会的人告诉他，“等了几天不见你来，已把试卷交到中央研究院去了，你去傅斯年先生那里问问看。”中央研究院总干事、历史语言研究所所长、北京大学文科研究所所长傅斯年见到他说：“你来了很好，试卷还在我这里，你就在我的办公桌上答卷吧。”

刚坐下来打开试卷，日机轰炸的警报响了。傅先生连忙来说：“走，进防空洞。”不一会儿，警报解除了，出来又趴在桌上答题。上下试场如是者七次，题目才答了几行，已到中午12点了。傅先生说，去吃饭。

席上已有两人，一位是中央研究院院长朱家骅，一位是四川大学原校长任鸿隽。傅先生向他介绍朱先生，他说“久仰，久仰”；向他介绍任先生，他说：“我的校长，我认得。”任先生听说他要报考北大的研究生，很高兴地对他说了几句勉励的话，四个人便各据一方，吃了起来。

席上，傅先生对王先生透了底，说：“敌机轰炸，危险得很。你明天回江津去吧，不要考了。我告诉你，你即使不来，我们也决定录取你了，还准备给你中英庚款的奖学金呢。”北大文科研究所在昆明，但在李庄设有办事处，由邓广铭先生负责。傅先生又问他，“你是去昆明，还是去李庄？昆明有老师，李庄，中央研究院历史语言研究所在那儿，有书。”于是便去了李庄，在那里与任继愈、王明、马学良、刘念和、逯钦立、王叔岷等同学，又得与史语所向达、丁声树、岑仲勉、张政烺、董作宾、李方桂、陈磐、劳干、董同龢以及寄寓的王献唐、屈万里诸先生朝夕相处，左右采获，得益良多。

王先生毕业后回川大协助向楚（仙樵）先生办理文科研究所，期间曾延聘陈寅恪、李方桂等先生来设讲座。1945年8月日寇投降，北大复员，傅斯年先生代理校长，又亲自来函招他回北大任教，从此王先生寓居北京，直到今天，已有50多个年头了，这桩当代学林美谈还在为人所传颂。就在前些日子，听北京师范大学中文系聂石樵先生讲起，师大历史系教授何兹全先生早年毕业于北大，不久前还在有关会上讲到当年傅斯年先生如何录取王利器先生的故事，用来说明那时奖拔人才之风的炽烈和人才培养制度的灵活。

王先生的研究取得了丰硕的成果，也得到了社会的广泛关注与支持。

40年代，王先生在北大开设校勘学，并讲授《史记》、《庄子》、《文心雕龙》等专书。北大的朋友看他开《文心雕龙》课，很为他担心，因为这门课原先是由大学者黄侃(季刚)先生讲的。但后来证明很受学生的欢迎。法国巴黎大学北平汉学研究所为编印《通检丛书》，来北大征稿，学校只推荐了两部稿子，一部是周祖谟先生的《方言疏证》，另一部即是他的《文心雕龙新书》。这部著作后来被台湾好几家出版机构翻印，大陆却不能见到，连他自己手头的一部也被抄家者干没以去，不见发还。他让幺儿贞平从普林斯顿大学复印来一份，应上海古籍出版社之约，重加整理，易名为《文心雕龙校证》，于1980年出版。

50年代初，郭沫若同志整理《盐铁论》，得知王先生也在做同一工作，来信与他讨论，说："王利器同志，您在整理《盐铁论》，很好。该书错夺颇多，您所抄示的几条校勘，大都正确。"又说："《盐铁论》中文学、贤良、大夫、御史、丞相等各发言多少次，请您计算一下。又除发言外的记述文字，也请抄录下来。我自己想做这项工作，因忙未及。如您能代做，望抄一份给我。"又说："关于桓宽的身世，除见田千秋传者外有别的资料否？甚望得一机会和您当面一谈。”

1953 年，王先生因整理《水浒全传》，写成《水浒与农民革命》一文，在《光明日报》五月 27、28 日上发表。胡乔木、周扬对此文颇为赞赏，都来信鼓励，希望继续写下去。周扬的信写道：“我感觉很需要这样的文章。”据传中央领导人也对此文表示了兴趣。同年 10 月，有关部门还因此邀请他上天安门观礼台参加国庆观礼。

他自打 40 年代中期来到北京，得以见到日本弘法大师所撰《文镜秘府论》。这是一部研究中国古典文学创作理论的重要典籍，他在研究《文心雕龙》的同时，即开始连类涉及此书。他的《文镜秘府论校注》于 1979 年脱稿，赵朴初先生闻之欣然，特地赠诗一首，诗中有“多君致力勤，校注良不苟。今古文字缘，亲情天地久”的句子，表示对王利器先生工作的肯定，对中日两国古今文化交往的颂扬。嗣后中日友好协会名誉会长廖承志也过问此事，使该书得以于 1985 年由中国社会科学出版社出版，向弘法大师逝世 1150 年贡献了一份厚礼。

由于此书的序言《弘法大师与〈文镜秘府论〉》及赵朴老的颂诗已先于数年前在《社会科学战线》杂志发表，早受到日本缁素学者的注意，所以全书出版后很快引起日本朝野各界的震动。他们立即将序言译出在国内发表，又由文部省出资，京都大学承办，日本汉学家、东京大学兴膳宏教授亲来北京，邀请王先生前往讲学。在日期间，由多位汉学家一路陪同，前往七所大学，讲演八个题目。又曾两次应香港中文大学等校之邀前往讲学。当地报纸大加报道，气氛热烈，备受关注。

“这种感情虽稚气却优美”

学术界早就盛传王先生自重其名，自视颇高，这的确不尽子虚。有一次我问他，您认为自己哪一部书最好？他不假思索地回答，我的每一部书都有我的贡献。这在常人看来，固难免有“不谦虚”之嫌。但对于王先生来说，学术史将会证明这不是自我夸饰，没有言过其实。

我们当然可以说王先生是重名的，但他所重的，不是那种靠投机钻营邀得的虚誉浮名，而是通过自己勤恳的努力，对学术作出真正的贡献，实至名归、问心无愧的荣誉。他看重的不是生前名而是身后名。

前些年，当他80寿辰的时候，中国社会科学院历史所的一些朋友有意为他编辑纪念文集，被他婉言辞谢了。因为他认为“欲传后世，原不待此”。

又有一次，我问他您怎么竟然不是国务院古籍整理出版规划小组的成员呢？他淡然一笑，说的是同样一句话：“欲传后世，原不待此。”

王元化先生评论杨树达先生的回忆录：“不容讳言，回忆录中偶或也流露出一些自负的口吻，但这绝不是毫无自知之明的轻薄妄语。他注疏经籍、考释文字，每当有所发现，往往难以隐藏像庖丁解牛后的那种踌躇满志之情，治学者都会理解这种创作激情迸发时刻所带来的喜悦。这种感情虽稚气却优美，像孩子般的天真无邪。”（《清园夜读·杨遇夫回忆录》，台北书林出版有限公司，1996年）对于王利器先生的“狂狷”，我们正应作这样的理解。

说到杨树达先生，陈寅恪有一段精彩的意见，见于他的《杨树达〈积微居小学金石论丛续稿〉序》：

先生少日即已肄业于时务学堂，后复游学外国，其同时辈流，颇有遭际世变．以功名显者。独先生讲授于南北诸学校，寂寞勤苦，逾三十年，不少间辍。持短笔，照孤灯，先后著书高数尺，传诵于海内外学术之林，始终未尝一藉时会毫末之助，自致于立言不朽之域。与彼假手功名，因得表见者，肥瘠荣悴，固不相同，而孰难孰易，孰得孰失，天下后世当有能辨之者。

又说：

呜呼！自剖判以来，生民之祸乱，至今日而极矣。物极必反，自然之理也。一旦忽易阴森惨酷之世界，而为清朗和平之宙合，天而不欲遂丧斯文也，则国家必将尊礼先生，以为国老儒宗，使弘宣我华夏民族之文化于京师太学。(《金明馆丛稿二编》，上海古籍出版社，1980 年)

这一段话，除“游学外国”一条外，句句与王先生之遭际吻合，尤其最后一段“忽易阴森惨酷之世界，而为清朗和平之宙合”的议论，竟不啻为王先生所预言之矣。

那是在 1981 年初，周扬召集大学校长座谈，他说所谓大学者，有大师之谓也，没有大师就不成其为大学，王利器先生就是这样的大师，我们应该将他请回到学校来。

座谈会的第二天，北京大学副校长季羡林先生同历史系主任邓广铭一道，亲临王先生位于北新桥街的寓所，转达此意，竭诚相邀。当时王先生一家挤在一间 11、2 米的蜗居内，竟连让客人落坐的地方都没有，只好将他们领到街上，站在马路沿上交谈。

当年三月二日，北京大学特聘他为历史系兼任教授。

此前数年，1978 年 12 月 13 日，中国社会科学院聘他为世界宗教研究所特约研究员。

此后又有数家大学竞相聘他为兼职教授。

新闻界对他的巨大成就也给予了充分肯定。1989 年访港期间，当地报纸称他为“大杂家”，1991 年《中华英才》称他为“国学大师”，还有什么“博学宏文”、“一代鸿儒”之类，不一而足。又被收进美国《国际杰出人物名录》1993 年版，《名录》编辑委员会主席还亲自写信来表示祝贺。

这些现而今已被滥施的桂冠当然不足以入老人的法眼，令他感到趣味的，是朋友和新闻界奉送给他的三个称号。一个是 1987 年《人民日报·海外版》所称的“千万富翁”。“这里其实有一字之夺，而一字之夺，可就差之千里了。”搞了一辈子学问的老人用他的专业术语告诉我。

我知道这是因为别人为他刻过一方“千万字富翁”印引起的。所以也开玩笑说：“这虽然差了千里，也算是‘形近而误’，事出有因吧。”

四川的一位朋友又当面称他为“无限公司”。“好大的口气哟，我可不敢当！再大的老板也只能起个‘有限公司’的名啊，谁敢叫‘无限公司’？”话虽那么说，老先生脸上掩饰不住的笑容将他发自内心的愉快透露了出来。

当然，最让老人高兴的，还是他几十年的老朋友，南京大学教授程千帆先生信中对他的那个谑称：“多宝道人”。“多宝”也者，博古通今、学赅万有之谓也。余前所谓“王将军之武库”，殆亦此意乎！

“寿者相，佛子心”

王先生具有中国知识分子特有的优良品质。他去到北大文科研究所的第二年，大学时的老师、川大中文系主任向宗鲁先生突然去世了。噩耗传来，他专程赶去料理后事。先是，他获得“荣誉学生”的称号后，许多人慕名来请他写墓志铭，重庆一个康姓财阀为此送来一大笔钱。他的一个朋友正开一家银号，动员他入股分红。当时的规定，资本在一定数目以上的可称银行，否则只能称作银号。他将这份润笔搁进去后，银号立刻升为银行。

向先生出事，学校的反动校长只发给少量抚恤金，不敷使用，他毫不犹豫地回江津将股东下了，取出这笔钱来，雇了 32 个人，分作两班负责担负老师的灵柩。另 14 个人，挑着老师的 14 挑书，将老师及老师的遗物带回老家。后来，又将老师的遗稿《蔡氏月令章句叙录》等交由傅斯年先生，在重庆商务印书馆出版。李约瑟博士撰写的《中国科技史》中还采用了这部书的一些内容呢。

他的这些行为，博得了时人的好评，称他是“行芳而名高”。

王先生对自己的学术充满自信，且敢于将之表现于言辞，不顾恤别人的议论。却又视功名财物如敝屣，曾不以之挂心萦怀。问他北大何时聘他做的兼职教授，他想了半天，抱歉地笑笑，不记得了。倒是现已退休在家照顾父母的儿子贞一有恒心，翻箱倒柜，费了好大的力气才找出了北大的聘书；想看看他盖有江青、康生大印的几套书，他倒是抱出了两部。可那套最能将那些假马克思主义的丑恶嘴脸暴露无遗的“天下为公”本《西厢记》，却又怎么也找不到了。

“不管他，没有就算了。”

劫后余生的八个敦煌卷子他一个也没留，先后无偿赠送给西安兴教寺、香积寺、成都草堂寺、江油李白纪念馆、乐山大佛寺和西南师范大学等处。

50 年代，王先生在人民文学出版社工作，在为范文澜《文心雕龙注》做责编的过程中，参考自己的《文心雕龙新书》，订补了将近 500 条注文。范老不仅完全采纳，还提出著作应署他们两人的名字。王先生认为这是分内的事，坚辞不允。范老开玩笑说，看来你是想当无名英雄哟。

回想起这些，王先生为自己做过的事感到自豪。

从长达半个多世纪坎坷中走过的王利器先生有着一副淡远的胸襟。他敢以微笑面对苦难，更能以幽默回顾过去。

我问他，你过过舒适的生活，几十年来却每下愈况，有什么想法呢？他回答没什么想法，想也是白想。我的养生方就是尽量减少杂念，不去想那么多。

经历十年动乱的人都知道“扫地出门”这一词语，王先生说对他来说更确切的应该是“出门扫地”，他可是真的拿起扫帚当过清洁工呢！

他的三万册藏书只发还回来三分之一，他却说“幸好”，“因为光是这一万册就已把我的房间堆得满满的了。上顶天花，下堆地板，成了名副其实的‘斯文扫地’。”还之乎者也地补充一句，“不得已任其狼藉满地，岂余所欲哉！”

迄今为止，他的著作已出版者不下 20 种，台湾、香港出版界闻风相悦，大肆翻印，事前既未征得作者同意，却敢公然以“版权所有，翻印必究”相标示。王先生见之，不躁不怒，只说一句，“这真可以为《书林清活》增添一则新内容矣。"

他素有消化性溃疡,却又像小孩一样馋嘴,于是便结合"千万富翁"的讹言,撰成联语以自警。联曰:

老有童心防饮食

富非贾腹是文章

知者得见,无不心领神会。

又有一次,他四川的一位老中医朋友来访,他留客人饭,亦命我奉陪末座。席间他劝客人努力加餐,客人以节食少病答之。他开玩笑道:"你生病没关系,公疾公医嘛。"余人闻之,几欲喷饭。

王先生一生与书为伍,与闻人往还,但他专意于学术,没有旧文人以玩版本、蓄字画相矜标的迂阔习气。走进他的书房,但见四壁图书,墙上常年悬挂的除四幅未断本三体石经外,只有一副对联。字作张猛龙体,上联曰:

寿者相

下联是:

佛子心

这是王先生最得意的藏品,每逢客来,免不了指着它对客夸耀一番:"这是我的一个好朋友送我的,她是我的小同乡,写来送我时才 14 岁。"

王先生 85 岁了,却依然精神矍铄,精力充沛。自打那次在他家品尝过他的公子贞一做的红烧芋头之后,我就一直耿耿于怀,念念不忘。贞一告诉我,"我这个算什么?我只是老爷子不入门的徒弟。如果你尝了老爷子的手艺,就不会再想起我了。"我这才记起 1987 年中国烹饪协会成立时,王先生就同万里、习仲勋、杨尚昆、王震等 20 人一起,被推为协会的第一批特邀顾问,也是其中唯一无官无职的百姓顾问。

“现在我已退居二线，作场外顾问，不亲自理厨了。但是，我答应你什么时候我们再推一次豆花吃。”老先生向我如此“承诺”。

太好了，我等着这一天！

《人物》1997年第五期

傅璇琮先生的学术思想

在当代学术界，傅璇琮先生是为人熟知和敬重的学者。他在数十年古代文学研究中取得的累累硕果，久为海内外学者所瞩目。从60、70年代的《杨万里范成大资料汇编》、《黄庭坚和江西诗派资料汇编》，到80年代的《唐代诗人丛考》、《李德裕年谱》、《唐代科举与文学》；从与友人合作的《唐五代人物传记资料综合索引》，到组织国内数十位学者编纂的《唐才子传校笺》，不夸张地说，已经成为唐宋文学以及唐宋历史研究者案头常备的工具书与参考书。我们有理由相信，如果将来有谁像梁启超做《清代学术概论》那样，做一本当代中国的学术史，里面如果不出现傅璇琮先生的名字，至少可以说是不完整的。

同大多数学者不同的是，傅先生不是在高校或研究所里工作。在今天，他本来可以成为一所名牌大学里的名教授，或者研究所的研究员，像那些大学者们一样，有大量的时间供自己支配，有成群的弟子为自己传名。他也确曾有过短期的在母校北京大学任教的经历。但历史老人那股不受人控纵的力量将他抛在出版社编辑这一人生坐标上，一下就是40年。

只要是对出版社有所了解的人，都能体会那种捆绑人的坐班制、喧闹的工作环境以及琐碎繁杂的编辑事务对编辑自己的研究带来的困难。对于近十数年尤其是近几年来一直承担着越来越重的行政责任的傅先生来说，其工作之繁忙杂乱，又自较常人为更甚。

虽然他说，“有人说编辑是为他人作嫁衣裳，这种说法我并不大同意。因为一个好的有心的编辑，在工作中所学到的有时比在学校或研究机构中要实际得多，有用得多。”（《〈唐诗论学丛稿〉后记》）但这实在只能算是一面之词。另一面他又说：“出版社工作的繁杂是学校和研究机构无法想象的，在上班时几乎恨不得一人生就三头六臂以应付各方面纷至沓来的不管你喜欢不喜欢的事情，有时真像杜甫所写的那样，‘束带发狂欲大叫，簿书何急来相仍’！白天忙得头昏脑胀，只有到晚间，待妻儿安顿好后才能稍稍有安静的时光，以求得一点‘时还读我书’的余兴。”（《任国绪〈卢照邻集编年笺注〉序》）

但让人钦佩的地方正在这里。如同50年代那场政治灾难不能阻止他，70年代云梦大泽里的下放劳动不能阻止他一样，这种“簿书何急来相仍”的工作环境当然更不会阻止他须臾放弃自己作为学者的责任。大的计划缺少足够的精力去思索，没有完整的时间去完成，那就像从海绵中挤水一样，将零碎的时间从原本应该留给休息的份额中挤出来。这样，在为学术界奉献出上举那些大部头的同时，我们便不间断地读到了他数量不少的单篇著述。

《唐诗论学丛稿》（黑龙江人民出版社，1992年；又台湾文史哲出版社，1995年）就是这样一些单篇著述的汇集。盥手捧读一过，不仅同他的几部专著一样，具有相当高的学术水准，而且由于除学术论文外，集中了他平时所写的一些读书随札、关于文学研究和文化研究的笔谈以及为友朋著述所作的序跋，较之纯粹的论文更多地坦露自己的学术见解以及关于学术研究的见解，更多地表达一些思想活动乃至内心的情绪与感受，特别具有一种既属于又逸出学术范围的价值。本文的论述即以这本书为中心来展开。

一

我们知道，对于治文学史的人而言，文史结合是被奉为不二法门的一条学术传统。20世纪40年代，朱自清先生在为林庚《中国文学史》所作的序中说："文学史的研究得有别的许多学科做根据，主要的是史学，广义的史学。"（《什么是中国文学的主潮》，《朱自清全集》第三卷，江苏教育出版社，1988年）今天来看朱先生半个世纪之前的这几句话，既是对前辈及同辈学者学术道路的总结，也不啻是对后辈学者的预言。几十年后，傅先生的这本书里，同样是在为旁人作的一篇序中有这样一句话："治史对于治文，是能起去浮返本的作用的。"（《戴伟华〈唐代方镇文职僚佐考〉序》）

在我的理解中，文史的结合固然是要求用史学研究的成果来为文学研究服务，也就是说将对诸如史料的爬梳与辨析、对史实的清理与复原等工作作为文学研究工作的先期投入。从学术史的角度来看，究其实质，毋宁说是对实证学风的一种呼唤。

回溯明清之际，学者有感于明代学风空疏，转趋务实。有清一代，风会虽有迁播，总起来看，确如梁启超在《中国近三百年学术史》中所概括的，是"厌倦主观的冥想而倾向于客观的考察，排斥理论提倡实践"（东方出版社，1996年）。这一由黄宗羲、顾炎武等首开其端的求实之风，至尔后的乾嘉学派乃造其极。乾嘉学派发扬汉学传统，用考据学的方法整理古籍，不仅取得了大量的研究成果，更在实事求是的治学精神上泽惠后人。考察20世纪以降的学术史，不难看到这种治学精神在诸如王国维、陈寅恪、胡适、傅斯年、闻一多、顾颉刚、钱钟书等身上的一脉相沿。

但它在始于丙午的非常岁月中随着文化的被革命而受到冷落。非常的岁月也许容易过去，学术风气的复原就远比政策的调整来得慢而且难。加之改革开放带来的文化热和市场经济伴随着的浮躁之风，一时间空疏又俨成学术界的气候。明乎此，可以更清楚傅先生久为学界所称道的几部著作在当代学术史上的作用与功绩。尤其是《唐代诗人丛考》出版于 80 年代头一春，亲身经历了刚刚过去那段历史的人不会不知道那时的古典文学界乃至整个学术界是一种什么样的情形。

那几部著作是以具体的实学形态展现在研究者面前，而《唐诗论学丛稿》中的许多文字使我们得以直接了解藏匿在它们背后的作者的治学思想。写于 1986 年的《〈黄庭坚研究论文集〉序》说：

> 我希望研究者能潜下心力，踏踏实实地做一些基础工作。在自然科学内，用严格的实验方法来确定事实有时会导向规律的发现，社会科学研究是否也由此得到一些启发呢？规律是要谈的，新方法的运用也是值得讨论的，但科学研究必须有大量的事实作基础。脱离大量的事实而侈谈规律和方法，就会像下面所引王僧虔诫子书中所说的那样，是非常危险的："汝开《老子》卷头五尺许，未知辅嗣何所道，平叔何所说，马、郑何所异，《指》、《例》何所明，而便盛于麈尾，自呼谈士，此最险事。"（《南齐书》卷 33《王僧虔传》）

同年的《〈唐代诗人丛考〉余论》又说：

> 由于"左"的思想的影响，在过去一个相当长的时期内，古典文学研究中也存有一种假、大、空的学风，再加上后来

"四人帮"所推行的文化专制主义,强使学术研究为他们的篡权阴谋服务,使人们对一些空论产生反感,对某些所谓实学感到兴趣。《唐代诗人丛考》是一部考辨性的著作,虽然所用的方法还是旧的,却使人产生某种新鲜感,就因为正是在那一时际出版的缘故。

这两段说明三点:一、傅先生将实学视作学术研究最重要和最基本的一种方法;二、很早就将这种方法用于自己的学术实践;三、而且在意识中希望能够用它来起到反拨一时学风的作用。

作为有学术责任心的学者,傅先生从来没有放弃一贯的主张。写于1989年的《点校本〈五代诗话〉序》仍然不忘在对历史的批判中重申自己的观点:

文学史研究,如同历史研究一样,在过去一段相当长的时期中,过于强调研究规律,似乎在一部书中,或甚至在一篇文章中,只有能提出或发现什么规律性的东西,才是高水平的研究。当然,如果作为整体的要求,我们研究历史和文学史,以求达到揭示发展过程中的规律,是可以的,但那是何等的不易,恐怕要经过几代学人的努力,积累相当的成果,才能逐步有所收获。而历史研究的任务,有一点却被许多人所忽略,那就是要把历史事实搞清楚。历史上的一个个事件,一次次潮流,历史人物的种种活动,其真相究竟如何,它的来龙去脉,它的矛盾的各个侧面,真实情况是怎样的,这不但对于近现代史是重要的,对于古代史也是重要的,对于政治史是重要的,对于文学史、思想史以及其他意识形态领域的历史,也是重要的。可以毫不夸张地说,不理清基本事实,而议论什么规律或所谓宏观研究,只不过是侈谈。

> 我们的文学史研究如果到现在还不重视历史过程的周密而客观的研究，那只能是原地踏步，即使写出多少大的论著或编出多少大的工具书，都是没有什么用处的。如果离开文学史的事实，我们能作出多少宏观的理论研究来呢？

这的确是傅先生学术思想的基础。这一学术思想指导他早在70年代中期便形成了一套关于唐代文学研究的整体设想，并在之后的十数年间一步步加以实现。换句话说，这十数年间的每一部著作都体现了他讲求实学的学术思想。如同他很自谦地说的，"这些书对于研究唐代文学和唐代历史，还是切实有用的，不是一些凿空之言和浮泛之辞。它们可以是学术进程中的一个新的序列，提供给研究者作为继续探讨的材料，而尚不致成为如顾炎武讥笑过的辗转贩卖的旧铜。"(《〈唐代诗人丛考〉余论》)

这段话原本是傅先生就自己的几部专著而言，但无疑适用于收入本书的论文。书中关于王昌龄、殷璠、李商隐的几组文章，对他们的生平事迹和文章著述发潜抉幽，细加考析，与他上述的这一学术思想和一贯的治学风格毫无二致。可以这么说，傅先生的研究虽以古典文学为最著名，发表的著作也以古典文学范围内的为多，却大都是建立在史学的实证精神和严密的史料考证的基础上的。他摆在世人面前的一系列学术成果，是他讲求实学的治学思想的有力证明。

二

虽然如此，如果仅仅看到傅先生学术思想与前代实学传统的相似，尤其是将其治学方法完全视作乾嘉学派的余绪，那不仅是不全面的,更是不正确的。

就乾嘉学派而言,在其鼎盛的当时,便隐约显示出与其所矫正的空疏之风相对立的另一种弊端,用同处于乾嘉盛世的章学诚的话说,就是“风气征实过多,发挥过少,有如蚕食叶而不能抽丝”(《与江龙庄书》,《章氏遗书》卷九,豫恕堂丛书本)。章氏在《文史通义·原学下》对义理、辞章、考据家的偏于一隅提出批评,谓:“学博者长于考索,岂非道中之实积?而骛于博者,终身敝精劳神以循之,不思博之何所取也;才雄者健于属文,岂非道体之发挥?而擅于文者,终身苦心焦思以构之,不思文之何所用也;言义理者似能思矣,而不知义理悬虚而无薄,则义理亦无当于道矣。”又总之曰:“此皆知其然,而不知所以然也。”(叶瑛校注本,中华书局,1985 年)

识见通明而宏远的学者的确不会自画于一隅。在对待考据与义理的问题上,他们往往有很正确的见解。那就是以考据为前提,以义理为目标,在考据提供的基础上进行义理的阐说。不同时代的学者注重的义理或者说心中所悬义理的内容当然各不相同,但作为一种治学路径,他们往往是这样走过来的。

比如被胡适誉为“稀有天才”的傅斯年本来十分推重乾嘉之学,不无偏激地认为:“史学的对象是史料,不是文词,不是伦理,不是神学,并且不是社会学。史学的工作是整理史料,不是作艺术的建设,不是作疏通的事业,不是去扶持或推倒这个运动,那个主义。”(《史学方法导论》,《傅斯年全集》第二册,台北联经出版事业公司,1980 年)但他同时也有与这迥异的理论主张。他在谈及中国文学史的编纂时提出过出入汉宋、奄有两长的问题:“宋人谈古代,每每于事实未彰之先,即动感情,这是不可以的;若十足的汉学家，把事实排比一下就算了事，也不是对付文学的手段，因为文学毕竟是艺术。”那么应该如何去做呢？“写文学史应当无异于写音乐史或绘画史者，所要写的题目是艺术，艺术不是一件可以略去感情的东西。而写一种史，应当有一个客观的设施和根基，所用的材料可靠，所谈的人和物有个客观的真实，然后可得真知识。把感情寄托在真知识上，然后是有着落的感情。”（《闲谈历史教科书》，《傅斯年全集》第四册）更重要的是他在学术上取得的成就完全证明他在实践上突破了原先偏狭的见解。

再往近看，当代学者中程千帆先生是一个典型。关于程先生的治学特色，不少文章谈得很好，但比较起来，尚不能越出他自己的几句话。他的《闲堂自述》中说：“大体说来，在诗歌研究方面，我希望能够做到资料考证与艺术分析并重；背景探索与作品本身并重；某一诗人或某篇作品的独特个性与他或它在某一时代或某一流派的总体中的位置，及其与其他诗人或作品的关系并重。我宁可从某些具体对象入手，然后从中概括出某项可能成立的规律来，而不愿从已有的概念出发，将研究对象套入现成的模式。宁可从具体到抽象，从微观到宏观，而不是反过来。”（《程千帆选集》下册，辽宁古籍出版社，1996 年）这几句话精辟、凝炼、完整地概括出了他自己考据与义理并重、微观与宏观兼融，由考据进而义理、由微观臻于宏观的治学方法。

傅先生也属于这一类学者。虽然如上所说，实学是他治学思想的基础，他的文章也大都以实证的形态出现，但我们读那些文章，包括那些纯考证的文章，总会产生一种不同于传统考据学的感受。他考证的范围有时很小，考证的步骤往往也很细，但我们并不感觉着饾饤与支离，相反，我们能感觉琐细其表下有一种一以贯之的意识，一种文化意识。这种文化意识不仅将他所有的著作绾合成一个整体，也终将使他的著作以这种整体的方式显示自身学术史的价值。

罗宗强先生借为《唐诗论学丛稿》作序的机会对此作了很有理路的分析。他评《唐代诗人丛考》：

> 这部著作的主要功绩，我以为不仅在诗人事迹的清理上，而且在于它通过诗人事迹的清理所展示出来的诗人诗坛风貌。考其生话之播迁，而往往察其诗风；考其交游而往往触及诗人群落。它从具体的事实出发，提出了许多超出以往研究模式之外的全新问题。我总觉得有一些不同于传统的生平事迹考辨的东西，它越出了个案考辨的范围，从个案考辨通向了整体研究。

又评《李德裕年谱》：

> 在这部年谱里，谱主的事迹完全织入到围绕牛李党争而展开的历史画面里，因此有研究者提到可以把它作为一部牛李党争专史读。它涉及的其实是当时的整个政局与牵涉在这个政局里的各种人物的活动。在对纷坛繁杂的史料的深见功力的清理中，始终贯穿着对历史的整体审视，而且是一种论辩是非的充满感情的审视。这其实已经超出一般谱录的编写范围，而是一种历史的整体研究了。

又评《唐代科举与文学》：

> 至于《唐代科举与文学》，则纯粹是从文化史的角度研究文学的范例，它从一个侧面非常生动地展示了有唐一代士人的文化心态。

宗强先生还用一句话进行概括，即“由精深而入于博通”。这恰与另一位为这本论文集作序的陈允吉先生所谓“由精微而趋博大”辞意俱合。

我所以不避侵权之嫌，一气摘引这么多段原文，是因为我觉得这样的批评透过被批评者实学研究的表面进入了其文化探索的内核，称得上一种知音的和会心的批评。

这种文化研究不仅是傅先生几部专著的整体特色，这本集子收入的单篇文章中也往往能得而见之。比如《唐人选唐诗与〈河岳英灵集〉》一文，将《河岳英灵集》放在唐人选唐诗的线索中，将唐人选唐诗放在唐诗衍变的环境中，将唐诗衍变放在唐代文化的背景中，作者生平、著作体例、收诗范围等史的面目在考辨中变得清楚，各种选本的优劣得失在比较中变得明晰，唐诗的繁荣与唐代文化的高涨从一个侧面得到了展示。又如《牛李党争与唐代文学》从当时党派斗争的是非曲折为元稹所作的回护，及为白居易后期诗风由积极用世向消极避世转化所作的解释，《李商隐研究中的一些问题》从牛李党争的性质对李商隐政治品德所作的辨析，对其后期诗歌内容与风格变迁与其政治经历关系的分析，关于中唐以后文学创作的起伏与每一次政治革新相联系的论断，《谈王昌龄的〈诗格〉》从文献学的考证到文学批评史的阐发，在考证中确认《诗格》文本的可靠，在阐发中显示其内容的价值，等等，都是很漂亮的由小及大和以大观小的实例。

有人认为，文献体现的是功力，文化体现的是思想。这或许有一定的道理。可以说，如果不像傅先生既对唐代文献下过那样的功夫，又将最终的视野落在唐代文学与文化的大目标上，就很难做出这样的文章。但在傅先生，又毋宁说文献是进入文化视野的文献，文化也就不是镂空凿虚而是建立在文献基石上的文化。他对文献与文化以及二者关系的关注，与其说是他建立学术思想的基础，不如说本身已构成了他学术思想的基本内容。

傅先生的基本学术思想体现于他的具体研究成果中，同样也反映在他对现当代学者的评价里。

在已故学者中，傅先生本来是十分推重岑仲勉先生的。因为“在近代治唐史学者中，倾其主要精力用于人物与史事考证的，创获最多，可资利用的成果也最丰硕的，要算岑仲勉先生”（《陶敏〈全唐诗人名考证〉序》）。并且使他感到奇怪的是，后起的史学工作者并未继续岑仲勉的工作，无论研究历史还是研究古典文学的人，着重研讨的差不多都是大问题。近几年虽有较多的考证专著与论文涉足文史两个领域，并不纯粹是文学研究，但从事于斯的差不多都是古典文学研究者，几乎没有专业的史学研究（见《吴汝煜胡可先〈全唐诗人名考〉序》）。但我们发现一个有意思的事是，虽然这本《唐诗论学丛稿》中提到岑先生的地方确实不少，能让傅先生不惜笔墨发为专论的两位学者中却没有岑，一个是闻一多先生，另一个是陈寅恪先生。当我们了解了他的学术思想，对于这一点就不感到奇怪了。

认真读过《闻一多与唐诗研究》一文，我们可以知道傅先生所关注于闻一多的，是他先做文字校订、字义训释的工作，然后再进行综合研究的研究格局，以及以历史的眼光把握唐诗发展大的方面，着力探讨唐诗与唐代社会及整个思想文化的关系，注意于文化史的总体探讨的学术思想体系。至于陈寅恪先生更是如此。在《吴汝煜胡可先〈全唐诗人名考〉序》中，他虽然将之与岑仲勉并称为“奠定唐代人物考证基础”的“近现代两位大学者”，随即又转道：“但总的说来，他是以一定的理论体系来统摄全局见长的，有些史学著作把他归之于史料学派,并不确切。”他更花大气力写成一篇陈寅恪的专论,即《一种文化史的批评——兼谈陈寅恪的古典文学研究》,单从文章的题目便可知道他的用心所在。他承认“陈寅恪当然是强调原始资料的重要性,强调对资料和史事进行严密的考证的”,但不满于人们仅仅将陈先生看成一个考据家,认为“把陈寅恪的学问归结为考据,那只是看到它的极为次要的部分”,甚至认为“从考据和资料上超过陈寅恪,应当说并不十分困难”,“陈寅恪难于超越之处,是他的通识,或用他的话来说,是学术上的一种‘理性’,这就是经过他的引征和考析,各个看来零散的部分综合到一个新的整体中,达到一种完全崭新的整体的认识”。他所看重于陈寅恪的,是他总结出的所谓陈寅恪“对历史演进所作的文化史的批评”的学术体系。具体说来,就是“既把以往人类的创造作为自然的历史进程,加以科学的认识,而又要求对这种进程应该具备超越于狭隘功利是非的胸怀,而加以了解,以最终达到人类对其自身创造的文明能有一种充满理性光辉的同情”。

在文章中,傅先生十分希望今天的学术界在研究陈寅恪各种具体成就之余,对他的学术思想作一个总的把握,从文化史的角度,来探索一下作为史学家的陈寅恪对学术文化有一种什么样的思考,而这种思考又能给我们今天以什么。

其实,从傅先生的治学道路中,我们已经得到了他给我们的答案。

三

古人如顾炎武早就说过,“人之患在好为人序”(《日知录》卷

19,岳鹿书社,1994 年)。作为一个对顾炎武素所心仪的学者,傅先生当然知道这一句话;作为一个在学界兼有学品与人品之誉的学者,傅先生当然更知道其中的道理。但傅先生仍为他人作了为数不少的序,其中一部分收进了《唐诗论学丛稿》中。如何看待这一点呢?

在《唐诗论学丛稿》中,在上面提到的那篇论陈寅恪的文章里,傅先生特别提出陈寅恪的一个观点来加以发扬。这就是陈在《冯友兰〈中国哲学史〉上册审查报告》中所说的:"凡著中国古代哲学史者,其对于古人之学说,应具了解之同情,方可下笔。盖古人著书立说,皆有所为而发。故其所处之环境,所受之背景,非完全明了,则其学说不易评论。……所谓真了解者,必神游冥想,与立说之古人,处于同一境界,而对于其持论所以不得不如是之苦心孤诣,表一种之同情,始能批评其学术之是非得失。而无隔阂肤廓之论。"这不啻是一个学术大师的度人金针。由这段话,我们似乎约略看到了陈寅恪这位大学者高峻标格下的一颗近情入理之心。

研究古人固当具"了解之同情",那么评价今人呢?又何独不当然!

我们知道,中国的学术界自来称得上命途多舛。遑论历史,仅就近 10 来年而言,就可谓刚从政治的重压下稍有摆脱,又受到市场经济的新一轮冲击。中国学术这些年来面临的困境当然有其现实的必然性,也有历史的合理性,非人力所能强令其彻底改观。但唯其如此,学术工作者的自救也就愈加显得重要。

傅先生在这本论文集的"后记"中有这样一段话:"近些年来,一些朋友在出版他们的著作之际,承蒙他们不弃,要我为他们的书写序。本来,我是服膺于'人相忘于道术,鱼相忘于江湖'这两句话的，但在目前我们这样的文化环境里，为友朋的成就稍作一些鼓吹，我觉得不但是义不容辞，而且也实在是一种相濡以沫。”这的确是傅先生感人肺腑的输心之论。

我们知道，傅先生长期在包括唐代文学学会在内的许多学术团体担任职务，新时期以来，又一直是学术界享有声誉的专业古籍出版社中华书局的业务领导。傅先生除了作为一个学术研究者以自己的学术成果为当代古典文学研究作出贡献外，不仅在为学术界朋友所作的序中不遗余力地对他的长辈加以宣扬，对他的同辈加以鼓吹，对他的晚辈加以提携，更在实际的工作中给予力所能及的帮助。同时，他还做了大量的组织、引导和规划工作。他作为一个学术组织者和学术领导者对于当代古典文学研究界所起的举足轻重的作用是人所共睹的。

再就傅先生为他人所作的序来看，它们所评的书既不像常见的那些假借名人以自重的书，它们自身更不是时下屡见的那种空洞无谓的书评。它们当中有些简直就是学术文章。如《张宏生〈江湖诗派研究〉序》中由刘克庄论到江湖派诗人对现实的态度就是这样。更值得一提的，这些序除了作为傅先生表达学术思想与学术见解的场所外，还常常被用以阐述一些学术构想，这些构想又往往成为研究者进一步探索的航梯。这里可举一例。

他的《孙映逵〈唐才子传校注〉序》写于 1987 年，文中提出了这么一个意见：“我始终认为中国古典文学固然有悠久的历史，中国古典文学的研究同样有着悠久的历史；我们需要有中国文学创作史的著作，同样需要有中国文学研究史的著作。我们应从学术史的角度对中国文学的发展作历史的审视，这样可能对文学史的研究提供值得借鉴的学术背景。也就是说，要开展对研究的研究。

这样的一种研究过去是被人们忽视的,今后可能会提到日程上来。如果我们对每一历史时期研究的概况进行具体切实的研究,譬如说,每一时期对前代文学的研究提出了哪些问题,解决了哪些问题,这一时期又产生过哪些有贡献的学者和著作,这些人和书在整个研究史中的地位如何,一定时期研究的风气又是如何,有哪些成就和不足。如果我们这样来进行工作,就会大大丰富文学史研究的内容,开阔研究者的视野,从而开辟后学者的心智。"这一个意见和这一段话,简直就像是为九年以后出版的《中国古典文学研究史》(郭英德、谢思炜、尚学锋、于翠玲著,中华书局,1996 年)预作的一段广告词,甚至可以说是一段写作提纲。这是一个很好的例子。九年的时间是不算太短的,它既说明了傅先生学术构想的超前性,又能证明他的这些构想给学术界以怎样的启迪。至于序中所体现的作序者的举善如不及的品德、幽默风趣的智性以及明朗清澈不带一点渣滓非常大气的文风,相比之下,倒显得不是最重要的了。

四

怎样看待傅先生的学术研究以及它们对于今天古典文学研究的影响?

一个时代的学术要形成一种"思潮",必得这个时代的学术界有一些这样的学者,他们用自己的学术思想与学术成果昭示世人,并由于这些思想和成果符合学术发展史的需要而获得相当程度的响应。从某种意义上讲,傅先生讲求实学的学术思想和一系列有价值的学术成果是起到了这样的作用的。陈允吉先生在《〈唐诗论学丛稿〉序》里谈到过这一点：

值得引以为喜的，是这几年来古典文学界要求加强基础建设的呼声越来越高，材料工作也做得更加系统和更有计划性，并呈献出了一批极有功力的成果，这表明璇琮先生的看法已经成为许多人的“真识”。

傅先生自己也从一种特殊的角度谈及这一点：

《唐代诗人丛考》出版后，从听到的一些反映看来，这本书对古典文学研究的治学方法是有一些影响的，作家事迹考证的文章多了起来，尤其是前几年中一些研究生的学位论文，有不少也以作家考证作为基本内容。这曾引起我某种担心和顾虑，怕形成不好的风气。(《〈唐代诗人丛考〉余论》)

所以怕考证之风造成不好的影响，是因为他担心会出现为考证而考证的倾向。其实我倒觉得，在当前心力浮躁的学术环境下，能有这样一批学者不为所动，自甘清苦地埋头于书斋，其精神自已可佳，何况所作出的成果又大都具有不同的学术价值，我们可以说傅先生这种顾虑好像是多余的。同时，我们一旦用更高的尺度来衡量，似乎也确实值得指出他们当中的许多人在“由精深入于博通”或者说“由精微而趋博大”上略输一段，这在一定程度上影响了他们作为学术研究者所能达到的层次。当然，这种层次也许是不必用来要求每一个研究者的。作为一个研究者，只要因性之所近，尽力之所能，为学术事业做一点事，那就很可以自问无愧了。

傅先生在他专论闻一多和陈寅恪的两篇文章中都提到，科学研究是不断深化、不断发展的认识运动。科学史的实例表明，没有一个大师的观点是不可突破的，他还举例涉及了闻的一些今天看来不大符合文学史实际的论点。他着重强调的是，时过几十年，再来具体讨论某一人物、某一作品评价的得失，并不能对我们的思考有多大的意义。对我们有意义的，是这些前辈切入问题的角度，是他们独到的学术眼光，是他们在学术研究中体现的那种文化意识。

无疑，傅先生的这个观点也适用于他自己。如果我们能够像傅先生之于闻一多、陈寅恪那样来看待傅先生的学术，就不仅能够更准确地把握他的学术成就，更深入地理解他的学术思想，更充分地认识他在当代古典文学研究史中的意义与作用，而且也必将在学术思维与工作方法等多方面更大地促进与提升我们自己的研究。

傅先生所走的学术道路，在这条道路上形成的治学特色，由这种治学特色体现出的学术思想，都是与他拳拳服膺的老一代学者的影响分不开的。年轻一辈的学者已经也必将继续从包括傅先生这一代学者在内的前辈身上接受有益的影响。我们将清晰地看到祖国源远流长的学术文化怎样在一代又一代学者的手中传递、承继和发展。不管过去遭受什么磨难，今天和往后会遇到什么困难，我们都会因此而对祖国学术文化事业的前景充满信心。

《文学评论》1996年第六期

后　　记

收在这里的是 10 来年间写就的 20 多篇文章。花了差不多一个月的时间，将它们逐篇扫入电脑，挨个打磨一遍。内容没法改变，质量不可能提高，只能是字句稍作抽换，行文略加调整，可疑的引文再去核对，未注明版本的注明版本，发表时删了的文字给它恢复，发表后发现的硬伤赶紧改正（这些硬伤在《古典文学研究中的文献问题》一文中略有说明），希望它们的扮相看起来稍好一点儿，如此而已。

这一个月对我来说是回忆的季节。修改润色着这些旧稿，过去的时光纷至沓来。它们使我回想起了在四川大学，在北京师范大学，在中华书局，当然，还有来到清华大学的岁月。

我感谢和怀念引导我喜欢上古代文史和书法篆刻的父执徐永年（无闻）先生。回想跟他逛成都春熙路南口上的古籍书店，去正科甲巷吃夫妻肺片喝散装白酒，到他城北郊外玉局村乡下竹丛环绕的老屋中看他写字刻章，和跟他一块住招待所编《汉语大字典》的他的同事一道终夜不倦地听他摆龙门阵，……往事历历，恍如昨日，却已整整过去 20 年了。

在这静谧的初春之夜，我在心中默祷他的在天之灵安息。

我感谢和怀念考入硕士研究生时的导师成善楷老师。他因我答出了"湖上，闲望，雨萧萧，烟浦画桥路遥"是温庭筠的句子，坚持向学校申请免予复试，而申请免复试的手续要比例行的复试费事得多。他后来又欣然同意系上的安排，将我转入项楚老师名下。

在这静谧的初春之夜，我在心中默祷他的在天之灵安息。

我感谢给予我耳提面命的硕士和博士生导师项楚、启功、邓魁英和聂石樵老师；感谢鼓励和支持我"东出夔门，北越秦岭"的杨明照老师；感谢在工作和生活中给予指导和关怀的傅璇琮先生；感谢在学习古典文学的道路上给予教诲的吴朝义、张志烈、邱俊鹏、陶道恕、曾枣庄、经本植、张永言、赵振铎、李崇智等老师和王利器、冯其庸、袁行霈、邓绍基、程毅中、刘尚荣、许逸民、刘宗汉等先生。

如今这个时代是消解神圣的时代。过去被视作高不可攀的事情，现在变得等闲寻常。没有什么大不了，没有什么做不到。就说出书吧，在古人是一生的目标，在近人是半世的追求，在今人不过是人人得而为之的小事一桩。

唐德刚在《胡适杂忆》中说："在这个'不出版，就殒灭'（Publish or Perish），以学问为商品的社会里，读三本书就应该写五本书。祸枣灾梨，那是果树遭殃，与学人何干？所以在美国的科举里，与果树为敌，才是加薪晋级、名重士林的不二法门。"（华文出版社，1990 年）人们现在老嚷嚷与国际接轨，从这一点来看，中国的学术界已经和国际接轨了。

世上的俗难免，内心的忸怩也难免。颜之推讥讽缺乏才能却要勉强搦管的人，说"吾见世人，至无才思，自谓清华（！），流布丑拙，亦以众矣，东南号为诊痴符"（《颜氏家训·文章》）。诊者，叫卖也。听说现在流行酷评，对于爬格子（如今应该说敲键盘了）的人来说，什么评有这一句酷——残酷？本想拿这现成的三字酷评来题书的，但因害怕有哗众取宠之嫌而作罢。

“有高楼”本是程毅中先生室号。他早先寓居中华书局宿舍翠微路西北楼，故截十九首“西北有高楼”句以名之。程先生乔迁后不佞续住数载，颇喜欢这个名，又没见他怎么使，便大胆占为已有了。

作　者

2002年2月4日，立春